古典文獻研究輯刊

十五編

潘美月・杜潔祥 主編

第18冊

明代八股文編年史（第四冊）

陳文新／王同舟 著

國家圖書館出版品預行編目資料

明代八股文編年史（第四冊）／陳文新／王同舟　著 — 初版
— 新北市：花木蘭文化出版社，2012〔民101〕
目 8+240 面；19×26 公分
（古典文獻研究輯刊 十五編；第 18 冊）
ISBN：978-986-322-001-5（精裝）
1. 八股文　2. 編年史　3. 明代

011.08　　　　　　　　　　　　　　　　101015067

ISBN-978-986-322-001-5

9 789863 220015

古典文獻研究輯刊
十五編　第十八冊　　　　　　ISBN：978-986-322-001-5

明代八股文編年史（第四冊）

作　　　者	陳文新／王同舟
主　　　編	潘美月　杜潔祥
總 編 輯	杜潔祥
企劃出版	北京大學文化資源研究中心
出　　　版	花木蘭文化出版社
發 行 所	花木蘭文化出版社
發 行 人	高小娟
聯絡地址	新北市永和區中正路五九五號七樓
	電話：02-2923-1455／傳真：02-2923-1452
網　　　址	http://www.huamulan.tw 信箱 sut81518@gmail.com
印　　　刷	普羅文化出版廣告事業
初　　　版	2012 年 9 月
定　　　價	十五編 26 冊（精裝）新台幣 42,000 元

明代八股文編年史（第四冊）

陳文新／王同舟　著

目
次

明神宗萬曆三十九年辛亥（西元 1611 年）

十 月

禮部侍郎翁正春具覆張邦俊論學臣命題事，列為三款。報可。

《明神宗實錄》卷四八八：「萬曆三十九年十月戊辰，南京河道御史張邦俊論學臣命題割裂破碎，或牽扯掃搭，其於聖賢立言大旨，甚相悖戾，恐文體日纖，世風日巧，因及於條約。禮部侍郎翁正春具覆，列為三款：一謂試卷宜解部。每歲試事，年終將眞卷類解，其有文體險怪，出題穿鑿者，摘出參處。一謂小試兼重後場。考較諸生，前《四書》義二，次經義一，而論、表、策必兼出，篇數不完者，即文字可觀，不列優等。有文無論者，即列優等，不准幫糧。庶乎士務實學，不以倖進。一謂弊竇不可不嚴。傳遞之弊，千蹊百徑，雖新其題目，亦何以異？學臣除一切關防嚴密，仍洗絕此弊。至條約小臥碑所載及先輩名督學規條，采擇彙成一冊，刊刻頒佈，如巡方總約然，令之永爲遵守，則學臣既不煩區畫，而士子亦便持循，不可不亟爲議行也。上報可。」

明神宗萬曆四十年壬子（西元 1612 年）

八 月

兩京十三布政司鄉試。

《國榷》卷八十一：「京省主試順天右庶子郭淐、左諭德朱延禧，應天諭德趙秉忠、洗馬邵景堯，浙江翰林院檢討鄭以偉、兵科給事中李瑾，江西檢討周如磐、戶科給事中韓光祐，福建修撰張以誠、戶科給事中徐紹吉，湖廣編修李胤昌、戶科給事中姚宗文，河南太常寺少卿王紀、戶部主事徐行可，山東吏科給事中梅之煥、戶部員外郎楊述中，山西吏部主事郭士望、工部主事王世德，陝西吏部主事趙士諤、兵部主事蕭丁泰，四川兵部主事張應徵、大理寺評事陳向延，廣東戶部主事洪啓聰、工部主事張國維，廣西刑部主事來斯行、中書舍人沈士茂，雲南兵部主事余大成、行人王尊德，貴州刑部主事王家相、行人彭際遇。應天、陝西、湖廣俱命，不即下。改試日。」

十二月

禮部條奏肅清科場弊竇八議。從之。

《明神宗實錄》卷五百三：萬曆四十年十二月，「丙申，禮部條清場弊八議。一、各房考鍵戶靜坐評文，勿藉口送卷頻見主考，以啓薦屬之端。勿託言共事，溷入他房，以滋搜換之弊。所取正、備卷盡送主考，去取高下悉以聽之。一、取士本爲世用，乃有用世之才，不能於制義中見奇，而二、三場或露一斑，並有通今博古，文辭成一家言者，此即頭場不甚紕繆，各房無妨間取一二卷，以示崇重實學之意。一、彌封、謄錄二所，奸弊易乘，而截換卷頭，透漏關節，全在彌封。又有賄通吏書，購能文之人頂役，謄寫精工，揀文理荒謬之卷彙集一束，而夾此卷於中，以圖幸取。至佳卷則潦草塗落。此砥礪所爲溷收，而良璞不免棄擲也。一、傳遞不專在進呈題目及頒送之際，當議刻時題已透出矣。司門官往用武弁，尤慣通關節者。今後宜以佐貳之敏愼者司之。又有舉子，故意宿場，竊買名卷入號，選錄畢即投之水火，殊可痛恨。惟在監試、提調加意簡點，隨收隨送，弊可革乎。一、批評文字宜肖其文而止，不得盛爲粉飾，高相誇詡，以眩觀覽。至於落卷，乃有不染一墨評一字者，何以服士子之心。自後三場，必須加筆，毋祇以一勾了事。一、搜落卷，原爲士子攻苦擔簦，以求得一當，而好尚不偶，或有遺珠。今後揭曉前二日，主考與房考齊集內堂，將各房落卷互送分閱，如得佳卷，即呈送主考，公同品隲，不妨將取卷稍次者更易。係某房者，原歸某房。一、場中諸務殷繁，前後日期迫促，請自今入棘定在初六，出闈期以月終，庶多兩日搜羅，可無遺才之歎。至各官見朝，亦在揭曉之次日，監試、提調得以從容查收朱墨卷，無倉忙冗雜之弊。一、文衡固不可以私干，而公道尤不可以讒枉。良縣士子執贄，易起嫌疑，奸黨雠家，慣造蜚語。今後試官臨場，宜嚴加杜絕，至一切謗帖，行五城兵馬密緝擒拏。奉旨：這所奏深切科場弊竇，依擬嚴行，不得違玩。」

明神宗萬曆四十一年癸丑（西元 1613 年）

二 月

命葉向高爲會試總裁，方以哲副之。錄取周延儒等三百五十人。

《明神宗實錄》卷五百五：萬曆四十一年二月，「癸巳，命大學士葉向高總裁會試。陞原任祭酒方從哲爲吏部左侍郎，副之。仍諭向高曰：『祖宗舊制，開科取士乃國家之大典，例用輔臣總裁。今大小臣工，俱言考試必用重臣。朕思考期近，且卿在寓非病，著遵旨即出，同副考官方從哲速入場供事，毋負朕意。其日行章奏，不妨票擬。況卿公正才優，不得推託遜辭。』舊例，閣臣爲正，三品以上翰林官爲副。時閣臣惟向高一人，欽命典試，蓋曠恩也。於是向高再疏，以票擬未便爲言。上曰：『朕以大典委卿，何得屢屢煩瀆。其章奏，還不妨票擬。宜遵旨即入場供事。』」「庚戌，命會試增額五十名。先是，廷臣以人文日盛，制額宜廣爲言，禮部左侍郎翁正春乞照癸未、丙戌、己丑等科三百五十名例。從之。」

本科會試題。

本科會試題有《論語》：「我未見好仁者，惡不仁者。好仁者，無以尚之；惡不仁者，其爲仁矣，不使不仁者加乎其身。」《中庸》：「舜好問而好察邇言，隱惡而揚善，執其兩端，用其中於民，其斯以爲舜乎！」《孟子》：「得志與民由之，不得志獨行其道。」

笪調元會試不第。

文秉《定陵注略》卷九《庚戌科場》：「萬曆癸丑會試，第二道以天文爲問。有笪調元者，江西人，遊於海南，遇王、李二生講論天文，盡得其說，及是條對甚悉。末云：『前代及昭代諸名家皆不足信，惟海上王、李二生可聘入修定。』其一、二場佳甚，福清取中會元，已七日矣。閱笪此策大驚，批云：『如此荊棘之世，何物二生敢妄言之？又有妄信者，公然筆之試卷耶？』遂黜落不錄，而改擢周延儒爲第一。」

癸丑一闈墨小起宛如警世格言。

梁章鉅《制義叢話》卷七：「（徐存庵）又曰：記得癸丑闈墨一小起云：『且爲人主者，以一人養天下，因而以天下養一人，此情也，而法立焉，傳至後世，其情隱矣，但知有法耳。是故衰世無他患，君曰奉公，臣曰守法，而民之害已有不可勝言者矣。』又包長明文曰：『法重命輕，官尊物賤。因循既久，或不意其如斯；功令所科，或明知其至是。』竟是警時吏碑碣。江陵相公無

大失德，祇以額賦完欠分數爲考成，使天下有司盡愛功名，不愛百姓，自萬曆朝始，其末路遂至如彼甚矣。君子之存心，不可不愼也。」

三　月

周延儒、莊奇顯、趙師尹等進士及第、出身有差。

《明神宗實錄》卷五百六：萬曆四十一年三月，「癸酉，策試天下貢士，賜周延儒等三百五十名進士及第、出身有差。」

據《明清進士題名碑錄索引》，萬曆四十一年癸丑科第一甲三名（周延儒、莊奇顯、趙師尹），第二甲六十七名，第三甲二百七十四名。

周宗建成進士。《欽定四書文》隆萬文錄其《論語》「中人以上」一節題文。

文謂：「語以人爲程，而可、不可審矣。夫教同是上，而人不皆中人以上也，不審其可不可而語之，不亦惑乎？若曰：至道由粗以見精，君子語上不遺下，然其陶淑學者有苦心焉，非一概以相量也。故夫教有上焉，非樂得而語人者哉？然教以上爲衡，而人以中爲斷。彼資不必上智而敏悟有餘，學不必純全而所積已厚，此中人以上也。事理之默識，雖即始見終，而未達於化神之域；眞積之功能，亦匪朝伊夕，而未會於一本之歸。由是而語之，聞而能發，終日之久不爲煩；蓄而能通，一呼之餘不容贅。凡此皆語上也，則其可者也。不然，而中人以下乎？授之自天，難言夫敏悟；討之自我，又非有積累。一旦厭灑掃進退之淺，而迫示以達化窮神，或聞之而茫無畔岸；棄詩書名象之繁，而強聒以危微易簡，或因之而妄思奧渺。夫其後日所造，未必不可進於高明；而其當前所及，則有不容誣之本量。是雖甚欲與之語，而其人已非；雖其人終欲與之語，而其候尚非也，不可以語上也。要之，道無下而非上者也，學由下而幾上者也。至酌其高下，隨人而語之，俾中人以上可以入吾之教中、而中人以下亦不至出吾之教外，此則君子陶淑學者之苦心，非夫？」評謂：「中人以上兼資稟學力說，看顏、曾二子，便見顏子天分高，無言不說，語之不惰，固是語上。曾子質魯，眞積日久，後來卒傳『一貫』。又端木子亦以穎悟稱，然其言文章可聞，性道不可聞，則前此僅得聞文章，到得多學而識，後乃語性道也。篇中根據極確，後半更無意不到。」

張魯唯成本科二甲六名進士。《欽定四書文》隆萬文卷四錄其《中庸》「動則變變則化」題文。

張魯唯，江蘇昆山人，曾任紹興知府、河南布政使等職。《欽定四書文》隆萬文卷四錄其《中庸》「動則變變則化」題文：「誠至於動，而其機神矣。夫誠未有不動者也，而變而化因之矣，致曲之功可緩哉？且天地之化，成於無爲，乃參贊之功，又實有其事。何也？無以爲之而有以動之故也。誠則無不動，動則無不神矣，故致曲者亦第患不誠耳。業已誠而至於動矣，則我之合天下而相鼓舞者，是即己之性盡也；天下之隨我而相被濯者，是即人物之性亦盡也。寧復有常可安、有故可守，而不去其濡染之累？又寧復有聲可尋、有色可象，而不返其性命之初？吾見忽而有所感觸焉，即忽而有所改革焉，覺耳目爲之一新，心志爲之一易也，至問耳目之何以新而心志之何以易，則感者應者俱無意也；吾見俄而無不感觸焉，即俄而無不改革焉，覺風俗之汙而隆，世運之今而古也，至問汙隆之何以昇降、今古之何以循環，則有故無故兩莫測也。故大至治之世，天地若變而清寧，誠能動天地有如是乎，然清寧亦天地之常，天地不自知其變也，上忘乎覆，下忘乎載，求其位之者而已化矣；又觀茂對之世，萬物若變而繁殖，誠能動萬物有如是乎，然繁殖亦萬物之常，萬物不自知其變也，鳶飛戾天，魚躍於淵，求其育之者而已化矣。是何也？動有機焉，機動而囿於機者無不隨，是即所爲變也，猶有方隅未變，則機相待耳，動未有不變者也；變有候焉，候變而乘於候者不自覺，是即所爲化也，猶有幾微不化，則候未至耳，變未有不化者也。致曲者，致其所以動之者而已矣。」評謂：「動、變、化相因處，變與化辨別處，一一疏得明確。」

李繼貞成本科進士。《欽定四書文》隆萬文卷六錄其《孟子》「無欲其所不欲」題文。

李繼貞（？～1642），字徵尹，號萍槎，江蘇太倉人。萬曆四十一年（1613）進士，除大名推官，陞工部屯田司主事，遷兵部職方司。天啓四年典試山東，坐試錄刺魏忠賢，降級，已而削籍。起爲兵部侍郎兼右都御史，巡撫天津，督薊遼軍餉，卒於官。學有根柢，工文章，著有《津門奏草》、《萍槎集》、《雪虹閣集》。《欽定四書文》隆萬文卷六錄其《孟子》「無欲其所不欲」題文：「全其不欲之心，善事心者也。夫不欲，吾心也，無以欲害之於心，獨無慊乎？且人心惟欲、不欲兩端已耳，人不欲於『本有』中求可欲之善，當先於『本

無』中完不欲之倪。蓋人心有所爲不欲者,是從可以陷溺之處,現其不爲陷溺之端者也。必此心銷除既盡,然後同然之欲見,而直順其欲,可以日休;若此心遏抑既久,將並『不欲』之良,亦泯而盡化爲欲,遂以莫挽。吾願學者於夜氣中偶得一不欲貪昧之實,則不但視爲『人心』之退,直當視爲『道心』之復,而堅意就之,無至且晝而又欲之,『不欲』一念猶屬夜氣,而『無欲』一念即屬操存也;吾願學者於乍見時偶懷一不欲隱忍之機,則不止視爲幾希之緒,直當視爲全體之呈,而迎機導之,無至物交而又欲之,『不欲』一念猶屬乍見,而『無欲』一念即屬擴充也。思不欲從何生,必吾心先有一欲與本來之天拂,而後不欲之心始出也,不欲已居後矣,常人之良,每俟妄窮而見,則辨眞妄之關者,必以後念爲眞;思不欲從何轉,必吾心復有一欲與先起之念爭,而後不欲之心始改也,不欲已居前矣,常人之心,以遂初心而快,則權順逆之數者,必以前念爲順。等心耳,欲者便於形,不欲便於性,奈何矯性以適形乎?欲者是吾情,不欲亦吾情,奈何屈情以伸情乎?吾觀今之人心,必無有以『不欲』誤人者,故請自『無欲其不欲』始。」評謂:「同是羞惡之心,卻須切『不欲』,才不混上句。『貪昧』、『隱忍』,二義親切。後幅筆意,更爲豫章諸家（案:陳際泰諸人)開先。」

明神宗萬曆四十三年乙卯（西元 1615 年）

三　月

　　禮部署部事右侍郎何宗彥覆禮科給事中姚永濟條陳科場事宜,條上十款。依擬行。

　　《明神宗實錄》卷五百三十:「萬曆四十三年三月丙辰,禮部署部事右侍郎何宗彥覆禮科給事中姚永濟條陳科場事宜:『一,取士在實學。二、三場果博古通今,如《通鑑綱目》、《大學衍義》諸書鑿有實見者,儻前場不甚懸絕,不妨拔取。一,衡文在擇人。兩京各省除合屬推、知曾入內簾不用外,其餘一以清望文名爲次第,兼搭鄰省推官,臨期分撥,而又量徵科甲教官一員,用存祖制。一,同考在定經。士子學有專門,主司材無兼擅,除《易》、《詩》、《書》多專經外,其《春秋》、《禮記》孤經,本地或無兩人,則以鄰省推官、教官充之。一,牆垣在預固。內簾閱卷與收卷人役頗多,合將內簾之牆磚堵

高厚，每日開門，遠立相望，諸物並以此時驗進。分考批取物件，一稟於主考。一，羅才在體恤。勿以鼓聲之喧嘩雜其神，勿以東方之未白迫其就。至貼出者，必眞草之短少，題面之遺落，不可任謄錄妄搜，而令才士以一眚掩。一，謗帖在亟除。生儒臨場遇訟，非奸盜人命，概從場畢問理。若先期有貼通衢，登時扯毀，遇便擒孥。不毀者罪坐地方。一，弊竇在蚤杜。領卷之時，有在號外停立者，扶送詰問。及出題，簾外員役不許私入號房。每試日，防猾胥乘更深竊卷，以監試一人坐堂上，督受卷官封號入箱，又以監試一人坐門內，出必照簽，簽必查卷。一，各所在搜蠹。彌封嚴飭各官俱於至公堂將卷信手拈簽，不經胥吏之手。其印號，信手親用。至其謄錄，合選善書者印臂驗入，如潦草錯亂，責令重寫。若截去文字，挪東移西，定以枉法贓重遣。其對讀生，漫不經心，即發學黜革。一，程式在責實。試錄惟取墨文之佳者，量加潤飾，歸之典實簡古，候解日部科比對，盡脫士子胎骨及論策過一千五百字外者參奏罰治。一，關節在審處。夫文體被摘，原無證據，惟有覆試一節，若關節被劾，則昔年條陳款內有分別風聞、實據兩端。風聞者，酌量議處；實據者，贓證明白，枷滿問遣。考官之處，亦當據情節輕重以爲差等。』上命依議行。」

六　月

今年鄉試，詔增解額，應天十三名，順天十名，浙江七名，江西、福建、湖廣、山東、山西、河南、廣東、四川各加中五名，廣西三名，雲南、貴州各二名。

《明神宗實錄》卷五百三十三：「（萬曆四十三年六月庚寅）禮部覆各省直撫按疏，請以今歲乙卯科鄉試，除陝西、遼左各加額五名已得請外，如浙江、江西、福建、湖廣、山東、山西、河南、廣東、四川各加中五名，廣西三名，雲、貴各二名。兩直於常額外，南直生員加中七名，監生三名，北直生員加中六名，監生四名。或於應天更加三名，以示不甚遠於北直，浙江更加二名，以示不甚遠於江西，此亦權衡地方，他處不容比例者也。至北直諸臣，欲以畿士爲首，誠見鄉試實重里選，今後主考一以虛公爲心，尤宜加意首善之地，如生員、監生自非文隔星淵，亦不當重監生而輕生員。上曰：『這增額名數俱如議。應天准另加三名，浙江另加二名，餘依議。』」

八　月

　　兩京十三布政司鄉試。

　　　　《國榷》卷八十二：「京省主試順天左諭德龔三益、左中允楊守勤，應天右諭德周如磐、右中允孫承宗，浙江翰林院編修吳宗達、工科給事中劉文炳，江西編修黃儒炳、兵科給事中吳亮嗣，福建檢討來宗道、刑科給事中姜性，湖廣檢討丘士毅、刑科給事中姚若水，河南吏部主事周士顯、兵部主事梁之垣，山東刑科給事中郭尚賓、禮部主事徐鎮，山西吏部主事米助、工部主事王道元，陝西光祿寺少卿周希聖、兵部主事潘瀾，四川禮部主事盧維屏、大理寺評事顧起鳳，廣東戶部主事包見捷、刑部主事陸夢龍，廣西刑部主事郭中宗、中書舍人董承詔，雲南戶部主事楊瞿崍、行人陳所志，貴州工部主事趙明欽、行人鍾惺。」

十　月

　　丁卯，禮部簡舉浙江鄉試錄程文，於《詩經・大雅》題內遺失「豈弟君子」四字，於《春秋》末題內遺失「宣公十有四年春王正月公會晉侯宋公衛侯曹伯伐鄭」二十二字。奉旨：程文題目遺失字多，該管各官所司何事？既經簡舉，姑免究。爾部還行申飭。以後有錯誤的，查參重治。試錄著另進來。（據《明神宗實錄》卷五百三十八）

明神宗萬曆四十四年丙辰（西元 1616 年）

正　月

　　同考自今年始為二十房。

　　　　《明神宗實錄》卷五百四十一：萬曆四十四年正月，「辛丑，禮部左侍郎何宗彥覆奏會場要務，內言：各省鄉試，取中不滿百人，猶有十四、五房分閱。會試取數已逾五倍，而分考不及二十人，翻閱未詳。宜從科臣請，增《易》一房，則詞臣十二人，科部各四人，非特人數適平，亦且分閱較易。』上從之。於是同考始為二十房。」朱之瑜《朱舜水集》卷十《答小宅生順問十六條》：「座師有二，有大座師，有本房座師。明朝之制，舉子各習壹經，《易》、

《詩》、《書》、《禮》、《春秋》，分房較士。《易》五房，《詩》五房，《書》二房，或四房、三房。《禮》一房，《春秋》一房。每房各一人主之，謂之本房座師。取中之士，呈於兩總裁。副總裁於大批之後，又批一取字；大總裁於大批之後，又批一中字；然後登於榜上，謂之中式。二人謂之大座師。此鄉試中式之式也。會試：《易》六房，《詩》六房，《書》四房，《禮》一房或二房，《春秋》一房或二房，大概俱與鄉試相同。明朝甲科之制，及第後有《試錄》暨《同年序齒錄》，並朱卷刊行其中。」顧炎武《日知錄》卷十六《十八房》：「今制，會試用考試官二員總裁，同考試官十八員分閱《五經》，謂之十八房。嘉靖末年，《詩》五房，《易》、《書》各四房，《春秋》、《禮記》各二房，止十七房。萬曆庚辰、癸未二科，以《易》卷多添一房，減《書》一房，仍止十七房。至丙戌，《書》、《易》卷並多，仍復《書》為四房，始為十八房。至丙辰，又添《易》、《詩》各一房，為二十房。天啓乙丑，《易》、《詩》仍各五房，《書》三房，《春秋》、《禮記》各一房，為十五房。崇禎戊辰，復為二十房。辛未，《易》、《詩》仍各五房，為十八房。癸未，復為二十房，今人概稱為十八房云。」《利瑪竇中國箚記》第一卷第五章：「在結束有關中國人學位授與的這一敘述時，不應該不談到下述情況。在歐洲人看來，那似乎是一種頗為奇怪的並且或許有點無效的方法。所有考試中，無論是軍事科學或數學或醫學以及特別是哲學的考試，主考或監考都總是從哲學元老中選出，從不增加一位軍事專家或數學家或醫生。擅長於倫理學的人，其智慧受到極高的尊敬，以致他們似乎能對任何問題做出正當的判斷，儘管這些問題離他們自己的專長很遠。」

二　月

今年會試，中沈同龢等三百五十名。沈同龢被指為白丁會元。

《明神宗實錄》卷五百四十二：萬曆四十四年二月，「戊辰，會試天下舉人，中式三百五十名，以沈同龢為第一，都下競傳為白丁會元。同龢，吳江人，席官藉餘業，好冶遊，拈筆不能成句。預購善細書者，獵時藝為小冊，挾以入闈，得中鄉試。其同邑趙鳴陽薄有文聲，同龢結為姻。至是，賄胥役，二場皆同號舍。每龢出，挾本謄寫，間有不備者，鳴陽代為之，遂得第一。而鳴陽亦在第六。於是士論譁然矣。」沈德符《萬曆野獲編》卷十六《上榜士子三木》：「鄉會場，士人已登名籍，仍斥革，且問罪荷校者，以余所見，

則京師凡三度矣。乙酉科之冬，京闈冒籍事起，浙人馮詩、章維寧俱枷於順天府門，其指出宮闈，備極慘毒，識者冤之。丙午科之秋，順天第四名鄒汝鑛以割卷敗露，枷於禮部門，其文本出馬顯忠，求補缺額不允，未幾鬱死，事已奇矣。至丙辰科，而沈同龢以懷挾倩筆兩弊得列榜首，亦枷於禮部門，其覆試時不能成篇，並題旨亦不記憶。自有制科以來，會元無此大辱，使在世宗朝，處分必不僅如此。兩榜鄒、沈兩元魁俱出吳崇仁主試，兩錄中俱存其經與名次，而刊去其人，真千佛名經中，大怪異災變也。崇仁懟言官譏諷，自咎命薄致然，恐難盡諉之命。若乙酉順天之役，無端累及史太史鈳削籍，張宮諭一桂、沈京兆思孝、董御史裕，俱外謫，則真命之不猶矣。太史，餘姚人，嘉靖甲子第三，辛未會魁。」沈德符《萬曆野獲編》卷十六《科場·乙卯應天闈中之異》：「乙卯科，應天修葺試院，有魚見於圃中，識者已怪之。至第二場，忽於供給所搜得透印無名試卷數通，監試、提調大驚，拷掠左右甚苦，終不得其故。遂將私貯試卷之人斃之杖下，而不敢聞之朝，懼株連者眾也。次年元旦大朝會，時觀史與試士俱集大廷，忽眾中有人持大鐵椎狙擊御史淩漢翀於班行，碎其首，仆地僵絕，舉朝大驚，急擒下，則故巡捕提督都督同知淩應登也。御史為從者舁至寓復蘇，用良藥敷治，僅得不死。是日相顧錯愕，謂今年必有異變。至二月會試，遂有假元一事。假元則去秋應天所舉也。魚有龍門飛躍之兆，而屈居溷穢，已屬奇妖，至於獬豸觸邪，反遭朱亥之厄，其事又發於辰年元會，兼有群龍無首之象，變不虛生，信然哉！淩應登者，不知何許人，久居京師，貧甚。專與中貴遊，亦粗通文藝，後漸成富人。淩御史以計偕至，認為同宗，稱兄弟，通緩急。御史第後，為福清令，以葉相力入臺班。時應登亦登武進士，官環衛已久，時時指稱臺臣雁行，居間挾詐，外議籍籍。御史恚懼，遂絕之，不與往還。應登尋以一品司遊徽，為西臺發其奸狀，革任回衛。說者謂出淩御史指授，應登憤恨，具疏自白，且訐御史諸不法，直欲手殺之，然後自刎，不意垂克受縛。旨下勘問，應登遠戍，御史亦奪職閑住。」徐復祚《花當閣叢談》卷五：「萬曆丙辰會試天下舉人，大學士方從哲為總裁，取中沈同龢為會元，第六名為趙鳴陽，俱吳江人。同龢字知樂，河南太素巡撫（名季文）子也，與余曾有杯酒交。蓋裘馬自矜，豪橫縱恣，目不識丁人也。余居海上三家村，聲聞既邈，性又不喜談時事，故至三月盡，始知同龢作會元，不覺吐舌不能收。曰：『有是哉？天下有不識字會元乎？』歇後鄭五作宰相，天下事可知矣！然不知斯時臺省已交

章論劾矣，並及總裁與房考。韓都給事（名光佑）得旨覆試同龢，終日不成一字，竟至曳白。法司鞫問，始知同龢與鳴陽係兒女親，賄貼同號，同龢文鳴陽所作。然文固佳，非有賄買主司情弊。復得旨：『同龢充□□衛軍，鳴陽運炭。』人皆快同龢之摘發，而深惜鳴陽之廢棄終身云。」孫之騄《二申野錄》卷六：「（萬曆四十四年）二月會試，以大學士吳道南、禮部尚書劉楚先充考試官，取沈同龢等三百五十名。沈同龢，吳江人，家饒阿堵，已彰物議。會試發榜，居然首選。其鄉里下第舉子，憤憤不平，或泥汙其名，或聚眾聲闕。及閱墨卷首藝，時刻也。於是科臣參其懷挾，而本房亦具疏檢舉，士論闐然，上命禮官覆試之。削會元沈同龢為民，並黜進士趙鳴陽。同龢覆試之日，禮部出：『明君必恭儉禮下。』同龢問曰：『是書乎？是經乎？是論乎？』其座師大怒。日暮幾於曳白，於是發刑部訊問，杖而徒之。其卷皆趙鳴陽筆，遂削其名。是科會錄無元，吳人為之謠曰：『內辰《會錄》，斷麞絕六。』以鳴陽中第六名也。」朱國楨《湧幢小品》卷七《斷麞絕六》：「乙卯年，南場中有魚見於圃。魚，水族也，水，至潔也，而污穢至此，又見於場中，此文明失位之象。次年，丙辰會試，沈同龢以代筆中第一名，代筆者趙鳴陽中第六名，俱吳江人。事發按問，並罪除名。吳為水國，遂應其占，亦一厄運也。蘇州人為之語曰：『丙辰《會錄》，斷麞絕六。』蓋名次適應其數云。趙最有才情，特以館穀落其度中。余見代筆者數人皆無他異，所謂有幸有不幸也，似宜末減。自制義盛行，凡大家，必延名士為師友教子弟，即聖人復起，亦不可廢。居常談文課藝，一遇考試，同坐商量，職也，亦情也、勢也。余少年館穀糊口，有某大家邀致甚力，將赴之，先君子獨否，曰：『一入其中，即以文字受役，不可推，不可拔矣。』固辭之，觸怒，賴有解者，且以明年為期，乃得免。其年戊子中式。由今追思，先君子其殆聖乎！凡貧士有文章名者，宜於此際深思趙之覆轍，可鑒亦可憐也。」

本科會試題。

　　本科會試題有《論語》：「君子惠而不費，勞而不怨，欲而不貪，泰而不驕，威而不猛。」《中庸》：「人道敏政，地道敏樹。夫政也者，蒲盧也。」《孟子》：「為人臣者懷仁義以事其君，為人子者懷仁義以事其父，為人弟者懷仁義以事其兄，是君臣、父子、兄弟去利，懷仁義以相接也。」

三　月

丙戌，覆試沈同龢，文理荒悖，經《孟》題懵不知所出。下法司議罪，同龢遣戍，趙鳴陽杖責除名。（據《明神宗實錄》卷五百四十三）

　　沈德符《萬曆野獲編》卷十六《科場·覆試》：「科場覆試一法，在唐、宋已有之。要之，非盛世待士體也。本朝士子被言者，必再試。至成、弘而後，則愈甚矣。然景泰末年，順天解元徐泰，亦覆而得留，後終不第，蓋會場主者已作意擯之。會場入轂者例不許覆，以故翟諸城二子求試而不允。惟嘉靖己未科，吏部尚書吳默泉子紹，為言官糾其曳白，倩人入場，正危疑間，有文書房一內臣紿之曰：『上將面行覆試。』紹窘甚，出其貲行賂，夜分搬運達旦，然實無此事，而橐已空矣。近年壬午之南，戊子之北，俱有此舉。然以王辰玉何等才，而亦列其中，所以乃翁有死不受辱之疏也。至丙辰會元，乃以覆試斥，則古來制科一大變矣。近科事後有議，如壬午應天舉人賀學禮，以覆試不通而斥。丁酉順天舉人邱夢周，以解題差誤而斥。其以再覆試而丁艱竟歸不到者，則戊子順天舉人屠大壯。以考館被議，覆試而以病辭者，則辛丑進士項鼎鉉。兩人之不赴，俱有故，然終不得譴。近壬午歲監生劉襄之，已考選中書舍人，兼侍書，侍福邸供事矣，吏部郎中趙邦清因劾堂官及同寮，謂襄之所試瑞雪詩，先有關節，襄之不服，自請覆試，既而九卿科道稱其再試詩合格，旨下，命供職如故。此非科目也，反不失故物，亦異矣。」

覆試舉人吳炳，罰一科，吳洪裕罰三科。

　　《明神宗實錄》卷五百四十三：萬曆四十四年三月，「丙戌，覆試舉人吳炳，罰一科，吳洪裕罰三科。先是部科磨勘試卷，言二生形跡可疑，若使再行並勘，恐轉生弊竇，惟覆試便。乃試，文理俱可觀，而炳猶勝，故處分如此。有旨依擬。」

錢士升（？～1651）、賀逢聖（1587～1643）、林釪（？～1636）等進士及第、出身有差。是科未考選庶吉士。

　　《明神宗實錄》卷五百四十三：萬曆四十四年三月，「乙酉，策試天下中式舉人，賜錢士升等進士及第、出身有差。皇帝制曰：『朕聞天下雖安，忘戰必危，兵非聖人所諱言也。《書》稱克詰爾戎兵，又曰張皇六師。夫當成康菑政之初，而其臣即惓惓以此告之，豈文事武備，經國者宜並重，而振旅之威、

舞干之化，二者固相須歟？洪惟我太祖高皇帝，肇造寰區，以武功定天下，即位之後，釋甲弢弓，開一代之文明。然而固本之訓，居安忘備之戒，每諄諄焉。其爲萬世慮，至深遠也，可得而揚厲其盛歟？朕嗣續洪基，瑩精上理，四十四載於茲爾，雖深居靜攝，而安攘大計，無日不惕於衷。嘗明詔執事，整飭營務，愼固邊防，簡將練兵，博求制御長策，而承平日久，法弛弊滋，申令徒勤，惰窳如故。京營號稱禁旅，居重馭輕之意寓焉，而文籍空存，士卒疲羸，至不勝甲冑，猝有緩急，將何所恃歟？遼左延綏，勁兵所自出，頃歲大虜闌入，肆行蹂躪，而防禦之術未聞，此豈兵之不足歟？抑教養無素，雖有兵而不得其用歟？夫兵以食爲命，無食是無兵也。今司農告匱，給餉不時，荷戈乘障之夫，動稱枵腹，識者方懍懍脫巾是虞，望其出死力以捍疆圉，胡可得也。議者欲修屯田以省轉輸，練土著以資戰守，似矣，而行之終鮮實效，何歟？無亦右文之世，難以講武，而克詰張皇之治，卒不可致歟？茲欲振積衰之勢，操長勝之權，俾國家神氣日張，足以威四夷，制六合，其何施而可？諸士志切匡時，抱先憂之略久矣，尚詳著於篇，勿泛勿隱，朕將采而行焉。』」

據《明清進士題名碑錄索引》，萬曆四十四年丙辰科第一甲三名（錢士升、賀逢聖、林釬），第二甲六十七名，第三甲二百七十四名。

二甲進士袁中道頗多論舉業文字。

袁中道《珂雪齋集》卷十《成元嶽文序》：「時義雖云小技，要亦有抒自性靈，不由聞見者。……讀元嶽兄諸制，無論爲奇爲平，皆出自胸臆，決不剿襲世人一語。一題中每每自闢天地而造乾坤。予於此道，亦號深入，而不能不心折於元嶽，則惟其眞也。」袁中道《珂雪齋集》卷十《李仲達文序》：「陶祭酒石簀每論予文云：『時文之妙，全在曲折轉換之間。子才雖大，學雖博，而去之轉遠。』予心佩其言，輒極力求合，而轉不肖也。今觀仲達之文，一幅之內，煙波萬狀，如書家小字得大字法，如畫家咫尺之間具千里萬里之勢。禪門亦云：『於一毫端，現寶王刹；坐微塵裏，轉大法輪。』皆小中現大意也。仲達眞慧業文人，妙得此理三昧，而偶示一斑於此技者耶？」《珂雪齋集》卷二十《用人》：「蓋古用人取人之法，有鄉舉、有辟署等法，而今皆不能行，所存者止科目耳。有九品官人等法，而今皆不能行，所存者止資格耳。夫古之法皆格而不能行，而獨科舉、資格存者，豈法久弊生，而此獨無弊歟？

非也。科舉之法，乃宋學究科也。士爲帖括，糊名易字，任有司甲乙之。即有高才博古通今之儒，而不及格，終身不得沾升斗之祿。又時文爾雅，不投有司，好尙相敭，總歸沈滯。及其雋者，出官登朝，與文字分爲二途。……國家議論甚多，檢舉甚苛。故取一人，不必在得士也，期免嫌疑而已矣。推一人，不必在得才也，期免嫌疑而已矣。柄文者避嫌不極，雖所得士文如班、馬，行如曾、閔，而人不以爲是也。能避嫌，則雖所得者盡是庸鄙瑣屑之流，而人稱之矣。……若曰必如是而後見我本無心，一惟遵例，則議論自不能生，而相安於無毀無譽耳。此法之所以久而不廢也。然吾以謂天下之才，誠非科舉之所能收，士之有奇偉者，誠不宜以資格拘之。顧此皆非常之事，而世無非常之人，則相安於額例而已矣。今使離科舉而行聘薦，彼主聘薦之人，果具隻眼者耶？銓選者破格用人，又果能辨之於未事之先否耶？徒滋紛紜，無益也。且天下無事，常時也；書生主衡，常人也。以常人處常時，而行常事，亦可矣。設有賢者，於此稍融通之，而亦不必出於例之外也。如斯而已矣，如斯而已矣！」

方應祥中進士。其制義以深沈見長。

李調元《制義科瑣記》卷一《千年礦》：「方應祥，字孟旋，浙之西安人，萬曆丙午魁應天。至丙辰，韓若愚得公卷，擬本房第八。忽叫絕，定首卷。塡榜見孟旋，語所知曰：『得百少雋，不如得一老方。』故繆西溪曰：『由前摸索，無心發千年之礦；由後矜賞，偏喜添雲水之莊。』傳爲佳話。」萬曆丙午，即萬曆三十四年（1606）。丙辰，指萬曆四十四年。梁章鉅《制義叢話》卷六：「俞桐川曰：忠臣之文多發越，孝子之文多深沈。讀方孟旋文，幽奧堅固，質而彌文，殆有至性存焉。其生平少孤養母，久困場屋，比得一第，其年已晚，猶陳情籲請，哀毀致喪，是終其身皆孝親之日，宜其文之深沈而可誦也。」「林暢園師曰：前明文字，即尙設色，如方孟旋『夫子至於是邦』章文中段忽云：『述九德於虞箴，則謨明弼諧之勵翼，合聽之風所由隆也；觀六典於《周官》，則剛克柔克之時用，訪道之忱所自徹也。』張爾公病其塡砌，陳百史喜其韻高，惟徐存庵云：『此二小比，是先生出調逸響，如《出師表》中忽入親君子、遠小人兩段文字。』可謂善於論文，實開時賢一門徑也。」

《欽定四書文》隆萬文錄方應祥文五篇。

卷一錄其《大學》「詩云節彼南山」二節題文:「大傳引言徼君,欲其慎以守國焉。夫國係於民,慎則眾得,而國可保矣,君蓋可忽乎哉?且君天下者,謂天以天下奉君,不知以天下責君;謂民必依君為命,不知能制君之命。於是謂君不必慎,而以天下恣睢,此輕棄其民而祇以國戲者也。南山詩人有感王心之式訛,而寄刺於師尹之弗屆,彼且以民之具瞻而不可忘慎也,況君實有國而可自恣乎?所治大矣,憬然毖慎之不寧,庶幾分願可協耳,拂百姓之欲以快其心,誰復堪之?所托危矣,怵然頗僻之是徼,猶慮倚伏難憑也,集四海之怨以伺其君,誰能禁之?民之不附,其小者也,匹夫作難,而大統遂至於訖絕,則不啻僇及乎己,而且僇暨其先;祚之不長,其往者也,一朝失據,而千古永勒為監戒,則當時既僇其身,而後世並僇其名。有國而可不慎哉?《文王》之詩道之矣。悃已事於殷之喪,而溯其先烈之顯融,蓋曰此夫前王能慎也,得眾而得國,胡季世之不能守也;懲亡殷於紂之暴,而示諸來者之儀監,若曰無如後王不慎也,失眾而失國,是覆轍之不可尋也。周公致戒嗣王之心,夫亦『有國者不可不慎』之意;紂之失眾失國而為後人監,所謂『辟則為天下僇』者哉?」評謂:「前節逗後節,後節抱前節,局法甚緊,古氣鬱盤。」「以上節之慎、不慎,為下節得、失之因。一正一反,意脈相承。『師尹』一層納入『有國者』中,一氣運化,更不費手。」

卷二錄其《論語》「邦有道貧且賤焉恥也」句文:「鑒有道之恥,而士重經世已。蓋士安於無恥,而後安於無用也,有道而可貧且賤與?夫子意謂:賢人君子,天生之為治世藉也;高爵厚祿,國家設之為賢者報也。有道則見,正以不辱其君成己之有恥耳,有士而長窮窘者哉?吾恥夫邦有道而貧且賤者矣。士有修志節而輕王公,匪矯語有道之日也;處有道而不變塞,匪匏守貧賤之地也。有道之君,庸君子而絀小人,不能進而參君子之軌,非命之不通可知也,恬養可安以優游太平之世,誠裕矣,然吾身豈自有餘也;有道之士,推賢者以卻不肖,我顧俛而居不肖之位,非人之無援又可知也,幽貞成性於詠歌王者之風,亦得矣,然天下豈異人任也?如第曰厚糈而傚之,薄素餐而不可為也,不知簞食瓢飲,亦屬宇宙之責焉,求志而不嶄行義,直其無疢無惡之真未慊耳;如第曰重任而用之,輕鰥官而不可就也,不知環堵仄居,自有幽明之鑒焉,辭寵而並以避勞,反之不欲不為之體均玷耳。要之,有道之時不易際也,先天而道開其始,後天而道翊其終,皆恃此行己之恥以植國維;

有道之貧賤不可處也，無具恥道之不立，有具亦恥道之不公，總對此有道之運而多內愧。士貴經世之學如此，非好學以善道者孰辨之？」評謂：「『可恥』處俱從有道政治與儒者身分勘出，故吐屬高遠，迥出眾人意想之外。」

卷二錄其「朋友之饋」一節題文：「聖人處友之饋，不以物掩義也。蓋朋友義為重也，故祭肉而外，車馬亦可不拜與？且友道之敝，以人競於利也，知有利則視義輕矣。利所在則用其情，利所不在則不用其情矣，非聖人與人交之道也。夫子之與人也，亦嘗有以禮受饋之時；夫子之處饋也，未嘗不以義嚴禮之別。情有懷而未喻，則有以我之施廑人之報者，此朋友交際之義也，以義饋之亦以義受之已耳，車馬雖豐而物非孝享，固不以將享之敬承之矣；勢有急而當周，則或取人之盈助我之乏者，此朋友相恤之義也，饋之以義亦受之以義已耳，車馬雖腆而物匪胙餘，固不以受胙之儀拜之矣。蓋以義處人，則其與我友也，順逆存亡舉可藉之以無恐，所庇於我不輕也，一禮際之常，遽感激以為恩，是薄於待人，聖人所不敢也；以義自處，則其與人友也，耳目肝膽業已與共而無靳，所效於人非小也，一受饋之故，遂跼曲以為敬，是薄於自待，聖人所不為也。故義在於施，則左驂可脫，無人德我之望；而義在於受，則車馬可饋，亦無我德人之心。何也？謂之朋友，我之視彼兄弟之好也；臨之以朋友之祖考，我固其子姓之類也。在子姓之列，則宜敬祖考之賜，故有祭肉必拜以示恭；處兄弟之間，不必計爾我之跡，故雖車馬不拜以明義。此可知交道已。」評謂：「題雖重『不拜車馬』，然不曰『朋友之饋，雖車馬不拜』，而必插『非祭肉』三字在內，正須借此生波，文前後夾寫，深得題句之妙。」

卷三錄其《論語》「唯女子與小人為難養也」一節題文：「御倖之難，鑒於意之倚也。蓋不孫與怨，固近之、遠之所自取耳，倖人之難養以此與？且君子所以持性命之正而導陰陽之和，必於左右密邇之地造其端。故燕處嚬笑之必欽，非為女子小人加兢也。法之內、法之外，不相觭而絜眾適之平；無溢情、亦無不及情，交相攝以維一人之體。安在若輩之獨難於養哉，吾正以此見其養之難。何也？養之者，非欲教之不孫也，嘗以養而得不孫，則近之心難制也，自有當逮之寵澤，不勝比而增嬹焉，彼不念德之逾涯，將謂君子唯予莫違也，憑我之權而還以我為市，吾實潰其防而召之侮矣；養之者，又非欲格之使怨也，嘗以養而得怨，則遠之心難持也，亦自有所當崇之體貌，不勝隔而縶戾焉，彼不謂命之不同，且恨君子秉心之忍也，挾我之愛而反與

我爲仇，吾實開其釁以挑之構矣。此可徒以難養咎女子小人哉？彼亦思貞於行而廉於色，無若爭妍取憐者之不以德昇也；亦知發乎情止乎禮義，無若驟賢驟不肖者之以淫騁也。夫能中喜怒哀樂之節，而遠近之節偕中矣；調不孫與怨之情，而天地萬物之情俱調矣。『關雎』所以嗣徽於好逑，『虎賁』所以庶常於知恤，皆謹其難以善吾養者也。君子宜何處焉？」評謂：「直從《大學》『修身齊家』及《周官》內宰至女史等職看出聖賢刑于之本、治內之要，方與夫子立言意旨有合。是湛深經術之文，義蘊深閩，匡、劉說經之遺，盡滌此題陳語。」

卷五錄其《孟子》「夫蚓」一節題文：「齊士之廉，窮於其所不知焉。夫廉於取者，不問所由來，以其不必問也，何仲子乃以此自窮哉？且古無不食不居之廉士，論者亦不以所居與食而窮之。彼有權於取捨間者，非概以不取爲廉也，仲子殆窮於廉矣！夫食槁壤而飲黃泉，蚓之於世無求也，豈其廉之足稱？吾亦豈謂士之自好，必與蚓競操而後謂之廉哉？就仲子之操而充之，必如蚓之食槁壤而飲黃泉斯可耳。蓋古今之稱廉，至伯夷止矣。伯夷之室，不必伯夷所築，有權於其居，而不以不居爲廉也，仲子不能無居，而不居其所不廉，不能不問所築矣；伯夷之粟，不必伯夷所樹，有權於其食，而不以不食爲廉也，仲子不能無食，而不食其所不廉，不能不問所樹矣。果盡伯夷爲之，將或參之盜蹠乎？伯夷者，仲子獨以處其身，即世而有是人，彼固未之許也；盜蹠者，仲子所以概天下，即世何必皆是人，彼又未必信也。不知所築，安知不以室妨廉，何昧然而居之；不知所樹，安知不以粟病廉，又何靦然而食之？故即仲子而充其操，非如蚓之食槁壤而飲黃泉不可矣。本欲擬節於伯夷，不知已溷跡於盜蹠；仲子即自信其不爲蹠，吾不能保其能爲蚓也。不如蚓，惡能廉；即如蚓，亦僅蚓之廉而不得爲伯夷之廉。夫世有人而可如蚓者哉？仲子者，蓋不知權而窮於廉者也。」評謂：「跡因與蚓比較，所以直窮到居食之所築所樹，非論廉者必當求之於此也。文處處覷定此指，用筆之清辯奇快，使人心開目爽。」

魏大中成進士。《欽定四書文》卷六錄其《孟子》「生之謂性」一章題文。

魏大中（1575～1625），字孔時，號廓園，浙江嘉善人。萬曆四十四年（1616）進士，官行人，天啓元年（1621）擢工科給事中，四年遷吏科都給事中，爲

吏部尚書趙南星所重。未幾，楊漣劾魏忠賢，魏大中亦率同官劾之。後被閹黨誣陷下獄，與楊漣、左光斗同死於獄中。崇禎初，贈太常寺卿，諡忠節。有《藏密齋集》。《欽定四書文》卷六錄其《孟子》「生之謂性」一章題文：「論性於生，當辨人於物已。蓋生非不可以論性，第當有所生以論生，不然者，人與物幾無以辨也。蓋孟子之論性也曰善，告子之論性也曰無善無不善。孟子以情表性，情者，眞吾性之生機也；而告子於斯時亦復曰生之謂性，凡言生者，皆指夫不慮而知、不學而能者言也。如主夫惻隱、羞惡、辭讓、是非者以爲生，知則誠良知，能則誠良能也，生之謂性也，人之所以爲人者此也；如主夫甘食悅色、知覺運動者以爲生，知亦係良知，能亦係良能也，生之不可謂性也，物之所以爲物者亦此也。而告子則曰無善無不善者也，是非指惻隱、羞惡、辭讓、是非之生，而指甘食悅色、知覺運動之生矣。其驅人而與物等，誠禍之所必至也；而驟以人與物辨，未肯還而自驗也。叩以『白之謂白』，固逆料告子必以爲然乎，而告子果曰『然』；徐實以白羽、白雪、白玉之白，亦逆料告子必以爲然乎，而告子又曰『然』。於是急動之以犬之性、牛之性、人之性，而告子亦遂若聽其不得於言與不得於心也。夫告子聞言之下而不無少悚於心，則即此是生、即此是性，斯固犬之性所必無，斯固牛之性所必無矣；即告子聞言之後仍自悍焉弗顧，而天下之人、萬世之人，必有不安於爲犬，必有不安於爲牛者矣。此一辨也，不直抉告子之病根、防其流毒而留幾希於人心哉？由是知論性而得即形見性，而聖人踐之；論性而失即生見性，而禽獸位之。甚哉，論性者必不可以離善也。」評謂：「『生之謂性』未嘗不是，但當辨人、物之生所以不同處。前幅融會程子之言及朱子圈外《注》意，極爲明快。文之清澈廉勁，如刀割塗，可謂生氣見於筆端。」

明神宗萬曆四十六年戊午（西元 1618 年）

十 月

禮部奏：「湖廣提學副使葛寅亮所取士文字乖異，宜將黃中道等降青衣，待歲考定奪。其已中者，罰壓二科會試，本官應下吏部議處。」上從之。（據《明神宗實錄》卷五七五）

明神宗萬曆四十七年己未（西元 1619 年）

二 月

以吏部右侍郎兼翰林院侍讀學士史繼偕、禮部右侍郎兼翰林院侍讀學士協理詹事府事韓爌為會試正副考試官。取莊際昌等三百五十名。先是，會額止三百名，至是特增五十名，命禮部著為令。（據《明神宗實錄》卷五百七十九）

本科會試題。

本科會試題有《論語》：「有一言而可以終身行之者乎？子曰：其恕乎？己所不欲，勿施於人。」《中庸》：「天地位焉，萬物育焉。」《孟子》：「伊尹聖之任者也。」

三 月

莊際昌、孔貞運（？～1644）、陳子壯（1596～1647）等進士及第、出身有差。

《明神宗實錄》卷五百八十：萬曆四十七年三月，「戊戌，策試天下貢士。制曰：『朕惟自古帝王，興化致理，政固多端，而振肅人心，維持世道，則必以紀綱為首務。《詩》云：勉勉我王，綱紀四方。先儒之論，亦曰：善為治者，先有紀綱，以持之於上，而後有風俗，以驅之於下。然則御世宰物，術莫要於此歟？三季以還，惟漢唐宋歷年最久，英君誼辟，代不乏人。當其時，所為立經陳紀，以成一代之治者，亦可指而言歟？我太祖高皇帝肇造區夏，成祖文皇帝再靖家邦，制度典章，超越千古，固可傳之萬世無弊者。朕纘承鴻業，紹述罔愆，御極之初，政教修明，化行俗美，猶庶幾祖宗之遺烈。夫何邇年以來，法守漸隳，人惟滋玩，德意壅而不究，詔令格而不行，申飭雖勤，陵夷日甚，在位者以恣睢為豪舉，而職業則虧，在下者以干犯為故常，而堤防盡潰，甚至偏裨侵大帥，僚屬抗長官，奸胥誣奏，以傾有司，亂民煽禍，以攘富室，冠履倒置，名分蕩然，其他驕淫僭逾之風，躁競囂陵之習，不可悉數。蓋綱紀之紊，至今日極矣，其故果安在歟？漢人謂天下所以不理，常繇人主，承平日久，俗漸敝而不悟，政漸衰而不改。而宋人又謂紀綱隳壞，皆繇上下因循，此其說孰為當歟？抑君臣當交任其責，有不容他諉者歟？夫

更化善治，貴識因革之宜，起敝維風，在妙轉移之術，茲欲當積弛之餘，返極重之勢，使法立而不犯，令行而不逆，綱紀正，風俗純，以復我祖宗之舊，如之何而可？爾多士學古通今，習當時之務深矣，尚各攄所蘊，明著於篇，以佐朕之不逮，朕將親覽焉。』」「辛丑，賜莊際昌、孔貞運、陳子壯等三百五十名進士及第、出身有差。」

　　據《明清進士題名碑錄索引》，萬曆四十七年己未科第一甲三名（莊際昌、孔貞運、陳子壯），第二甲六十七名，第三甲二百七十五名。

三甲進士李若愚，其「弟子入則孝」節文以精實賅括見長。

　　梁章鉅《制義叢話》卷六：「《四勿齋隨筆》云：名人制義，有說得精實賅括者，便可作座右銘。如萬曆間李愚公若愚『弟子入則孝』節文，中間收束四句云：『蓋寬為之途，而使其力量事事有所餘；復密為之程，而使其精神息息有所注。』教者、學者能事，盡此數語矣。又袁中郎宏道此題入手云：『且天下未嘗乏才也，自蒙養之道弗端，而人才敝於童習時矣。是以今之子弟，多以日用倫常為卑，則遠騖其力；而間以不嫻文詞為恥，則又專用其功，非訓也。』徐存庵曰：『專攻文辭尚不可為訓，今者總角抱書、老生把筆，閭巷間不能多見，而裙屐之流且遍寰中，奈之何哉！』」

石有恒成本科三甲一百九十六名進士。《欽定四書文》隆萬文卷三錄其闈墨《論語》「周公謂魯公曰」一章題文。

　　石有恒（？～1624），字伯常，湖廣黃梅人。萬曆三十四年（1606）舉於鄉，四十七年（1619）始成進士。初授浙江遂安知縣，調常熟長興，有惠政。天啟四年（《東林傳》作三年）正月，為長興「鉅寇」吳樵野所殺，事聞，贈太僕寺少卿，諡忠烈。有恒性高潔，以文章名，為東林黨人，與鄒元標最善。事具陳鼎《東林列傳》卷五本傳等傳記。石有恒工制義，《可儀堂名家制義》收其《石季常稿》，俞長城題識云：「余年十齡，讀石季常先生文，高古腴煉，心酷嗜之，以為秦漢以下無是書也。……夫秦碑漢碣，漂搖風雨霜雪中，凋零磨滅，愈見其古，石家文其近是耶？」《欽定四書文》隆萬文卷三錄其闈墨《論語》「周公謂魯公曰」一章題文：「元聖之貽謀，皆所以培國本也。蓋國本厚而後國可長久，故觀周公所以造魯而知魯其後衰者也。想其訓魯公，若曰：爾小子受命王室，出備東藩，謂宜慎乃永圖以無廢休命。茲行也，其何

道以治魯？蓋君子念開國承家，重在人心；植本樹基，端在初服。是故立國有體，宜遵忠厚之遺；而長世有道，其無忘親賢之訓乎？國族始聚，宗屬未蕃，維是一二昆弟不能和協，異日者支分派遠，當若之何，則親親宜篤，毋開薄德寡恩之漸，毋聽強幹弱支之說，固宗盟，正所以翼公室也；邦家新造，誰與倚毗，維是二三執政不能信任，異日者上猜下忌，其何以濟，則用大臣宜專，罔違卿貳而獨智自用，罔舍老成而新進與謀，一事權，亦所以重國體也。最難忘者故舊，是以常刑之外，議故有典，無亦寬文疏網、曲示保全，乃若無大故而棄之，功德猶在，而或近者不能免其身，遠者不能庇其後，既無以酬先世之德澤，亦何以獎後來之勳庸，敦大可勿崇乎！最難得者人才，是以分職之初，官事不攝，何必全德通才始堪錄用，乃若求一人而備之，器局各殊，而或任過其質而不勝，用枉其才而不稱，既使登庸之途從此塞，且恐緣飾之弊從此開，苛責可無戒乎！慎此以往，宗子無失歡於骨肉，當寧無攜志於守臣；勳舊不以多故啓危疑，才技不以難事阻靖獻。內外一德，上下共功，以保世封。我子孫其長有魯乎！小子識之，無忘吾言矣！」評謂：「訓誥體，運用莊語而不覺其板，由氣骨之高。」「研練格調，雅與題稱。凡摹古之文，易入贋體，可以此作止之。」

姚希孟成三甲一百二十一名進士。《欽定四書文》隆萬文卷五錄其《孟子》「有攸不為臣東征」題文。

姚希孟，字孟長，吳縣人。萬曆四十七年（1619）進士，改庶吉士，官至詹事府詹事。希孟少與舅文震孟同學，並負時名，天啓中，與文震孟同在翰林，甥舅並持清議，望益重，雅為東林所推。有《循滄集》二卷、《姚希孟文集》二十八卷等。《欽定四書文》隆萬文卷五錄其《孟子》「有攸不為臣東征」題文：「周王以義正名，而有不臣之討焉。夫不臣於周，此其罪未可定也，而遂以不臣之罪征之，所謂名以義起耳。且君臣，定位也，而至於天怒人怨、親離眾叛之秋，則君臣似非定位矣。故興王崛起，而順之者昌，帶礪之所必及也；逆之者亡，斧鉞之所必加也。當商周易姓之際，遺佚如太公，貴戚如微子，前而三分有二之眾，後而八百會同之國，孰敢不臣，而有不臣者伊何人哉？蓋崇侯、奄君之屬，明知稔惡已久，而為聖世之所必誅，故閉關而不朝耳；飛廉、惡來之輩，自揣眾怒已深，而為王法之所不宥，故負隅以相抗耳。此其人無論非周之臣也，即起商先王於九原而問之，亦非商之臣也，不

奴不死，而使祖宗艱難辛苦之業離披至此，是斬商祚者正此臣也，而猶得藉口於不屈乎？無論其不爲周臣也，即使其稽首於王之馬前，而亦不願有此臣也，長君逢君，而使商辛聰明才辯之資兇惡至此，是喪殷師者正此臣也，而猶敢託名於殉國乎？於是蒼蒼之表默啓武王，若曰爾其討獨夫紂，而先討其蠱惑此獨夫者；元元之眾又環向武王，若曰爾其誅無道商，而先誅其相與爲無道者。玉杯象箸，誰獻此淫巧；瑤台瓊室，誰興此土木？刳孕婦、斮朝涉，誰爲紂作刑官；盈鹿台、充鉅橋，誰爲紂作聚斂？計其罪，即比之共工、驩兜之屬殆有甚焉；而殲其魁，則雖爲阪泉、涿鹿之師亦所弗恤矣。此東征之所由起也。蓋惟天地間從未嘗有此臣子，故欲其身伏司敗，以寒萬世奸臣之膽，而非徒爲脅服人心之計；惟宇宙中必不容有此臣子，故欲其名載丹書，以立後世臣道之防，而非徒爲翦除勝國之餘。不然，叩馬之義士則聽之而已矣，演疇之父師則封之而已矣，梗化之頑民則遷之而已矣。必欲胥天下而臣之，夫豈帝王之度哉？」評謂：「義正辭嚴，摘發盡致，但覺光焰萬丈長留宇宙間。」

本　年

艾南英刊行其應試之文，作自敘。

李調元《制義科瑣記》卷三引《艾千子自敘》：「艾千子自敘云：予以童子試，受知於李養白先生。其明年春，爲萬曆庚子，始籍東鄉縣學，迄萬曆己未，爲諸生者二十年，試於鄉闈者七年，餼於二十人中者十有四年。所受知邑令長，凡二人；所受知郡太守，凡三人；所受知督學使者，凡六人。於是先後應試之文積若干卷，既刪其不足存者，而其可存者不獨慮其亡佚散亂無以自考，又重其皆出於勤苦憂患、驚怖束縛之中，而且以存知己之感也，乃取而壽之梓，而序其所以梓之之意。曰：嗟呼！備嘗諸生之苦，未有如予者也。舊制，諸生於郡縣有司，按季課程，名季考。及所部御史入境，取其士什之一而校之，名觀風。二者既非諸生黜陟進取之所係，而予又以懶慢成癖，輒不及與試。獨督學使者於諸生爲職掌，其歲考則諸生之黜陟係焉，非患病及內外艱，無不與試者。其科考則三歲大比，縣陞其秀以達於郡，郡陞其秀以達於督學，督學又陞其秀以達於鄉闈，不及是者，又有遺才、大收以儘其長。非是塗也，雖孔、孟無由而進。故予先後試卷，盡出是二者。試之日，衙鼓三號，雖冰霜凍結，諸生露立門外。督學衣緋坐堂上，燈燭輝煌，

圍爐輕暖自如。諸生解衣露足，左手執筆硯，右手持布襪，聽郡縣有司唱名，以次立甬道。至督學前，每諸生一名，搜撿軍二名，上窮髮際，下至膝踵，保腹赤踝，爲漏數箭而後畢，雖壯者無不齒震悚栗，腰以下大都寒冱僵裂，不知爲體膚所在。遇天暑酷烈，督學輕綺蔭涼，飲茗揮箑自如，諸生什伯爲群，擁立塵坌中，法既不敢執扇，又衣大布厚衣。比至就席，數百人夾坐，蒸薰腥雜，汗淫浹背，勺漿不入口。雖有供茶吏，然率不敢飲，飲必朱鈐其牘，疑以爲弊，文雖工，降一等。蓋受困於寒暑者如此。既就席，命題。題一以教官宣讀，便短視者；一書牌上，吏執而下巡，便重聽者。近廢宣讀，獨以牌書某學某題。一日數學則數吏執牌而下，而予以短視不能見咫尺，必屏氣囁嚅，詢旁舍生問所目。而督學又望視臺上，東西立瞭高軍四名，諸生無敢仰視四顧。麗立伸欠，倚語側席者，有則又朱鈐其牘，以越規論，文雖工，降一等。用是腰脊拘困，雖溲溺不得自由。蓋所以繫其手足便利者又如此。所置坐席取給工吏，吏大半侵漁所費，倉卒取辦臨時，規制狹迫，不能舒左右肱，又薄脆疏縫，據坐稍重，即恐折仆。而同號諸生常十餘人，慮有更號，率十餘坐以竹聯之，手足稍動，則諸坐皆動，竟日無寧時，字爲陂踦。而自閩中一二督學重懷挾之禁，諸生並不得執硯，硯又取給工吏，率皆青刓頑石，滑不受墨，雖　事足以困其手力。不幸坐漏痕承檐，所在霖雨傾注，以衣覆卷，疾書而畢事。蓋受困於胥吏之不謹者又如此。比閱卷，大率督學以一人閱數千人之文，文有不奇虛實、繁簡濃淡之異，而士司之好尙亦如之。取必於一流之材，則雖宿學不能無恐，而予常有天幸然。高下既定，督學復衣緋坐堂上，郡縣有司候視門外，教官立階下，諸生俯行，以次至几案前，跽而受教，噤不敢發聲。視所試優劣，分從甬道西角門以出，當是時，其面目不可以語妻孥。蓋所爲拘牽文法以困折其氣者又如此。嗟乎，備嘗諸生之苦未有如予者也。至入鄉闈，所爲搜檢防禁，囚首垢面，夜露晝曝，暑暍風沙之苦無異於小試，獨起居飲食稍稍自便，而房師非一手，又皆簿書獄訟之餘，非若督學之專靜屛營，以文爲職。而予七試七挫，改弦易轍，智盡能索，則爲秦、漢子史之文，而闈中目之爲野；改而從震澤、毘陵，成、弘先正之體，而闈中又目之爲老。近則雖以《公》、《穀》、《孝經》、韓、歐、蘇、曾大家之句，而房師亦不知其爲何語。每一試已，則登賢書者，雖空疏庸腐，稚拙鄙陋，猶得與郡縣有司分庭抗禮，而予以積學二十餘年，制藝自鶴灘、守溪，下至宏、正、嘉、隆大家無所不究；書自六籍子史，濂、洛、關、閩百

家眾說，陰陽兵律，山經地志，浮屠老子之文章，無所不習，而顧不得與空疏庸腐、稚拙鄙陋者為伍。入謁上官，隊而入，隊而出，與諸生等。每一念至，欲棄舉業不事，杜門著書，考古今治亂興衰之故，以自見於世。而又念不能為逸民以終老。嗟乎，備嘗諸生之苦，未有如予者也。古之君子有所成就，則必追原其揚歷勤苦之狀以自警。上至古昔，聖人昌言交拜，必述其艱難創造之由，故曰：『逸能思初，安能惟始。』故予雖事無所就，試卷亦鄙劣瑣陋不足以存，然皆出於勤苦憂患、驚怖束縛之中，而況數先生者，又皆今世名人鉅公，而予以一日之藝附弟子之列，語有之：『知己重於感恩。』今有人於此，衣我以文繡，食我以稻粱，樂我以臺池鼓鐘，使其讀予文而不知其原本聖賢，備見古今與道德性命之所在，予終不以彼易此。且予淹困諸生，而數先生者將踐三事九列，翱翔天路，既無以報知己，而一二君子溘先逝者，又將無以對先師於地下。以其出於勤苦憂患、驚怖束縛之中，而又以存知己之感，此卷之所以為刻也。若數科闈中所試，則世皆以成敗論人，不欲塵世人之耳目。又類好自表見，形主司短長，故藏而匿之，然終不能忘其姓名。騄兒五歲能讀書，將分識而使掌之，曰：『此某司理、某令尹為房考時所擯也。』既以陰志其姓名，而且使騄兒讀而鑒，鑒而為詭遇以逢時，無如父之拙也。」己未，指萬曆四十七年。案，艾南英此文亦見《制義叢話》卷六。

明神宗萬曆四十八年／光宗泰昌元年庚申（西元 1620 年）

七　月

二十一日，明神宗朱翊鈞（1563～1620）卒。（據《明通鑒》卷七十六）

八　月

初一日，朱常洛（1582～1620）即位，是為光宗。今年八月以前，為神宗萬曆四十八年；八月以後，為光宗泰昌元年。（據《明通鑒》卷七十六）

九　月

初一日，光宗朱常洛（1582～1620）卒。初六日，朱由校（1605～1627）
即位，是為明熹宗。（據《明鑑綱目》卷七）

明熹宗天啓元年辛酉（西元 1621 年）

八　月

章世純中舉。其制義與艾南英、羅文藻、陳際泰齊名。

章世純（1575～1644），字大力，臨川人。天啓元年（1621）舉人，崇禎
中，累官柳州知府。年七十，聞京師變，悲憤，邁疾卒。著有《留書》、《章
柳州集》等。章世純爲明末制義大家，「江西四家」之一。四家之中，章世純
於 1621 年舉鄉試，艾南英、羅文藻、陳際泰分別於 1624、1627、1630 舉於
鄉，清人俞長城謂世純文最「奇」而最先焉，又稱其文「幽深沈騺」。有《章
大力稿》。

《欽定四書文》啟禎文錄章世純制義十四篇。

卷二錄其《論語》「孝弟也者」二句題文：「賢者重孝弟而明其爲要道焉。
夫孝弟亦仁也，而獨居仁之總，則固仁之所待而全也，是以君子重之。且世
之言道者，務爲大耳，而家庭孝弟之事，則薄而不修，必以此爲淺小易究之
事也。乃一觀於不犯上、不作亂之故，而知孝弟之道博矣。其理有所兼，非
一節之行也；其推之可遠，非庭除之守也。本者，人之所當務，此其君子之
所務者乎？道者，本之所能生，此其能生道者乎？凡人之情，用之他人則易
僞難眞，用之父母兄弟則易眞難僞，求用情而於其易僞者，此必竭之勢也，
必將於其能眞者而導之，而眞者可篤也，易僞者亦可因以厚也，此本末相及
之致也；凡人之情，用之他人則易不足，用之父母兄弟則至有餘，求用情而
先於其不足者，此亦必竭之勢也，必將於其有餘者而導之，而有餘者可分也，
不足者即有所待其流也，此亦本末相及之致也。故天下有孝弟之人而與論仁
者之心，則頓全之體矣，有其至愛者而知其全心爲愛，有其至敬者而知其全
心爲敬，固不待附益而足者也；天下有孝弟之人而與論仁者之事，則亦漸及

之用矣，有其至愛而由以無所不愛，有其至敬而由以無所不敬，亦可以相推而至者也。不然，何以孝弟而即不犯上，何以孝弟而即不作亂者乎？此亦可據其有生仁之機而爲本之所在矣。」評謂：「本眼前人人所知見之理，一經指出，遂爲不朽之文。其筆之廉銳，皆由浸潤於周秦古書得之。」

　　卷三錄其《論語》「君子無終食之間違仁」題文：「君子之於仁，以全成之也。夫仁以全舉理，則一日一行之修，固不足以任之，君子無違於終食間者以此。且天下有可以一爲而成者，有不可以一爲而成者。事可以暫立也，德則未有可以暫立者也，惟不息爲可。夫攻取之乘，理微而欲亦微，既辨之纖悉之間，則防之亦盡頃刻之會，至密之與至微類也，而後足以相守；極深之用，理精而心亦精，既見爲純粹之體，即無庸闊略之功，惟一之與惟精亦類也，而乃足以相副。是故爲仁者，始必有所爭之其大，而後必有以及乎其細，辨之富貴貧賤之分，凡皆爲大端，而恃大端遂足成德乎？日用飲食之故，其類甚纖而其來甚密，離合之數，方於此多也，君子亦謹持其隙而已。抑爲仁者，其始必有所甚矯，而其後必有所甚安，持之富貴貧賤之交，凡皆爲自矯，而徒矯持遂可爲純德乎？廉介節義之事，雖性所許而非情所順，循習之久，遂爲自然也，君子亦常謹其放而已。可欣可厭之事來於前，而欲惡早與之迎，乃舉所爲仁者從後而爲之制，此亦常不及之勢也，則違仁者其常，而不違者獨恃夫先有以待之，夫無應而已端其主，無事而已習其心，未至乎事之情而不染，而後至而不染也；欣之厭之之念逐乎物，而全心盡以之往，乃吾所爲仁者持少分而與之爭，此又常不勝之勢也，則違仁者其必然，而不違者獨恃夫多以全之，夫累於素以取多，積於念以取深，舉小利害而不惑，而後利害不惑也。故終食之間，君子之所操也；終食間之違仁，亦君子之所危也。古今大美大惡之事，何嘗須久而成，於其造端，皆以頃刻，因頃刻遂成滔天，彼無窮之業，當幾正無多耳；即人生百年之身，亦豈晚蓋所及，求其可據，惟此目前，有目前乃有終身，彼百年之內，析之皆須臾耳。夫終食之間也，而可忽乎哉！」評謂：「啓未發之覆，達難顯之情。他人即能了然於心，佈於紙墨，亦不能如此晶明堅確也。章大力造極之文，頗有陳大士所不能到者，惜不多得耳。」

　　卷四錄其闈墨《論語》「君子道者三」一節題文：「道所以難能者，其累心者盡也。夫憂、惑、懼之累人深矣，而以道而忘，此豈易能者哉？且夫人得力之地，皆有外境以相驗。蓋心每得於物之所不侵，而情恒消於理之所至

足也。乃其中難易之故，亦可自按矣。吾是以有羨於君子，彼其涉乎事物之
會，而皆有本體之足恃，一物之交，亦全體之心應之耳，物也而何能感我也；
在於倉卒之際，而皆有積素之可憑，一旦之感，亦平生之心應之耳，變也而
何能易常也。是其事歸諸道，而道不可以意擬；道有其三，而三不可以偏附。
反身自度，有不可易及者。夫豈不與我共乘世之遇哉，然而獨自得也，則憂、
惑、懼之並消也；夫豈不與我並受人之情哉，而何以卻感害也，則仁、智、
勇之兼存也。有仁、智、勇以爲之宰，則其心嘗恬恬，而我之受物者順矣，
往而交於物者，有未嘗相拒者也，以我之所不逆，成物之所不攖，而常變之
分均矣，此化境之道也；有仁、智、勇以爲之宰，則其心又嘗安安，而物之
感我者必淺矣，來而交於我者，實亦有未嘗相撓者也，以外物之無權，顯吾
心之有主，而性命之理順矣，此獨往之道也。今且欲去其憂、惑、懼之累，
而累不從境袪也，情以性定矣，而其性未可契也，則其情亦未可襲也；今且
欲得其爲仁、智、勇者，而道不可以名假也，埋緣義著矣，而其境未易平也，
則以理未易治也。而尚可謂易能哉？要之，憂、惑、懼之並忘，則向後之主
持於天下者必大，學力功行，莫非無累者之所勝；且仁、智、勇之先定，則
達德之行於達道者已全，將眾理可包，亦非一無累者而遂盡。然三者之事，
果難言矣。」評謂：「本體、外境、物交、性定之理，圓映極矣。躲閃處，將
『憂』、『惑』、『懼』不分疏，圓映在此，題面未梳櫛亦在此。」「觀前輩應試
之文，不異於平素，可知其心術之正。而避難就易，亦由當時風氣，不復恪
守先正矩度也。」

　　卷五錄其《論語》「不知命」一節題文：「有所以爲君子者，而達天要矣。
夫所貴君子者，其自守定矣。然非知命之後，何以幾此乎？且君子之學，儘
其人之所可爲而已，彼天之所爲，吾何與焉？然必知其在天者，而後可斷於
人事之途。吾觀古之君子，以己之所爲與天道相爲推移，此知命之固然、後
而奉之之道也；亦以己之所爲與天道相爲損益，此知命所由然、先而不違之
道也。惟不知命者，或視人事太重，則數之所定，皆謂人力所得爲；或視人
事太輕，則道不自盡，而於己無復可恃。如是而俟命之學不可以責焉矣，可
以得而將捷收之，不可以得而且逆奪之，爭造物之所不與，必忍人世之所難
甘，行險徼幸，必是人矣；造命之學尤不可以望焉矣，應得之福而反或左之，
非分之禍而適或逢之，造天下之奇趨，必獲天下之奇窮，從逆以凶，必是人
矣。蓋天下惟是非之所在，利害之說常往爭之，何知是義，害則去耳，何知

非義，利則從耳，此由不知天之有命與人道分者也，然則雖有聖賢之術，不足以實其見矣；天下惟是非之所在，利害之事亦往附之，見可利，則詭以遇焉，見可害，則詭以脫焉，此由不知天之有命與人道合者也，然則雖有強力之操，不足以鎮其卒矣。如是而欲為君子，其道何由哉？是以守己之士，洞觀造物之消息，而嘗以其事往而從天，蓋知命而天之事始勝矣；既知造化之消息，因以己之事反而還己，蓋知命而人之事亦復勝矣。夫知命之關於人，固不重哉？後之人亦有為知命之說者矣，而遂廢其人事而任之。夫任之，而人道安在乎？棄命者無主，恃命太重者無志。此兩者，亦皆譏耳。」評謂：「義廣而深，詞約而盡。粗穢悉除，但存精氣。」

卷六錄其《中庸》「追王太王王季」題文：「追王之典，仁之至而亦義之盡也。夫君子念始之者也，子孫王矣，而父與祖無加禮焉，於心能安乎？且聖人之治天下，必自尊親始矣。上治祖考，尊尊之大者也，尊尊有其大而教始可立於天下，此周公之所以有追王也。追王者，身本非王而自後人加之也。深觀禮意，臣子無爵君父之文，則子而爵其父，孫而爵其祖，皆嫌乎予己以權，而使其父與祖俱受予奪之法；深觀禮意，君父亦無以卑臨尊之義，故死者可稱天以謚之，則遠者亦可稱天以爵之，皆歸於以天道行事，而使其父與祖俱全於至尊之分。雖然，王季歷而並及太王，於義不為已侈乎？夫親親者，以三為五，由禰以親祖，此其最隆也；以五為九，由祖以知曾高，此其漸殺也。周之王者自武王始，而其制禮作樂自成王始。如以成王為義者，則由武以至文而致隆之道盡矣，自是而上，則以從『上殺』之說也；如以武王為義，則由文以至季歷而致隆之道盡矣，自是而上，則以從『上殺』之說也。周公以文王雖未身王而身已備於王事，『王公伊濯，維豐之垣』，此《有聲》之所為頌也，然則今之始王者實文王也，而其追王者則固文之祖與禰也；況太王雖已遠而身已肇乎王跡，『居岐之陽，實始剪商』，此《閟宮》之所以為頌也，然則追王之者雖子孫也，而其宜王者則固自在太王、王季也。不以為己之義而以為文王、武王之義，則其義必如是而後盡耳；不獨以情而議，而又兼功與德而議，則其義亦必如是而後盡耳。故追王太王、王季者，聖人仁之至，而要之於義，則亦未嘗無說以處此也。」評謂：「理體正大，有典有則，可與韋、劉以後郊祀宗廟諸議相上下。」

卷六錄其「修身則道立」題文：「建極之君，其身無缺也。夫君身不自為身也，民之視效在焉，如之何可不修乎？且聖人之治天下，不必盡以我治之

也，蓋亦有我無為而民自取治者，無以使之而有以示之也。吾於是知修身之為要矣。夫帝王之主，未嘗不以軌物範民，則善世固王治之隆；然帝王之主，亦未能遽以軌物納民，則善則乃綏猷之本。苟其身之不修，天下亦孰知道之為道者，而道不以之仆乎？苟其身之既修，天下又孰不知道之為道者，而道不以之立乎？道之妙，形跡之所不居，是以天下莫得其處，而我以道著身，則即以身著道，著於喜怒哀樂而道有情，著於父子君臣而道有事，於穆不顯之精，皆可從我身而按其象也；道之名，眾術之所共假，是以天下遠於所之，而我以道定身，則即以身定道，定於正而隱怪不能易其方，定於真而疑似不能亂其從，紛紜錯雜之趨，皆可從我身而認其極也。彼民也，亦惟君之知耳，匹夫詔之，不可使民明，而自君揭之，偏可使民明，彼蓋緣君以通道也，權之所聚而復為道之所總，將如植之標焉，而期而至者固眾耳；夫民也，亦惟君身之知耳，督之師儒，不必使民喻，而修之一身，偏能使民喻，彼又緣身以通道也，身致其實而眾慕其名，將如表之樹焉，而望而赴者固多矣。夫立身於無過，而天下皆頌文武之君，名實之美固已如斯；範物於不遺，而天下有相觀之化，至治之體又復如斯。而身之當修也，不益見乎？」評謂：「看『立』字特精神，等閒語即成奇境，不在遠取也。」「『立』字，《注》訓『道成於己而可為民表』，此文於『身』字、『道』字交關處，說得親切。『立』字精神意象俱躍躍紙上矣。可見四書名理，非能者不知疏瀹。」

卷六錄其「行前定則不疚」題文：「行所以得者，豫道存也。夫不疚而行成矣，顧所以得此者，非以前定之故乎？且豫者百事之制也，一時之言、一時之事，猶不可不先成於心而制其數，況行之制於終身者乎？言、事者所以與物交也，行則成而存乎己者也；跲與困所以無外寧也，行敗而疚則反而自苦其心者也。此其措之也愈難，而其待於豫者愈甚。如其失檢也，其敗也必也；若其早操也，其成也亦必。夫不先多求於古人之跡，則不能知乎得失之所存，卒然而用之，有不知所以自置者矣，何也？斟酌之審，非一時事也，唯未至乎事之境而先論之，則其為時寬矣，而功亦得詳焉，得已然之跡而卒之者，所以無憾於聖賢也，此理也，勢也；不先習其性情之所之，則不能強其一旦之必合，卒然而御之，有身心相與梗者矣，何也？習慣之安，亦非一時之事也，唯未至乎動之地而先操之，則其力漸矣，而功亦得深焉，得平時之力而藉之者，所以無惡於己志也，此亦理也，勢也。蓋夫人為行在旦晝之間，不覺清夜而後悔之，前定之為道也，物未接而神明清，可以當清夜之觀

矣，而揭之於先焉，事後之悔所以寡乎？夫人爲行在己，亦不即覺旁觀而常恥之，前定之爲道也，識未起而觀物暇，可以代旁觀之明矣，而揭之於先焉，事後之恥所以寡乎？夫行之起也於心出之，其成也於心復之。不疚者，復之心而心無怍也；前定者，出之心而心先可無怍也。故曰豫者百事之制也。」評謂：「理得辭順，自然出拔。好作奇語，致氣象衰薾，自是文章大病，當以此爲正風也。」「以聖賢語自驗於身心而得之，乃能如此俊拔明粹。」

卷六錄其「誠之者人之道也」題文：「知人道之所在，而人可以自盡矣。夫有天而無人，則於分不全，故誠之之功亦君子所以求自盡也。且天與人相並而爲用，在天者特以立其極，而在人者則以致其功，斯二者之所爲所以相輔而相成也。是故誠者爲天道固矣，使天固誠之，我固置之，是謂棄天，人而棄其所受於天之分，則背本也甚矣；天所不足，人所不爲，是謂恃天，人而徒恃天之所以與我，則無志也甚矣。故有誠者，則有誠之者，而有爲之法起焉；有天道，則有人道，而自全之能生焉。天有大同之德，人各得以分其精，斯亦足矣，而又期於有以保之，此豈務爲擾也哉，人也者，天之繼也，彼務於物之所以生，而我務於物之所以成，道之所以相終者，有固然耳；天有參差之數，我不得以全其分，則亦已矣，而又期乎有以益之，此豈以爭天權也哉，人也者，天之參也，彼容有偏至之氣，我實有復性之機，道之所爲相輔者，有固然耳。蓋雖中處覆載之內，然質已與之相離，則有自用之才，故能因質而用之，亦復騁能而化之，而未嘗俯而聽其所以處，此人道之所以次乎天；雖均列品庶之中，而智與之相絕，則有造事之哲，故能從天而奉之，亦能制天而用之，而未嘗帖然自棄於無所用，此人道之所以尊乎物。且夫人亦安所不至哉？違道而行，則悖天逆情，盡反天下之常，且亦其力之所能給也；順道而趨，則全性存眞，分衡造化之功，豈顧非其智之所能爲也？夫人亦安所不至也！」評謂：「思致鑱刻，恰探得題之眞實處。『相終』、『相輔』二義，通篇暗相承遞，章法尤爲嚴密。若理不足而求之詞，雖得子家之精，亦無取焉。此文亦載陳大士稿中，細玩清削堅銳之氣，與章一律，故正之。」

卷七錄其《孟子》「聖人之於民亦類也」題文：「人之中有聖，而固以其類貴矣。夫物類中莫不有其至者，人於何不然？此聖人所以稱也。且造物之生不爲一概，苟所生之類而即齊姿等質，不相多也，則造物固亦滯而無變者耳。故參差之產，陰陽所以示神奇也，而皆在其類中。向以爲不獨民也，物亦有之，則麒麟等之於物類中是也；今亦以爲不獨物也，人亦有之，則聖人

之於民類中是也。故自其存諸身者言之，耳擅天下之聰，目擅天下之明，幾不與天下以可測之端矣，於是乎世共駭之，駭之則非以其本異也，固以其本同也，夫非與民共是耳目者哉？自其加諸世者言之，道足以為物先，德足以立人極，幾不與天下以可至之階矣，於是乎世甚駭之，駭之則非以其全異也，固以其全同也，夫非與民共是運動也乎哉？唯其與民同是耳目也，同是運動也，而後聖人得以其聰明特聞，以其道德特聞，是不類從類，而後有其稱，聖人於是乎為天下所尊也；惟其與民異聰明也，與民異道德也，而後天下指之曰此其耳目與吾同，此其運動與吾同，是類又因不類，而後有其說，聖人於是乎為天下所援也。蓋至是而天下始有為之說者矣。曰彼之異我，則我之異彼，彼異此異，相與為類，則與彼無以異矣。夫使天下求端以論其同也，其不同不反明也哉？故凡民之有功於聖也，為其以地形之；聖人有功于凡民也，為其以類借之。」評謂：「凡文之辨難轉換，有一字不清徹，雖有好意，亦令人覽之欲臥矣。此文當玩其有轉無竭、愈轉愈透處。」

卷八錄其《孟子》「天下有道」四節題文：「欲王者致其德，而天可得而用矣。大德則得天，文王是已。欲為政天下，舍此能得志乎？且知天之說者，則王事可成。天之道主於扶德而已，隨其世之有道、無道，展轉屬之，未有易也已。是故有時而行正道，有時而行權道；行正道則專於賢德，行權道則若附於強大。夫天豈亦畏強大者哉？其能為強大者，必其小能自立者也，不然亦其先世少有功德者也。世無大德大賢，則小德小賢亦能成其強大，天意亦徘徊附之，而其人亦遂能制小弱存亡之命。齊之景公、吳之闔閭是已。景公自能顯，而力行於泗上諸侯；闔閭能用其民，勝於景公而力並能行之齊。此皆賢德之侶而中稍有勝劣焉，則天意亦稍有低昂焉，此亦所謂展轉屬之者矣。然則大國遂可師乎？非也。天之屬意大國，特其權也。小國而僅師大國，則必為大國之細；其德未有以相勝，而力必不可以相敵。當今時欲遂為政天下者，莫若審於天道之正，而因而用之，而自處於大德大賢，以邀夫天道之所必歸。夫然後藉於德以令於天，藉於天以令於天下，文王之事可繼，成周之業可再。隨其強弱大小，而或遲或速，皆可為政於諸侯也。此其事若逆天，逆天之數，易其向也；而其理則順天，順天之道，投其好也。一人有大德，而天下既已成其為有道之天下；有大德而得天，而天亦成其為治命之天。而人亦無所歸責焉，則豈非天所欲得者哉？」評謂：「『順天者存』，獨為不能師文王者言之，以逆為順，歸於修德自強。四節看作一片，其筆力瘦硬，雖大

士猶當避其銳也。」

　　卷八錄其「耕者之所獲」一節題文:「祿準之耕，一代耕之義也。夫謂之代耕，則如其耕之獲止耳，此制祿之道所由無濫與？先王之分制爵祿，均天下之大道也。有耕者，有不耕者，則不均；有耕而奉人者，有不耕而奉於人者，則大不均。先王之均天下也，上代下治，下代上耕，而又等代治之勞，爲代耕之祿，此其所以均也。此其說通於公侯、天子，而其端始於以農權隸。夫農者，受天子百畝之職而治地爲功者也，其所受粟則其所自爲矣。故雖有五等之分，食九人、八人、七人、六人、五人之別，然而從四體勤動之外，則無可以徼幸得粟之望，知無與之者也；任豐嬴歉嗇之報，絕無可以推委責望之心，知無靳之者也。若夫庶人在官則不同矣，其祿則天子與之也，然果天子能與人祿乎？故天子而無故與人以祿，則與之者不安、受之者不安，所從取以爲與之人又大不安；使天子而無故可與人祿，則天子得恃其私厚之恩，而無功、不受事之人亦皆得生其分外之想，天子之祿窮矣。先王知其然也，故庶人在官之祿，亦使其出於所自爲。若曰府史胥徒，彼之百畝也；奔走幹辦，彼之耕獲也。其煩簡有等，彼之上中下也；而祿之所獲，則如其所食之人之數也。彼其人無鄙薄不屑之意，亦無得滿望餘之念；而庶人在官者亦曰彼與我平等也，而不見爵祿爲私厚之物，而人之分始均矣。庶人在官之祿均，則下士亦均，下士均而中士、上士以至於大夫與卿之祿皆均。彼雖不與耕者，論食人而以爲差之意，則一也。此先王之所以均天下而不私也。」評謂:「事理能見其大，文律復極其細。順筆瀟灑，不加琢煉，有風行水上之勢。」

　　卷八錄其「梏之反覆」二句題文:「良心之竟失，則其害深也。夫仁義誠有根之良也，仁義固終不絕於人心也，然其如此反覆者何哉？且以天下仁義之人少而不仁不義之人特多也，蓋性善之說幾無以解於天下矣，本善者不宜有不善也，而固有之者，解在乎梏亡也；而梏亡之說亦無所解於吾性矣，有根者不宜受奪也，而受奪者，解在梏之反覆也。物之害心，非一害之而已也，一害之而即已，則必無有能害者矣；心之受害，非一受害而已也，一受害而即已，則亦無有見害者矣。惟其相尋於無已，則其道爲習至，習至則久，久而心與狃矣，夫天下豈有久於吾性者哉，生而稟之以至於今日，亦以成故矣，今之來者亦以狃至而積累於歲月，因以相勝，則夫向之久者亦不足以當也，夫後來者尤據於念所甘也；惟其相累於至久，則其類且眾至，眾至則多，多則物力強矣，夫天下又豈有多於性者哉，自一良而演之以至於百善，亦已有

類矣，今之來者亦以累積而大得其朋從，因以相傾，則夫向之多者亦將不足以敵也，夫後來者尤乘於見所用也。於是乘清夜而養者，至此不能養也，何也，清夜亦梏亡之時也，覺之所習，夢亦同趣，而擾擾之境不復置於向晦晏息之會；於是乘清夜之餘而見者，至此亦不能見也，何也，清夜之餘亦梏亡之餘也，雞鳴而起，孳孳為利，而重陰之人不復能受天地清陽之氣。如是而猶有存者哉？若不至於反覆相梏而遂失者，則不得謂之性矣，言性則本之者深也，逮夫勢窮理極而不能不奪也，此深者之事也；至於反覆而不失者，則亦不得謂之性也矣，言性則其變化神也，逮夫易物相習而亦能與之為用也，此又神者之事也。知此說者可與論心矣。」評謂：「朱子云『反覆』非顛倒之謂，蓋有互換更疊之意，中二股形容得出。『梏之反覆』即頂上『旦晝之所為』；『不足以存』非氣不存，謂所息有限，不敵梏亡之眾，遂不足養其仁義之心耳。文中『清夜亦梏亡之時』云云，未免太過。」

　　卷九錄其《孟子》「心之官則思」題文：「心所司之大，而體之大可知矣。大因心以存變，所謂思也。心唯役思以自神，斯其所以君眾體乎？且體之接物，各稱量以相納，而隨類以相招。耳目形氣之體，固宜與形氣之物相施受，而分量已止，固不足以參乎思之數也。若夫思則有妙焉者矣。物之形而上者謂之道，妙形氣而為言；而人之善變通者謂之思，則虛遊無以相領。此其所受攝固天下之至微也，而孰為此者，非心之專司乎？心者，君主之官，神明出焉。是故眾形之用效於四末，而此獨隱深以自尊，其深藏者，所以獨為不可褻，其不可褻者，所以獨為不可測也；眾體之職效於一節，而此獨大略以為司，其虛懸者，所以成其兼總，其兼總者，所以成其參酌也。於是而有留物之智，不積聚以自滿而能憶故以為藏，是故耳無駐聲之地而此獨留其響，目無染色之跡而此獨久其居，夫思者，以其往識緣而成想者也，故者之不忘，則思之所以生端也；於是有任物之哲，智常浮乎其物而意不止如其境，故聲之來者有實而此尤達之聲之所不至，色之所效有實而此尤達之色之所無與，夫思者，以其見在推於無端者也，來者之相引，則思之所以極變也。何也？蓋人者，德流氣薄而生者也，生之來謂之精，兩精相搏謂之神，精、神之合謂之心。是以心者善入亦善出，而思者能往亦能來也。」評謂：「章大力之文，出於周末諸子。其思力銳入，實能究察事物之理，故了然於心口之間，非揣摩字句而仿其形貌也。然其不能上躋唐、歸之風軌，亦由於此。」

　　卷九錄其「口之於味也」一章題文：「君子之於性、命，亦各有取也。夫

性、命無優劣之分，唯其能成吾是耳，君子所以有取性、取命之分也。且天下之所謂小人者，非能離乎性與命之物也。安命養性之說，小人亦由之，而不於其所，則以成其小人而已。故雖復桀蹠，亦爲養性，非爲性之故自暴不至此；雖復桀蹠，亦以安命，非委命之故自棄不至此。君子非盡反其贍養之說也，道無以相易，而獨殊乎取舍之分；亦未益乎性命之事也，理無以相多，而獨審乎輕重之權。安命之學，信有之矣，而所安者則聲色臭味安佚之爲奉者也，於此而舍性取命，此其得力於命耳，夫命豈不茫茫氣數之事哉，而使有功於聖賢遏欲之學，則君子之善取命也矣；養性之學，信有之矣，而所養者則仁義禮智聖之爲德者也，於此而舍命取性，此其得力於性耳，夫性也豈不猶是情志之物哉，而使有功於聖賢進修之方，則君子之善取性也矣。其抑性申命，所以使天有權，雖然，竟何妨於性也，人有欲而後生，欲者生道存焉耳，然與以不過，所以適於當然，則節而亨之道焉，亦所以爲性之利也；其抑命申性，所以使人有權，雖然，竟何逆於命也，天用理以生物，偏者陰陽舛焉耳，而補其不足，所以同於各正，則善反之道焉，亦所以全命之事也。故有君子之取舍而性命皆得其正矣。」評謂：「上『性』字、下『命』字，專以氣言，上『命』字兼氣與理言，下『性』字則專以理言。孟子正分此兩途，示人知所取舍。陳大士提『性』字側注，亦是作文擇易處走耳。或便謂必合如此，則又爲物所轉也。」「奇詞奧旨，如取諸室中物，而無一語入於拘僻。實此題空前絕後之作。」

本　年

來如容稱湯顯祖制義如杜詩，無一字無出處。

　　錢謙益《牧齋有學集》卷四十五《家塾論舉業雜說》：「天啓初，湯臨川之仲子大耆偕來如容掌科遊長安。如容盛談時藝，稱臨川文如杜詩，無一字無出處。坐客有面折之者曰：『《左傳》：陰飴甥曰「小人慼謂之不免，君子恕以爲必歸」。臨川君子實玄黃二句文云「周師人君子怒可也」。改恕爲怒，有何出處？豈時文應使別字乎？』仲子曰：『嘗有人問家先生，家先生曰：「君子如怒，亂庶遄已。吾此文引《詩》語對《左傳》也。」』如容鼓掌曰：『吾謂無一字無來處，豈非誠證乎？』其人俯首而去。如容語余：『先輩文不可輕易彈駁如此。』」

明熹宗天啓二年壬戌（西元 1622 年）

正　月

禮科都給事中惠世揚條議科場六事。

《明神宗實錄》卷十八：「（天啓二年正月癸丑）禮科都給事中惠世揚條議科場六事：一、正文體。凡離經悖注之言，有類《齊諧》、《越絕》者，悉置不錄。一、詳批閱。卷必細閱細批，即二、三場亦不得塗抹塞責。一、禁攬錄。謂總裁慮及遺珠，或可從公搜閱，至房考或托言搜卷，巧取私人，宜杜絕，以清弊竇。一、重後場。謂首場間有弋獲，不過摘句尋章，至通達時務，必於後場見之，宜特拔以羅異材。一、信功令。謂往科條陳功令，人或視爲故紙，今宜責成外簾官，任怨任勞，以釐諸弊。而謄錄、對讀，尤當申飭。一、速題紙。謂近年散題太遲，未免消磨諸生朝氣，今後內簾題目並行鏤版，榜明即散，仍愼密關防，勿致漏泄。上以所奏切中科場情弊，著嚴加申飭。文體屢經釐正，竟不遵行，今歲著考自每房各搜舉一卷離經悖注及文辭怪誕者，於揭榜日送部奏請嚴處。如容隱不舉者，著部科參奏。」

二　月

命何宗彦、朱國祚主考會試。錄取劉必達等四百名。

《明熹宗實錄》卷十九：天啓二年二月，「辛未，命大學士何宗彦、朱國祚主考會試。故事，凡遇會闈，以閣臣典試，而詹翰一人副之。已推禮部尚書掌詹事府事顧秉謙，上特命國祚。國祚疏辭，上曰：『今歲係朕首科，特用二輔臣以光重典，卿不必辭。』」「辛卯，取中式舉人劉必達等四百名。」

本科會試題。

本科會試題有《論語》：「定公問：『一言而可以興邦，有諸？』孔子對曰：『言不可以若是其幾也。人之言曰：爲君難，爲臣不易。如知爲君之難也，不幾乎一言而興邦乎？』曰：『一言而喪邦，有諸？』孔子對曰：『言不可以若是其幾也。人之言曰：予無樂乎爲君，唯其言而莫予違也。如其善而莫之違也，不亦善乎？如不善而莫之違也，不幾乎一言而喪邦乎？』」《中庸》：「思知人，不可以不知天。」《孟子》：「古之人所以大過人者無他焉，善推其所爲而已矣。」

三 月

文震孟（1574～1636）、傅冠、陳仁錫（1581～1636）等四百零九人進士及第、出身有差。文震孟制義，有澄清之下之志。

《明熹宗實錄》卷二十：天啓二年三月，「辛亥，上御皇極門策試貢士。制曰：『朕惟自古帝王，所爲搏捖乾坤匡扶世運者，靡不於文武二柄爲兢兢。《書》贊帝堯乃武乃文，蓋全德兼焉。而舜曰文明，禹曰文命，湯曰聖武，周之文謨武烈，各標其一，之數聖人，豈於持世導民有偏詣邪？毋其於中有交相爲用者歟？夫陰陽柔剛仁義，自有天地而來，至今不可廢也。洪惟我太祖高皇帝首闢函夏，成祖文皇帝載奠邦家，並提一劍馭軍，而文治光昭於雲漢，揭六經訓俗，而靈爽震疊於雷霆。文絲武張，武因文靖，于都哉，洵追蹤帝堯而與虞夏殷周媲烈矣！奕葉相承，紹天闡繹，雖疆隅小警，不無震驚，然金甌卒以不搖，萬世永賴，則列聖之威靈實式寧之，芳躅具在，亦可得揚厲其概歟？朕以沖齡嗣大歷服，托於天下臣民之上，日夜思所爲覲揚光烈，惟是講學勤政，親賢愛民，簡將治兵爲大務，蓋干羽舞階，鼓鼙思士，實並圖維軌事焉。而蠢茲醜裔，逆我顏行，二年於茲，竟未有能制其命者，何也？豈政教隳而文德闕，抑聲容盛而武功弛，與夫禁旅之環萃自若也，衛屯之棋置自若也，班操之更番自若也，盟帶礪者列第而居，縮組符者專閫而控，乃動云無將，動云乏兵，不獲已，議調發而列鎮苦虛伍矣，又不獲已，議僱募而烏合驅市人矣。客兵散如搏沙，土著聚亦兒戲，總帥藉之勳胄，既絲禮之惟艱，訓練寄之戚臣，又典兵之有戒。戔戔唇吻，迄無成功，說者以爲承平日久，左武右文，故其弊至此。然聞有文事者必有武備，古六軍之帥即天子六卿，用以內修外攘，非歧途也。即如先朝，殪阿台，馴也先，羈順義，芟逆藩，創倭奴，以及邇年東征西討之役，詠《車攻》而歌《杕杜》者，詎異人任，毋亦惟是擇人而專責之可歟？夫武之德七，文之德十有一，季世猶能道之，矧在帝王。茲欲省繁言以覈實，審操柄以圖機，赫然收順治威嚴之效，用恢弘祖宗鴻業，何施而可？爾多士學古通今，懷並用之術舊（久）矣，尚根極體要，明著於篇，毋泛毋略，朕將采焉。』」梁章鉅《制義叢話》卷六：「（俞桐川）又曰：自明嘉、隆以後，殿元鮮得其人。熹廟改元，廷臣思獲國士，咸推文湛持震孟，榜發，中外稱慶。夫身爲諸生而名震朝野，可見當時士大夫尚留心人物，而方正峻潔之士不至終遭摒棄也。湛持既仕，即上疏直言，伊川經筵，考亭崇政，庶足相擬。至於始擊逆閹，終忤奸相，旋起旋蹶，

然東山高望，何嘗不在人耳目間。讀所著制義，激昂感憤，有澄清天下之志，卒掩於鄙夫，猷不得展，媚疾之臣惡可與同中國哉！」「張愓庵曰：『夫子至於是邦也，必聞其政』，祇須淺淺看。陸稼書先生謂：『邦之治亂安危必聞之，俗之貞淫奢儉必聞之，君臣之淑慝臧否必聞之，先世之典章制度必聞之，此是不知不覺自然到耳根來。故端木子下一「得」字，語言妙天下矣。』文湛持先生文云：『以邦君之敬信而卒不能用聖人，夫非限聖人，限衰周也；邦君不能用聖人猶知敬信聖人，夫非露人情，露人性也。』說得透徹之極。」文震孟（1574～1636），天啓二年（1622）一甲一名進士。江蘇吳縣人，字文起，號湛持。授修撰，上勤政講學疏，魏忠賢屏不即奏，乘帝觀劇，摘疏中「傀儡登場」語，謂比帝於偶人，不殺不足以警示天下，帝頷之。忠賢傳旨廷杖八十，貶秩調外。震孟亦不赴調而歸。六年，斥爲民。崇禎元年，以侍讀詔充日講官，忤權臣，出知封益府，使道歸，不復出。起右庶子，進少詹事。後特擢禮部侍郎兼東閣大學士，入閣預政，兩疏固辭，不許。後坐事被斥，歸居卒。震孟剛方貞介，有古大臣風。福王時，諡「文肅」。爲文徵明曾孫，書跡遍天下，碑版多流傳。傅冠，明天啓二年（1622）一甲二名進士。江西進賢人，字元甫。由翰林編修，累官至尚書，兼東閣大學士。性簡易，有章奏發白御前，冠以爲揭帖，援筆判其上，既知誤，惶恐謝罪，即放歸。唐王時，死難於汀州，血漬地久而尤鮮，人歎其忠。有《寶繪樓集》。陳仁錫（1581～1636），天啓二年（1622）一甲三名進士。長洲（今江蘇蘇州）人，字明卿，號芝台。授編修，因不肯撰魏忠賢鐵券文落職。崇禎初，詔復故官，累遷南京國子祭酒。卒諡「文莊」。仁錫講求經濟，性好學，喜著書，有《繫辭》、《易經頌》、《重訂古周禮》、《四書考》、《史品赤函》、《古文奇賞》、《蘇文奇賞》、《皇明世法錄》、《漕政考》，另有《潛確居類書》一百二十卷。

據《明清進士題名碑錄索引》，天啓二年壬戌科第一甲三名（文震孟、傅冠、陳仁錫），第二甲七十七名，第三甲三百二十九名。

二甲進士黃道周大節千古，其時文亦崛強傲俗。

梁章鉅《制義叢話》卷六：「俞桐川曰：黃石齋先生（道周）大節千古，文字其餘也，詩傳、古文傳又其餘也。所刻《駢枝集》，唾棄勿屑，至與鄭庶常相對噱笑，先生若不欲以時文傳也。然即以時文論，肮髒崛強，不顧世俗，此豈從來制義之所有哉？」「黃石齋先生最精《易》理，所著《三易洞璣》一

書，至今學者無能窮其底蘊。其作『加我數年』節文，即專就《易》之《大過》立義。蓋《易》稱《大過》云『大者過也』，並不作過失解。先生文云：『無咎之難也，其道進於天矣。夫人何以無過，求之於《易》，聖人猶將終身焉。日庶免其大者矣，夫子蓋觀於《大過》而歎也，曰：「《易》之道微矣哉！」蓋《易》爲大過而設也。凡物之靜，不能無動，動而後吉凶生焉。其體大者，動而過以大；其體小者，動而過以小，而人皆不自知也。夫《易》獨何由而知之乎？《易》以體大而入小以居，《易》以體動而恒靜與遊，《易》以一無所知而人謀、鬼謀，眾知以生。吾今而知過之不可免也，學之不可以已也，《易》之與吾身終始也。』後幅云：『由是而觀天下，安得有大過人之情，大過人之才，大過人之事。情處小則不惑，因而無之，乃得與天下游於幾；才處小則不爭，因而無之，乃得與天下安於故；事處小則不亂，因而無之，乃得與天下享其自然。夫吾之有大過，則吾初不學《易》以至此也，夫仲尼其有悔心乎？』顧縱遠評曰：『春秋時，聖人祇合隱，棲棲皇皇，有多少過錯處，非聖人不能冒險而行，非聖人不能履難而免。他人所視爲聖人驚天動地者，正聖人隱隱自悔於中者也。假年學《易》，其有遯之思也乎。』方孟旋文云：『「過乘乎化之不齊」七字，便是石齋先生一生遭遇。先生祇無咎之難也，一破便是終身體認矣。』呂瞻望文末云：『吁！不言小過者何？蓋小過，過也；大過，顚也。聖人之所憂患者大，則其得過者必大，而非大不擇小之說也，他日孔子曰：「罪我者，其惟《春秋》乎？」則知聖人之所以憂矣。』此數句大與石齋文有所發明。案：奇傑之文，語亦與相稱。錄此以開拓學者神智，非示人好奇也。」

鄭鄤成進士。《欽定四書文》啟禎文卷七錄其《孟子》「齊桓晉文之事」一章題文。

鄭鄤（1595～1639），號峚陽，武進人。天啓二年（1622）進士，選庶常，有直聲。後爲溫體仁所構，誣以杖母不孝及瀆倫諸事，崇禎九年下獄，十二年被磔於市。能詩文，著有《峚陽草堂集》等。《欽定四書文》啓禎文卷七錄其《孟子》「齊桓晉文之事」一章題文：「大賢發齊王之仁心，而進之以王政也。夫易牛，不忍之心也，舉斯心行政，則保民而王矣，桓文云乎哉？且王、霸之辨也，霸者以事，王者以德。夫德者推不忍之心是也，霸者亦有是心，而欲能愒之，是故興兵構怨，求之四海而甚難；王者亦猶是心，而恩能推之，

是故發政施仁，爲之堂上而甚易。如齊王之足王者，是心也；而不自知也，則桓文之欲爲之慴也。孟子乃就易牛一事發其不忍，而指之曰：此王心也，仁之妙於術者也。百姓之言不足疑，而運掌之治不可失也。王試推之，老與幼之遞及何難；王試度之，人與物之殊功何故？舉斯心而加諸彼，推恩本易於折技；求大欲而快於心，得害必深於緣木。王無憛於本計而自失其莫御之機也，王有是心而本在，王反是本而天下之欲在。以不忍殺牛之心，行不忍罔民之政，將見士民商旅合而成足王之形，學校農桑舉而措保民之烈。明君之道，三代之遺，紀於聖門而傳於後世者，吾王以堂上爲之有餘矣。若德不務而事是求，吾恐妄希齊晉之圖，而不免於鄒楚之續也，則無乃志終慴而心且淪於忍也。」評謂：「於簡掉處看其裁剪，不如於跌宕處看其波瀾。長題無波瀾而但言裁剪，終非佳境也。」「運掉如意，氣局寬綽有餘，蓋妙手適然而得，即令其人再爲之，亦更不能似此神化矣。」

明熹宗天啓四年甲子（西元 1624 年）

八　月

應天鄉試題「今夫弈之爲數」一節，浙江鄉試題「君之視臣如手足，則臣視君如腹心」，俱有規切時事之意。

顧炎武《日知錄》卷十六《題切時事》：「考試題目，多有規切時事，亦虞帝予違汝弼之遺意也。《宋史‧張洞傳》：試開封進士賦，題目『孝慈則忠』。時方議濮安懿王稱皇事，英宗曰：『張洞意諷朕。』宰相韓琦進曰：『言之者無罪，聞之者足以戒。』上意解。古人之於君，近者盡官師之規，遠者通鄉校之論，此義立而爭諫之途廣矣。天啓四年，應天鄉試『今夫弈之爲數』一節，以魏忠賢始用事也。浙江鄉試題『君之視臣如手足，則臣視君如腹心』，以杖殺工部郎中萬燝也。七年，江西鄉試題『皜皜乎不可尙已』，其年監生陸萬齡請以忠賢建祠國學也。崇禎三年，應天鄉試題『舉直錯諸枉，能使枉者直』，以媚奄諸君初定逆案也。此皆可以開帝聰而持國是者。時當季葉，而沔水鶴鳴之義猶存於士大夫，可以想見先朝之遺化。若崇禎九年應天鄉試《春秋》題『宋公入曹，以曹伯陽歸』，以公孫彊比陳啓新，是以曹伯陽比皇上，非所宜言，大不敬。天啓七年，順天鄉試《書經》題『我二人共貞』，

以周公比魏忠賢，則又無將之漸，亦見之彈文者也。景泰初，也先奉上皇至邊，邊臣不納。雖有社稷爲重之說，然當時朝論即有以奉迎之緩爲譏者。順天鄉試題『所謂平天下在治其國者』一節，蓋有諷意。」

項煜制義爽利有餘，蘊藉不足。

梁章鉅《制義叢話》卷七：「項煜文爽利有餘，蘊藉不足，喜之者雖多，而余雅不欲舉業家學之，亦因人而薄其文也。有《東野堂稿》，汪鈍翁敘云：『余聞諸父師，當明神宗之季，吾吳朱孝介先生文望甚熾，以鄉進士家居教授，戶外之屨恒滿，項宮詹仲昭，其高弟子之一也。每科試之歲，諸生以私課奉教於朱先生，先生輒決之曰某當售，某當速售，某某決不售。秋榜發，無不驗者。獨喜宮詹所作，以爲絕倫，每一篇出，必傳示諸生，爲之吟賞不已。未幾，而宮詹歲科兩試俱第一，遂聯取科第以去。由是宮詹之文名大噪，而朱先生知文之名亦益著。今宮詹遺稿具在，論者恒疑其怪怪奇奇，至比諸詩中之李賀、文中之樊宗師，不知其問學有根源，詞語有根柢，類皆得之先輩大家，非若後生晚進束書不觀者比也。抑余舅氏徐文靖公，亦遊孝介之門，與宮詹同學。天啓甲子秋，宮詹既捷，而文靖被黜。文靖虛心請益，孝介默然，久之乃曰：「子所業非不如某也，惟某文較有新色耳。」文靖躍然而去，甫三年，亦聯取科第。最後文靖請告在里，其誨誘晚輩者，猶持新之一言』，蓋先輩論文如此。」

鄉試磨勘，魏忠賢調山東、江西、湖廣、福建四省考官於外，奪其三級，並舉人艾南英等停科。

阮葵生《茶餘客話》卷二：「天啓甲子，鄉試磨勘，魏璫以意調山東、江西、湖廣、福建四省考官於外，奪其三級，並舉人艾南英等停科。魏璫目不識丁，知試卷作何語？皆逢迎其意者明爲指點也。」

艾南英中舉。其制義與同郡章世純、羅萬藻、陳際泰並稱。

艾南英（1583～1646），字千子，號天傭子，江西臨川東鄉人。明代著名文學家、制義大家。少有文名，好學無所不窺。萬曆末，場屋文腐爛，南英深疾之，與同郡章世純、羅萬藻、陳際泰以興起斯文爲任，乃刻四人所作行世，世人翕然歸之，稱爲章、羅、陳、艾。然七應鄉試不第，天啓四年（1624）

始舉於鄉。又以對策有譏刺魏忠賢語，罰停三科。明思宗即位，詔許會試。久之，卒不第。後兩京繼覆，江西郡縣盡失，南英乃入閩。唐王召見，授兵部主事，尋改御史，明年卒於延平。著有《天傭子集》等。艾南英爲「豫章社」領袖，衍歸有光等人之說而暢其流，成員有章世純、陳際泰、羅萬藻以及南昌萬時華、新建陳宏緒、瑞金楊以任諸人。時江東陳子龍倡「幾社」，張溥與張采倡「復社」，艾南英以二社宗旨與己不合，遂與之激烈論爭。又以制義選文標準不同而與金壇周鍾之「金沙派」、婁東張溥之「婁東派」論爭。後因對外論爭而引起豫章社內部矛盾，與陳際泰、章世純交惡。編有制義《明文定》、《明文待》，自作有《艾千子稿》，俞長城謂其所編「《定》、《待》諸書，大綱既舉，眾目具張」，有救弊之功，自作之「質樸堅辣」亦爲其餘三家莫及。

《欽定四書文》啟禎文錄艾南英制義八篇。

卷二錄其《論語》「子張問十世」一章題文：「聖人與賢者論世，以數往之順爲知來之逆也。蓋欲知後王，則前王其燦然者矣，其因其革不可知耶？且夫一代之治，必其綱常人紀既敗而後國隨之，其從而復之者，雖變也，而實常也。是故綱常萬古以爲重，制度隨時而遞新。此百世可知者，而子張問十世可知也，夫了口：夫黃虞以前邈矣，乃若周之先有殷，殷之先有夏。夏之先后，方懋厥德，及其季也，昏德塗炭，敷虐萬方，而禹之彝倫以斁，殷革之而表正萬邦者，皆續禹舊服也，蓋夏之禮而即殷之禮也，至於隨風氣之開而通其必至，從維新之制而示以必更，所損益可知也；殷之先王，肇修人紀，及其季也，囚奴正士，荒敗五常，而天之顯道以亡，周革之而永清四海者，實率由商舊也，蓋商之禮而即周之禮也，至於酌二代之中而煥其郁郁，緯六官之政而使之彬彬，所損益可知也。由是而知百世之所因乎？但使其率由典常，我知其必治；但使其民彝泯壞，我知其必亂。由是而知百世之所革乎？但使其窮而欲變，吾知其必損；但使其缺而未備，吾知其必益。上考三王，下俟百世，何難十世哉？」評謂：「老幹無枝，亭亭直上。他人滿紙瀾翻，能道得筋脈上一兩句否？」

卷三錄其《論語》「其愚不可及也」題文：「聖人難大夫之愚，而所重可知矣。夫人臣所難者，難在徇國一念耳，宜衛大夫之見取於聖人也。且夫人臣之避難而自全者，其說類不出於愚而出於智。何也？全身利國，非不人臣之大願。然必知其臣主俱全而後爲之，曰『吾以智勝也』，則委曲圖存之說，

適足以爲避難者之藉口而已矣。若寧武子其不可及者，豈以其智哉！武子之卒成其君也，後事之言也，而武子初心，不必其成也；武子之並全其身也，後事之言也，而武子初心，不必其全也。人之難武子者，難其全身濟君之大略；而吾之難武子者，難其捐軀赴難之初心。均之社稷之無虞也，知其無虞而力爲之，與不知其無虞而必爲之者，其事同而其心之公私則未嘗同也。彼成公之再出也，豈復有生全之理乎？而武子皆若不知也，知以其身徇社稷耳，而誰則如之？均之盟主之回怒也，知其可回而巧復之，與不知其可回而必復之者，其功一而其心之安勉則未嘗一也。彼深室之既囚也，豈復有同盟之思乎？而武子皆若不知也，知其以忠動霸國耳，而誰則如之？夫國亡君辱，一死奚裨，故論人者不盡責致命遂志之忠，然君子嘗難於死而易於生，以爲有恕辭也，武子之鄰於死焉可知也；夫志之所至，智亦至焉，故盡瘁者自有數窮理極之應，然君子每後其功而先其節，以爲有重輕也，武子之不專以功焉可知也。是故君子謀國，成敗利鈍，非所逆覩；而君子論人，巧詐拙誠，各原其心而已矣。不然，則吾未見委曲圖存者之不爲奸臣藉口也。」評謂：「清眞明快，題無不盡之義。」

　　卷六錄其《中庸》「天地之大也」二句題文：「以道觀天地，而有所不盡者焉。蓋天地大矣，而不能釋人之憾，則謂之盡道可乎？且斯道之初，渾渾淪淪，馮翼昭明之故，靡可得而原也。兩儀分而天地位，功化於是大矣。則聖人之所不能盡者，宜莫如天地，天地之大也，宜若無可憾者。然而天地道所生也，一受其形而成虧起，二五於是乎雜糅而不齊也，人從其中迎而受焉；一動於機而震蕩生，運化於是乎愆伏而多疵也，人從其中被而食焉。是何也？神化本無方，而形氣則有礙也，天地所以不免於憾也；然是陰陽之偶錯，非太極之有虧也，道所以不與天地同歸於憾也。蓋自分清分濁以後，而理具而有氣，氣而後有質，質之定也，雖以聖人修道之教，不能強顓蒙以必喻，而道之立於繼善初者，固無智愚一也，夫天地予其質者也，人猶有幾微之觖望矣；自生二生三以來，而物生而有象，象而後有數，數之定也，雖以聖人正己之身，不能逃素位之自然，而道之置於命運先者，固無通塞一也，夫天地予其數者也，人猶有幾微之抱歉矣。政治之乖也，而咎徵之恒亦與之俱應矣，茫茫宇宙，既虐之以人事，復苦之以天行，天地何無主而聽人之轉移乎，蓋道既形而爲天地，則天地亦與人同其郛郭，而不能禁其志氣之交動也；禍變之興也，而妖孽之象或爲之先兆矣，哀哀下民，不與以長治之休，更巧成其

塗炭之會，天地何有主而顧成其厄運乎，蓋道既散而爲天地，則天地亦與人同其平陂，而不禁其治亂之循環也。總之，天地無心而成化，無心則其功疏，故盛德大業之施，鼓萬物而不與聖人同憂；聖人有心而無爲，有心則其功密，故中和位育之極，參三才而能與天地同用。然則天地僅與聖人分道之一察，而尸道之一事，道眞大矣哉！」評謂：「江西五家，每遇一題，必思其所以然之理。胸中實有所見，然後以文達之，故有醇有駁，而必有以異於眾人。觀此等文，尤顯然可得其思路所入。」

卷七錄其《孟子》「陳仲子豈不誠廉士哉」一章題文：「大賢辟齊士之廉，而兩有以窮之焉。夫夷之與蹠也，母、兄之於妻也，仲子不能爲蚓，則不能無議於二者之間矣。且論人者，觀之辭受取予之節，又觀之人倫之大，而一軌之人道中正之則。出於人道，則入於非人，而人且不以人充其操矣。甚矣，夫匡章之廉陳仲子也。始則謂仲子之於世也廉，而泯聞見於三日，延餘生於井李，而孟子則繩之以蚓。夫豈有捐聞見、棄飲食以爲廉哉？則井李雖出之棄餘乎，非其有而取之，未必義也，況仲子不能無爲之築居，爲之樹粟者。如以義，大卜期於伯夷，如个以義，大卜止於盜蹠，而仲子果是夷而非蹠乎？苟其義也，雖盜蹠築之，盜蹠樹之，而不爲傷廉；苟非義也，雖伯夷築之，伯夷樹之，而不得爲廉。彼交以道、接以禮，雖禦人之諸侯，君子猶無辭焉，無他，義在故也，而仲子必欲捐聞見、廢飲食，充其心，必皆夷無蹠，則必蚓而後可。何也？槁壤黃泉之間，蚓無伯夷也，蚓無盜蹠也，蚓無樹與築也，故成其爲蚓。而仲子猶有居食在焉，則未必皆夷，而不能充其操矣，仲子烏能廉哉？再則謂仲子之取於世也義，而身則有織屨，妻則有辟纑，而孟子則又繩之以蚓。夫義豈專出於其身與其妻哉？自身以外，而溯之倫莫有大焉者，未必皆不義也，況仲子儼然世家之胄子、萬鍾之介弟者。先仲子而食其祿焉，有母，席母之庇而食其祿焉，有兄，而仲子胡避兄而離母乎？辟而離之非也，雖居兄之室，食兄之粟，而其全倫者猶之伯夷；不辟而離之未必非也，雖頻蹙於生鵝，表節於一哇，而其慘刻者不啻盜蹠。彼古有寧棄國、寧逃名、可敝屣天下，而究歸於全親戚君臣上下者，無他，義在故也，而仲子必避兄、必離母，充其心，將絕倫逃類，則必蚓而後可。何也？槁壤黃泉之間，蚓無母、兄也，蚓無妻子也，蚓無蓋祿與饋問也，故成其爲蚓。而仲子猶有妻與於陵之居在焉，則必有人事而不能充其操矣，仲子烏能廉哉？」評謂：「仲子非不能廉，其所操之類必不能充也，此孟子折之之本指。故拈『蚓而後可』

一句以貫通章，便能節節流通。其文清明爽朗，在稿中難得此等疏暢之作。」

卷九錄其《孟子》「心之官則思」二句題文：「揭心之所以統眾體者，而即思以惕之焉。夫心官在思，故與眾體異也，然必思而後得，則思要矣。且人知物交之害，緣耳目以累心，而不知不善事心者，究使心等於耳目。蓋心之職雖異於耳目，而吾必使心踐是職，而後可以為耳目之主。是故耳之官在聽，而思其當聽與不當聽者，則心之官在焉，然非曰一明乎心之官，而所以當聽與不當聽之理遂了然吾前也；目之官在視，而思其當視與不當視者，則心之官在焉，然非曰一明乎心之官，而所以當視與不當視之理遂了然吾前也。當萬感紛紜而天君內應，此時謂之心仍其官則可，謂之得思則不可，何也，百慮撞擾，未始不與眾交馳也，夫惟惺然者不昧而後吾始能有思，而是思也，乃足以宰眾感矣；當一事未形而內自攖攘，此時謂之心仍其思則可，謂之非物交物感則不可，何也，獨覩中涵，未始不與眾俱疚也，夫惟洞然者無累而吾始謂能思，而是思也，果足以杜眾誘矣。蓋耳目之役以氣動也，心之思亦以氣應也，均是氣耳，惟官在思而惕之以思，則以理馭氣，而行乎感應之塗而無差；耳目之官於吾身為視聽之職也，心之官於吾身亦腑竅之列也，均是形耳，惟官在思而宰之以思，則以性治形，而握乎明聰之主而不亂。然則心以能思為職，是心之所以異眾體也；而以思踐吾心之職，則吾之所以善治心也。此之謂大體也已矣。」評謂：「上『思』字指其職守，下『思』字乃其盡職處。分肌擘理，清思銳入，題障盡開。」

卷九錄其「民為貴」一章題文：「極論民之所為貴，而君之所以待民者可思已。夫君與社稷至不能與民比重，而顧可輕其民哉？且夫天之為夫民也，必使出類之才首而君長之，而後承以諸侯、大夫、師長以宣其力，又為之壇壝社稷、春祈秋報，以求其相於冥漠之表。然則民之與社稷與君，其輕重何如哉？吾謂民為貴，而社稷次之，君為輕。原夫生民之初，不能自君長也，必有德之大者而後百里之民從而聽命焉，於是有諸侯之國；合諸侯之國，又不能自君長也，又就其德之愈大者而後四海之民從而聽命焉，於是乎為天子，是得乎丘民而為天子也。然既為天子矣，天子必建國，諸侯必立家，大為侯甸藩衛，小為亞圉陪隸。於是有得乎天子而為諸侯，得乎諸侯而為大夫者，然皆不若得乎丘民者而遂為天子。雖然，猶未足以見民之貴也。彼得乎天子而為諸侯矣，上憑天子之威，而下有大夫之奉；然上則天子有大司馬九伐之權，而下則大夫有貴戚卿易位之柄，為其失民心而危社稷也。然則為社稷而

變置諸侯，豈為社稷哉？為失民而已矣。何也？彼社稷者尚未能免夫此也。社稷貴為上公，尊比諸侯，而所司者水旱凶荒之事，則既有分藩之職；所享者犧牲粢盛之薦，則又有侯國之奉。使斯民之責獨重繩諸侯而輕繩社稷，則非天為民而立天子、使之百神受職而祭祀以馭其黜陟之意。故旱乾水溢，則變置社稷，所謂年不順成、八蠟不通，而伐鼓於社、朱絲脅之，皆有責讓之義。明乎社稷不能為民捍災禦患，則不能無功而坐食其報，況於諸侯之失民心乎？雖然，言諸侯、社稷而不及天子，何也？民心既散，諸侯皆叛，天子將無與立。而不忍言之者，所以尊天王、大一統也。然而群臣至於南郊稱天而誅之，則亦變置之微權也。」評謂：「步步為營，其中賓主輕重、次第曲折、起伏迴旋，古文義法無一不備。五家中，人皆謂艾之天分有限，然此種清古之文，風味猶勝於黃、陳，則讀書多、用功深之效。」

　　卷九錄其「口之於味也」一章題文：「君子自勝之學，謹其所謂而已。夫均之性、命也，有不謂性者，有不謂命者，總之以自勝為學而已矣。且學者之說，每患其有所附以行其私，大有所附以行其私，則雖理之精微者至於性命而止矣，然而皆可附也。附性命以行其私，則其視放僻邪侈豈有間哉？即如口於味、目於色、耳於聲、鼻於臭、四肢於安佚，執以為性，豈復得而非之哉？遂其所性，豈復有所底止哉？君子仰而思通塞之柄，阻於分之不遂，而以數抑情；俯而揆理氣之衡，制於義之不可，而以道域器。則『命』者出於君子之所謂，而人不得附『性』以行其私也。雖然，『性』可附也，『命』亦可附也；附『命』以行其私，猶之附『性』以行其私也。學不主於自勝，則『命』之說庸愈乎哉？彼夫仁於父子、義於君臣、禮於賓主、智於賢否、聖人於天道，在我者有厚薄之異稟，在人者有所遇之不齊。舉而諉之曰『命』，亦何不可之有，而君子曰此性也，何也？人指耳、目、口、鼻、四肢之欲而曰『性』也，以其生而有也；吾亦指仁、義、禮、智、天道之事而曰『性』也，亦以其生而有也。生而有之，故可以困知，可以勉行，恃其歸之一也，亦安有稟賦之異哉？生而有之，故暴者可化，愚者可格，恃其感以天也，亦安有所遇之不齊哉？於彼之生而有者曰『吾性固然』，於此之生而有者曰『命實為之』，此非附『命』之說以行其私者乎？是故君子不謂性，不謂命，一自勝於血氣之治，一自勝於倫物之際。亦以學者不自力於隱微而浮慕於名跡，則雖性、命之名可藉以行私，而又況下此為假仁假義者哉？然則性、命者，人之散名，而學者不可以不辨也。」自記云：「『謂』字從來無此。剔出隊伍，

再整齊一番，則全矣。」評謂：「理精氣老，文律亦變化合度。就此題文較之，已肩隨於章而與陳並席矣。觀自記，可知古人爲文不悅而自足如此。」

卷九錄其「智之於賢者也」題文：「大賢原智而表其所屬焉。夫賢否，非智不察也，故智之德屬之，而君子將以此衡性命矣。嘗謂貞明之體必有所麗，而後見其於人之賢不肖是也。顧有所麗而見智，而智之同異、大小亦可得而觀矣。何也？人非特賢不肖相懸也，而智亦相懸，有秉無緣之哲，而亦有居半識之靈；人非特智有難易也，而賢者之知於人亦有難易，既隔同體之蘊，而遂不察異量之美。然上智明哲無疆，而其名不過曰『智之於賢者也』；即中材得一遺十，而其名亦曰『智之於賢者也』。是故正人之於憸人，相鑑而不能相收，此事理之常也，乃有同明之照，聲氣非遠，而竟以賢昧賢，遂以賢沮賢，究其智之所蔽，同可成黨，異可成爭，若心跡不相蒙者，則智之爲清爲蔽，果不可以一概論也；夫至公之與至私，相鑒而不能相茹，此虛明之本也，乃有一人之身，明昧居半，而竟察其百長，遂至遺其一短，究其智之所專，治以之基，亂以之兆，若先後出兩途者，則智之爲偏爲全，果不能以眾棄齊也。是非之念，夫婦可以與，蓋著於眾斯眾，著於寡斯寡，惟夫婦可以與，而智之分量，推而上之，有不可等者矣；虧蔽之端，堂階可以匿，蓋孝子或見蔽於慈父，忠臣或不察於英君，惟堂階可匿，而智之神明，拓而通之，有不可測者矣。此無論徹天明之鑒者，令千古仰絕智之難；而貽事後之誤者，亦寸衷抱知人之悔。則智之於賢否，果非人之所能爲也，命也。君子將何以處此哉？」評謂：「包羅富有，發揮警切。『之於』二字雖五句所同，不爲梳櫛，則實義不能顯透。文亦處處醒露。」

本　年

太倉人張溥、張采始創應社，共十一人。後人數日增，波及大江南北。

張采《知畏堂集・文存》卷二《楊子常四書稿序》：「甲子冬，始與張子天如同過唐市，問子常廬，請見……賓主敘述如平生，因遂定應社約。」張溥《七錄齋詩文合集・五經徵文序》：「應社之始立也，所以志於尊經復古者，蓋其志也。是以《五經》之選，又各有托：子常、麟士主《詩》，維斗、來之、彥林主《書》，簡臣、介生主《春秋》，受先、惠常主《禮》，溥與雲子則主《易》，振振然白其意於天下。」朱彝尊《靜志居詩話》卷二十一《孫淳》：「詩流結社，自宋、元以來，代有之。迨明慶、曆間，白門再會，極稱盛矣。至於文

社，始天啓甲子，合吳郡金沙、橋李僅十有一人，張溥天如、張采來章、楊廷樞維斗、楊彝子常、顧夢麟麟士、朱隗雲子、王啓榮惠常、周銓簡臣、周鍾介生、吳昌時來之、錢栴彥林，分主五經文字之選，而效奔走以襄厥事者，嘉興府學生孫淳夢樸也。是曰應社。」

蘇翔鳳選天啟、崇禎時文，始於甲子，終於癸未，名《甲癸集》。其自序頗切中時弊。

梁章鉅《制義叢話》卷二：「虞山蘇苞九翔鳳選啓禎文，始於甲子，終於癸未，名《甲癸集》。其自序一篇切中時弊，不可不讀。知其弊而反之，作文之秘要在是矣。序云：文運之壞也，有三大病、三惡習、三毒種焉。惡習未去，大病不治也；毒種不除，惡習不去也。何謂三大病？一曰僦，賃人子不能自置所居，賃市廛而處焉，一有不合，遷徙隨之，雖五都之市皆經托足，而終無一椽之植、一瓦之覆。今之文士亦然，一房行出，科律也，一考卷行，蓍蔡也，目覽手披，口吟心識，荏苒二年，竟無所驗，復含其故而新是圖，終身奔走於其中而茫然不知所有，故曰僦也。一曰竊，穿窬者盜人之衣裳而服之，不能擇其短長；盜人之金玉而玩之，不能知其貴賤。茍示於人，無不窺所由來，而為捕者所獲。今之文士亦然。其披閱時藝，不論其合章旨，得題神，明書義，而但思取其意，采其詞，及拈題握管，捧西子之心，擬優孟之貌，非不連篇累牘，而問其理出何經，事由何史，所采者誰家議論，所本者誰氏折衷，則不知也，而旁觀皆知其為他人殘羹餘液，雖有善者不能蓋焉，故曰竊也。一曰奴，厮養之於所主也，行止屈伸，惟其所使，嬉笑怒罵，悚息待命，役役終身不能自主。今之文士亦然。每科房行墨卷出，錄其卑腐者曰：此科甲傳鉢也、元魁續燈也，精描新樣，以幾一得，僇其耳目，囚其心志，仰他人之鼻息而承其餘氣，此亦隸人也，故曰奴也。而其病成於三惡習。古人之文，取神、取骨、取理、取氣，字句其後焉者矣。然取樸老不取繁豔，取簡潔不取淫浮，取典雅不取卑靡，取名貴不取庸陋，取古勁不取柔媚，賴以吐聖賢之語氣，而顯其鬚眉也。今則弱其骨，柔其腰，低其聲，多其紅粉以取媚於人，使聖賢口中絕無壯彩，茍有引經據史，出風入雅者，時眼不能句讀，反曰不利場屋而刪之、改之，且有因一二句、一二字而棄長篇者，何其自陋陋人也。此字句之惡習也。古人之文，或深醇謹厚，或排蕩縱橫，或典貴高華，或清空爽亮，體各不同，而重在器局，未有以機調勝者，

題中雖有虛字，皆於實處得神。今則外不求名理，內不求性情，腹笥枵餒，口舌乘權，以虛挑為靈，以吸後為韻，以輕揚佻巧為工。通篇播弄，無非者也之乎；滿紙機鋒，盡屬然而雖未。間有沈溺未深者，聞高明之論，欲大變其所為，而庸妄人復倡陋說以錮之，謂南北風氣不同，鄉會體裁各異，聞者復廢然返矣。此機調之惡習也。文無奇正，止有是非，古人之文，看題既真，用筆不苟，學力富，識見確，思路精深，詞鋒英爽，雖堂堂八股，迥異尋常。譬如人身然，耳、目、手、足猶是也，而岐嶷俊偉，則望風采而驚之，若以五官四肢易位為異，則見者以為鬼物矣。今之作者不然，每遇一題，必問何格，整者散之，散者整之，應分不分，應合不合，以凌駕出奇，以割裂取勝，不知筋骨已亂，頭足倒施，其背於程式者遠矣。此格局之惡習也，而其習又成於三毒種。文運盛衰，大由主考，小由學使，北闈之壬子、乙卯，山東之戊午，以一科振數十年之弊，以一省起天下之衰。江南稱文章淵藪，自己酉、壬子典試者失其所取，而戊午以前，督學諸公所錄皆下士，釀成今日之陋。劉木齋力挽狂瀾，拔幽滯於前茅，置時髦於末第，而江南之文漸有起色，此其大驗也。名儒夙學，出閱者之識力，推學者之攻苦，定己之見以論文，則不為文章所惑，就文之所致以取士，則不為意見所拘，故能識異才而收實學。今者未窺堂奧，濫得科名，即秉衡文之筆，取其腐爛則曰醇正，取其淺薄則曰清真，取其散亂則曰變化，取其癡肥則曰博大，取其苟簡則曰老成，取其隨題平敘則曰得法脈。考官以取士子，士子復為考官，展轉波靡，罔知底止，此取士者所傳之毒種也。昔先君之教不肖也，《四書》既完，即繼以《五經》、《左》、《國》、《史》、《漢》、唐宋諸大家，以先正小題為殿，故予小子雖才質下乘，而幼時筆墨即不近庸俗，此非一先生之言也，凡為父兄師長者皆然。邇來之所見異是，曰文者士之羔雁，姑與寄焉，何必深求於是，初明章句，熟記停當時文數十首，謂道在是，經史諸書弗問也，即昔哲名稿，讀之而不得所解則棄之，未嘗深思研慮以求其故。故其教子弟也，以直解說約為宗風，以房行考卷為正業，良才美質，其不為沈錮而蔽塞者寡矣。夫有司之前列何當有無之數，窮年而守青氈，其術已不驗，而復誤人子弟，斷其讀書種子，故曰庸師殺人甚於庸醫，此父兄師長所傳之毒種也。成、弘之間，士不知有時刻，篋中祇有經史、古文、先儒語錄，故做文者自書所見，不假借於人。至後世而選家接踵矣，然求仲、千子、羽皇、素修、維斗、崟陽、介生、百史諸先生所選者，皆足闡發微言，羽翼大義，為後學津梁，未如今日之非腐

詞爛語不錄，非平腔熟調不收，錮人之耳目於淺陋，荒人之心志於穢蕪，若此其甚也。癸丑以後，金、陳諸先生各出所學，各成品格，氣象萬千，不可比擬，而選家拘所見，以丹黃存其平正，而奇雋者刪焉，使天下曰諸先生者，所仰望而不可攀躋者也，而其文止如是，則益安於固陋而不返，此操觚者所傳之毒種也。予故憫焉，而有是選也。或曰不成、弘、隆、萬而啓、禎者，何也？曰治痼疾者，投參苓先投金石，參苓之力寬，金石之力迅也。文之在明，猶詩之在唐也，皆參苓也。初唐渾穆，盛唐昌明，中唐名秀，至晚唐而憂時憫俗之意，發而爲言，感慨淋漓，動人也易。洪、宣之文，初唐也。成、弘、正、嘉之文，盛唐也。隆、萬之文，中唐也，皆參苓也。啓、禎則晚唐矣。諸君子以六經深其義，以《史》、《漢》廣其氣，以宋儒端其範，以兵農禮樂之志明其用，以得失是非之故人其識，以參觀典藏長其悟，以博覽雜記益其慧，固與先正所尙略同。而其時廟堂之上，門戶相角，婦寺擅權，忠良僇辱，作者感末運之陵微，抒所懷之憤激，故其質堅剛，其鋒銳利，三百年元氣發揮殆盡，此起衰金石也。然而服是劑者，亦難矣。蓋名理精於江右，經術富於三吳，而談經濟、論性情皆擅其長，大力之沈摯，千子之謹嚴，义止之修潔，正希之樸老，大士之明快，彝仲之精實，臥子之爽亮，陶菴之愷切，伯祥之古奧，維節之孤峭，長明之幽秀，二張之典麗精碩，歐、黎之淡遠清微，登顛造極者指不勝屈。而其所言者，大之化育陰陽、興亡治亂、綱常名教、性命精微，小之及鳥獸草木之情、飲食居處之節，凡三才所有，無不晰其神明，得其情狀。故不通六經本末者，不能讀也；不熟諸史得失者，不能讀也；不深於周、程、張、朱之語錄以得聖賢立言大義者，不能讀也；不審於春秋戰國之時勢以得聖賢補救深心者，不能讀也；不遍觀於諸子百家以悉其縱橫變幻者，不能讀也；不推於人情物態以辨其強弱剛柔、悲喜離合之故者，不能讀也。不然，仍以字句求之，以爲不合於今日有司之程而驚異焉，譬之狗彘遇飲食之腐敗者而甘之，設有膏粱則不知其味矣。吾願學者無以狗彘故習，而汙先哲名文也。」梁章鉅《制義叢話》卷二：「蘇苞九曰：余錄《甲癸集》，其中間有背謬者，恐誤後人，亦不可不辨。如吳青嶽『道之以政』全章，開講中有曰：『古之主術一而已，至於後世浸以多端，曰政、曰刑、曰德、曰禮。』夫堯舜之世，未嘗無政刑德禮，但古今來道之齊者，各有所尙耳，此四者豈因後世多端而出乎？且德禮尤不可云多端也，古人除此所云主術者何在？且所云一者何物乎？此不可不辨者也。來元成『孟武伯

問子路』全章，有曰：『毋論日月之至，原無當於終食之不違。彼且與之無違，而吾何從而知之？』夫果無違，斷無不知之理。『三月不違』章，豈聖人作揣摩誑語耶？又問：『無論萬念之密，自不勝一念之偶疏。彼且懼其或疏，而尚示人以可知哉？』夫懼其或疏，已便可知了，何日不可知也。後又曰：『三子各見其長，則兵農禮樂之會，無不享仁人之功。』仁尚在，未知何以享仁人之功哉？此不可不辨者也。陳百史『子游爲武城宰』一節，其開講有曰：『以治天下之道治一身，則可以不失於爲士矣。』夫天下之事，無不以小徵大，以治一身之道治天下則有之，若以治天下之道治一身，吾不得其解。行不由徑，非公不至，何嘗有治天下之道在內耶？此真大言欺人也。且此題要前半篇先點滅明，後半篇方可虛虛詠歎。題面若藏過滅明，則所說者何人？所言者何事？此作於後股猶不出滅明，但曰此何人乎，殊失位置，最開近來惡習，此不可不辨者也。陳臥子『禹吾無間』一節，其後股曰：『用財者，治亂之所係也；制禮者，敬忽之所分也。』夫無間蓋言德也，精一既傳之後，故得無間之實，飲食衣服雖就外邊說，其用意甚微，用財、制禮二義，何其粗也。且此皆指大聖人一身說，開講曰『俗之純雜由此異』，題內無從此意，此不可不辨者也。黃陶庵『吾自衛反魯』一節中有曰：『九夏，金奏也，不可易以簫管。新聲，笙奏也，不可易以鎛鐘。《思文》歌於郊社，先以角，不先以宮；《清廟》歌於禘嘗，先以宮，不先以角。』此謬之甚者也。即今之俗樂亦不至以絲竹代金石，以徵羽易宮商，況古樂乎？又曰：『《鹿鳴》《魚麗》，象宗廟朝廷之治也，必奏之堂上。《南陔》《由庚》，象庶民萬物之治也，必奏之堂下。《肆夏》諸詩歌於廟堂中者，天子以享元侯，則《頌》不殊《雅》。《四牡》諸詩歌於燕享者，二《南》亦與同列，則《雅》不殊《風》。』當時之錯亂，固或如斯，但夫子無權，何能以匹夫之意，而使天子、諸侯無不奉行，如三家歌《雍》，豈因夫子正樂而遂已其事乎？所云得所者，不過補其殘闕，序其失次也。先生亦誤認如此，後世益不知所從矣，此不可不辨者也。王茂遠『所謂大臣者』二句，其文中有曰：『屈唐虞之臣而事三代，彼且悄然不欲，曰非我主也。』夫皋、夔、伊、旦，其才德不相上下，豈皋、夔事湯、武，即悄然不欲乎？如此說，則置伊、旦於何地！又曰：『君欲爵一人，非大臣不敢爵；君欲殺一人，非大臣不敢殺，則曰吾道在是。』夫道中之作用甚大，爵賞其一也，欲以此作正講，則偏而不全矣。此不可不辨者也。黃君諱家瑞之『君子敬而無失』二句，其通篇解勸安慰語，殊失題意。

夫吾輩遇朋友有骨肉之憂，僅僅解勸安慰之者，泛交也，若有關切者，必與之商量周旋之法、挽回之道，絕不以泛語答之，況聖賢乎？此題實有周旋挽回作用在內。下文之意，蓋言如此行去，雖四海皆兄弟，而同氣不待言矣。若云四海皆兄弟，何必藉兄弟為兄弟，則聖賢教人疏棄骨肉置之度外，必無此理，此不可不辨者也。馮君諱文偉之『子適衛』全章，此題聖賢留心天下，借衛事立論，非專為衛也。做文者僅可於股尾、篇終，指點衛事作波瀾耳，不然，竟於開講直指衛事，一篇到底，亦有偏鋒可采，已非方家舉止矣。若兩頭俱開說，僅於中間插入一股，無此體裁，此不可不辨者也。李君諱耿之『蓋均無貧』三句，無論其篇中所載『老成瞻言百里，常合終始而為其圖，帝王容保無疆，亦合物我而為之慮』，其詞句庸俗寬泛，閱之欲吐。且此題專重均、安、和三字，寡貧無傾，祇須股尾一帶，此作上下呆講，殊失重輕，此不可不辨者也。土君諱玉藻之『無求備於一人』，其文中有曰：『即磬管而笙瑟之不習，戈殳而決拾之不習。』大士大夫之家，用一幹辦之僕，尚不至卑瑣如此，況朝廷用人乎？又曰：『無求備於一人，則無求備於人人可知也。若求備於一人，則必求備於人人又可知也。』將『一人』二字看死了，此不可不辨者也。錢希聲之『是故君子戒慎乎其所不覩』二句，其義中有曰：『於其所及意者而圖之，又有不及意者以敗之，未足見洗心之密也。於其所及覺者而防之，又有不及覺者以間之，未足見存誠之至也。』又曰：『至此猶無斁焉，則真無有斁焉者矣；至此無敢慢焉，則真無有慢焉者矣。』皆俗腔陋調，深汙筆墨，此不可不辨者也。吳梅村之『文武之政』二句，其開講曰：『君不貴無稽之聽，而必敬其祖宗；臣不陳非聖之書，而必擇其美善。』提比又曰：『臣不敢以久遠荒略之言，塞臣子對揚之責。又不敢以闕略不完之理，虛吾君下訪之誠。』即犯開講之意。中股又曰：『刪《書》斷自唐虞，然而邈矣。』非即提比中所云『久遠荒略』者乎？『學禮托於杞宋，然而微矣。』非即提比中所云『闕略不完』者乎？犯而又犯，此不可不辨者也。沈君諱應旦之『君臣也』五句，其文有曰：『天生人而畀之父。』夫畀人以子則有之，畀人以父，無此理也，閱之可發一笑。且此題五段各有實義，不宜牽合，而此文每一段必插入四件，蓋由力量不足，不能實發，故作纖巧態耳，而賓多於主，題中正面精實處反多遺漏，閱者以為縱橫則非也，此不可不辨者也。宋其武之『忠信重祿』四句，其提比有曰：『先立於無欺者，務開之以不自菲薄之路。相臨以寬簡者，必予之以油然樂易之懷。』其中股有曰：

『發念之始，非謂其至微。準諸此以登明堂，而三百六十屬之心，於以共見矣。』皆浮泛體面語，於題意甚遠，而人以爲冠冕而采之，此不可不辨者也。荆石筠之『放勳曰』五句，此題已是引古，而其文不明見於經傳，學者猶疑之，而文中復造作古語曰：『咨爾司徒，使行風俗，宣明德，化萬民，孝子悌弟，貞婦順孫，日以眾多，惟爾之能！』是戲中戲也，此不可不辨者也。其餘可辨者尚多，而此數篇者，尤時賢所傳誦而楷式者也，故辨之不得不亟，以此類推可耳。案：蘇苞九此言非深刻之論，明眼人自當知之。學者於讀文時，不按諸理法，而徒賞其聲情，則有但知其美而不知其惡者矣，余故亟爲述之。」

徐方廣爲諸生，擅制義。

徐方廣，字思曠，南直隷華亭（今上海）人。萬曆間爲諸生，負盛名，沈深嗜學，爲文精微研妙。制義有《徐思曠稿》，俞長城題識謂，徐方廣制義，采不奪目，聲不悅耳，故人難識其妙，艾南英錄之入《明文待》、《明文定》，人始知之。梁章鉅《制義叢話》卷七：「俞桐川曰：徐思曠方廣制義采不奪目，聲不震耳，誦之如含雪咀梅，寒香之氣沁入心脾，此固難爲知之，惟艾東鄉深賞之。數十年來，因東鄉而遂有錄思曠文者，實皆不知思曠者也。」「閻百詩曰：徐方廣『女安則爲之』節文結尾云：『噫！吾由是而知縱有大無道之事，不能勝天下之安之者矣。』直說到楚太子商臣曰能一輩人上。」「王耕渠曰：徐思曠文以靈雋勝人，或謂在正希、大士之上，然精能之至反造疏淡，實有金、陳所未詣及者。如『子謂仲弓』節文云：『夫以騂角之故，而謂犁牛亦足以薦歆，可不可也？則以犁牛之故，而謂騂角亦因而獲吐，可不可也？』艾千子評以爲使我掩卷思之終日不能已，蓋筆墨之痕，至是而盡化矣。」

《欽定四書文》啟禎文卷三錄徐方廣制藝六篇。

啓禎文卷三錄其《論語》「子謂仲弓曰」一節題文：「聖人以物喻，而示用、舍之正焉。夫騂角之牛，山川用之，不知其他也，人又何以有心爲？此夫子謂仲弓之辭，若曰：賢人之生於世，天也。期於生之而已，則無所擇也；既以爲時而生，則不復置也。而今之用人者，不能與天同意，乃有其人既賢，又從而問其世類者矣。獨不有犁牛之子而騂且角乎哉？夫崇國家之物色，即

玄牲白牡，不得不舍，則騂勿可舍也；修有司之故事，至食角免牛，示不復用，則騂角不得不用也。乃人之情固有弗可解者，以爲此犁牛之子耳，則欲弗用矣。明知生者之不能累所生，而其心猶有嫌焉，本其所憎，則有餘憎，若於同騂角之中而又有別也；明知不用者之無與於用，而其意猶有泥焉，仍其所棄，則爲過棄，若於不騂且角之外而更有似也。乃山川之神，何知愛憎；山川之饗，惟其備物。使以騂角之故，而謂犁牛亦足以薦歆，可不可也；則以犁牛之故，而謂騂角亦因而獲叶，可不可也？人之所欲改卜，神之所爲式憑，蓋人固多不化之意，而神不然耳；人信於目之所賤，而神鑒其質之已殊，蓋神惟此不私之情，而人則否耳。山川不舍，又誰能終舍之？乃知用賢、舍不肖，生而定之矣。必本之以齊聖，限之以世族，概之以幹蠱，天不能使舍之權不在人；然帝心之所妙簡，祖宗之所培植，社稷之所憑依，人亦不能使用之權不在天。雍其爲雍之可用而已，即以父故舍，何傷焉？」評謂：「於『勿用』處反覆追感，而『不舍』句神情愈透。靈心雋骨，翛然塵表。原評云『出沒無端，賓土有法』。」

卷三錄其「齊一變」一節題文：「聖人於齊、魯而皆望其變焉。夫齊之非魯也，魯之非道也，觀其所至，皆不可不變者矣。夫子若曰：方今天下之不治，列國之咎也。苟能察其所自壞者而各自爲救，則夫土道之必可復，不待明者而後決矣。然而齊、魯於天下爲望國，其視齊、魯之變者尤急，而其不容不變者亦有故。齊之強，天下以爲莫能當也。桓公、管仲之所爲，昔爲大利，今爲大害，其民皆仰機利狙，喜自用豪，爲政也不足懼乎？故齊惟無變，變則以魯而救之。夫以魯易齊，齊人不願也，然誠使齊之人舍其所漸靡而爭爲寬緩柔巽之行，百年之結習洗然於一日，吾復何憂於齊？齊而非魯，終齊之世，未有能變齊者也。魯之弱，人皆知其不可爲也。周公、魯公之遺意，或以爲存，或以爲亡，其民猶守以惇篤，奉以忠信，士君子之教也不亦善乎？故魯惟無變，變則以道而還之。夫謂道在魯，魯人不信也，然誠使魯之人知其所足恃而求其敗壞廢放之端，周官之成法斐然於一日，吾復何憾於魯？魯而非道，終魯之世，亦未有能變魯者也。由是言之，齊之所難者，不患不至道，患不遂至魯耳；魯之所易者，非捷於齊之至道，捷於齊之至魯耳。此受病淺深之故也。總之，以伯者之政求王者之意則遠，以王者之意求王者之政則近。齊魯之所共也，天下之所共也。文武之治復見於今日，吾無疑矣。」評謂：「以魯救齊，以道還魯，即是變之之法。程子所謂『因其言以考之，則

施爲之序略可見者』，確是如此。可謂老眼無花。」「黃作（此書本卷下錄黃淳耀同題文）議論閎暢，此文清微淡遠，於變齊、變魯處較黃尤爲周密。」

卷五錄其《論語》「眾惡之」一節題文：「聖人論好惡，而戒徇眾者焉。蓋察者，所以用其好惡也，奈何以眾而可廢乎？且天下無不可以同人，而惟好惡則必由己。蓋情發於中，非眞見而誠出之，不可也。今之好惡者，多不免於因人，而尤易於附眾。不知眾人有眾人之好惡焉，而我亦自有我之好惡焉。使苟而同於眾，是我遂無好惡也；惟舉而試爲察，則我故自有好惡也。察者不因眾而起信，豈因眾而起疑，獨彼所爲瑕瑜失得之端，亦必嘗親見之，而後愛憎之意得緣而有所出，不然，則未知夫所曹好曹惡之爲何事也；既無意於徇眾，豈有意於矯眾，獨彼所爲積毀積譽之實，亦必嘗微得之，而後妍媸之意始因而有所生，不然，則未知夫所受好受惡之爲何本也。故即眾人之惡自眞吾惡，眾人之惡自妄，察則彼此皆眞矣；即眾人之好自確吾好，眾人之好自浮，察則人我皆確矣。在君子每虛中而無我，而依聲傳響，無關自有之情，不得不少參稽焉，所以千萬人之中，而一人之好惡自在也；君子亦與斯民而同直，而悠悠藉藉，無與本心之用，不得不更考覈焉，使誠人人能察，而千萬人之好惡斯公也。彼有漫相附和而了然無當於心者，其亦自失其好惡而不知也與？」評謂：「如此講『必察』，方是虛中無我，且見聖賢微細用心處。行文苦思鑱刻，而詞氣渾雅，尤不可及。」

卷五錄其「女安則爲之」一節題文：「無君子之心，則短喪可爲矣。蓋短喪，非人所不爲者也，人所不安者也。安之，而又孰禁其爲乎？嘗觀先王非能以天下必仁人、必孝子也，而斷然必以三年喪而不顧者，蓋大有所恃也。恃夫天下之人，將有惴惴然無以自立之憂，進而求其說於先王，而先王與之以三年喪也。予乎，食稻、衣錦而女安之矣！女而爲之，吾猶望女以不爲也；女而安之，吾無望女以不爲也。今吾即使女必以三年，何益於女死者，何益於天下萬世之爲三年喪者；女即必不以三年，何與於女死者，何與於天下萬世之不爲期年喪者？女善爲之而已。女豈徒以是爲先王之制，故不可卒變也。使其如此，當亦不待今日而廢爲期年。試觀居喪者，何以食不甘、樂不樂、居處不安也；問之君子，君子不知。意先王之所恃以爲三年喪者，其在斯乎？縱令更數十百年之後，吾知予之說於天下已矣。予而不爲無當爲者，予曰『可爲，即亦無不可爲』者。安得儼然憂伏之日，絕無遺憾如是；安得霜露慘悽之日，極意好美如是。爲期之喪，洵矣非人之所能爲也。噫，吾由是而知縱

有大無道之事，不能勝天下之安之者矣。」評謂：「思徑清徹，字字入人心脾，可以覺愚砭頑。其筆峭削秀異，於金、陳、章、羅而外，又開出一境，亦可謂能自樹立者。」

卷五錄其「直道而事人」四句題文：「推世道之同然，古人所以無可去也。夫皆醜直，皆好枉，古人必以其道矣，行將焉入乎？且凡人效職一官，而不能使其身一日安於其位，固不在乎去就之際，而在乎順逆之幾。苟自諒其幾之無可轉，則雖困阨甘之，而無徒不遑寧處爲矣。何者？天下滔滔，皆是耳。昔予之爲士師也，懼骫法狥情而無當於官也，乃盡瘁事國而又無當於君大夫也。夫是以三黜而未已，豈非以能直道而不能枉之故乎？今使予一旦去父母之邦，而予猶是予乎？人猶是人也，予猶不免於事人也，將爲直道乎？爲枉道乎？有如曰守吾之故而無變，則人之所向而不能阿意以從之，吾之所執而不能規便以逢之，欲其宛轉而無牾，世未必有此容之之地也；國有官守而必得於其官，國有言責而必得於其言，欲其委任而無掣，世未必有此獨治之邦也。技之拙也，能已見於魯矣，無可合之具而爲作合之謀，則予也於是乎愚；遇之疏也，兆已見於前矣，知不合之端而復多其不合之投，則予也於是乎戇。非去而事人也，殆往而三黜耳。不然，不直道而枉道也，予雖未嘗身試之，亦能懸揣之。既以忤見斥，必以詭相收，即此邦之人其可也，而忍言去也？予所爲，寧以三黜之士師終焉耳。吁！惠之道，未能通乎魯國之外，而逆知其無可事，此所以爲輕世而肆志也；魯之人，日在惠調娛之中，而不使之不我黜，此所以爲降辱而中慮也。正而婉，遜而不阿，其眞柳下惠之風乎？」評謂：「以幽雋之筆，寫和易之致。聲音色貌，無不曲肖。題雖『直道』、『枉道』並列，實則道可直不可枉，祇答或人以『不必去』耳。前二句重發，後二句輕還，尤爲斟酌得宜。」

卷六錄其《中庸》「父爲大夫」八句題文：「周制士、大夫之禮，皆有以自伸焉。夫葬、祭所從異，而士大夫之情有不以禮而伸者乎？蓋周自先公而下，皆不克以王禮葬，而惟號祀爲兢兢達乎臣子所徼惠可知已。試以士大夫觀之，彼其積薄者流卑，寧望及遠乎，得施其考焉足矣；細行受細名，寧望稱號乎，得無匱祀焉足矣。故有父大夫而子士者，有父士而子大夫者。生也大夫而死則士之，削也，禮無以人之親削者，葬以大夫固也。而至於祭，苟法曰如其葬，彼愧己之不爲大夫，將踧踖焉，而禮不然也。人子所以榮其親，原不盡係此區區者，儻一惟大夫之爲視，是幾不知有士之子也，且又無以爲

父士地也。惟祭以士，而後知苟不降在輿隸，則猶象賢也，可使其親不獲享一命之蘋藻乎？而士無憾矣。生也士而死則大夫之，僭也，禮無以人之親僭者，葬以士固也。而至於祭，苟法曰如其葬，彼念親之不爲大夫，將悼愴焉，而禮亦不然也。人子所以榮其親，未嘗不藉此區區者，儻亦惟士之爲視，是幾不知有大夫之子也，且又無以爲父庶人地也。惟祭以大夫，而後知幸而起家濬明，亦云舊德也，可使其親不獲臨絺冕之對越乎？而大夫無憾矣。是故列祖之在天，與士大夫之父同安；而二后之遐思，亦止與大夫士之子同報。豈曰君臣不相襲禮也哉？吁！此公之制所以爲達也。」評謂：「《蒙引》云，『斯禮』即上祀先公之禮，達乎諸侯、大夫，主祭禮。言『父爲士』數句，亦重在祭上，言皆得用生者之祿。葬禮祇與祭禮相形言之。篇中跟『上祀』來，側在『祭』邊發論，翻盡從前葬、祭並重舊作，書旨一明。」「探脈極眞，取義極切，輕重適宜，隆殺曲稱，實有輔於經傳之文。」

明熹宗天啓五年乙丑（西元 1625 年）

二　月

大學士顧秉謙、魏廣微主禮闈。丁未揭榜，中式舉人華琪芳等三百名。（據《明熹宗實錄》卷五十六）

本科會試題。

本科會試題有《論語》：「居敬而行簡，以臨其民。」《中庸》：「高明配天，悠久無疆。」《孟子》：「遵先王之法而過者，未之有也。」

三　月

余煌（？～1646）、華琪芳、吳孔嘉（1589～1667）等三百人進士及第、出身有差。

《明熹宗實錄》卷五十七：天啓五年三月，「癸亥，上御皇極內殿，策試舉人華琪芳等。制曰：『朕惟自古順治威嚴之世，其君臣未有不同心一德，交儆無逸者。若虞廷之都俞吁咈，殷宗之嚴恭寅畏，周文之自朝至於日中昃，

不遑暇食，蓋其盛矣。故《書》稱無怠無荒，四夷來王。言圖治必勵精，而化遠先孚近也。我太祖高皇帝諭群臣有曰：凡事勤則成，怠則廢。賢人君子，盡心如此，朝廷豈有廢事。成祖文皇帝諭群臣有曰：朕每外朝畢，則取經史覽閱，未嘗敢自暇逸。卿等宜體朕此心，相與勤勵，無厭斁也。煌煌聖訓，直追蹤虞帝，媲美殷周矣。則夫廓清靖難之烈，固本於一念之憂勤歟？朕以沖齡踐祚，撫有鴻圖，蚤暮親賢，春秋典學，亦惟是廣詢治道，思纘述允揚之為，兢兢而已。迄於今日，業及五年，凝精罔敢少懈，勤政營如不及，乃鳳儀麟育，河清璽出，似天為降鑒矣，而水旱頻仍，災祲不已，則儆予之天，何凜凜也。請纓志壯，露布功高，似眾咸用命矣，而覆軍旋報，鷙伏巨測，則衡命之眾，何紛紛也。將朕之軫志徒殷，德意尚未沛歟？抑有司習為窳惰，奉行之未力歟？將朕之宵旰徒塵，推轂猶未當歟？抑邊吏安於寢堂，實政之不修歟？夫竭百姓之脂膏，以填三軍之溪壑，則內病。撤貔貅之保障，以培閭閻之命脈，則外病。茲欲內外兼利，聿臻至理，遵何道而可？爾多士學古通今，日擊時艱，尚籌所以振起積玩之人心，鼓舞積頹之士氣，果有裨於安攘，其盡言而無諱。』」

據《明清進士題名碑錄索引》，天啓五年乙丑科第一甲三名（余煌、華琪芳、吳孔嘉），第二甲五十七名，第三甲二百四十名。

乙丑科進士葉紹袁、淩義渠等所作時文極有斟酌。

梁章鉅《制義叢話》卷六：「天啓乙丑科『伯夷、叔齊餓於首陽之下』，葉紹袁闈墨通篇祇還他『餓』字，並不說是餓死，極有斟酌。當時譚友夏元春論此題云：『景公貴為諸侯，而止曰有馬千駟，削其貴而存其富，若曰此烏足貴也，是富人而已矣；夷、齊餓死首陽，而止曰餓於首陽，高其餓而諱其死，若曰此何嘗死也，即餓夫何傷焉。』讀書得間，與葉作正相發明。」梁章鉅《制義叢話》卷七：「俞桐川曰：淩茗柯先生義渠從孫鈺嘗為余言，先生為諫垣，例當入直，甲申元夕，懷宗夜出，步至午門，值宿者皆去，獨先生留，翌日擢廷尉卿，先生由是感激，三月遂以節殉。嗚呼！一夕之遇合，而下懷知己之感，上獲國士之報，社稷雖亡，君臣之間不為不遇矣。吾讀先生文，情辭悱惻，發乎不自已之衷。蓋忠義本自性成，不以爵賞而始勸也。若士君子遭時得志，既蒙一顧之恩，而不圖千里之效，聞茗柯先生逸事，可不知所愧哉？」「何太旂維熊曰：淩茗柯『禮之用，和為貴』文云：「真莫真於孺子，耦俱而無所統，不移時而競

矣，此以知意之眞，不如禮之僞也。耳目心思，誰非攖斫之具，舍此不貴，而
極坦易處有危情。摯莫摯於居室，鮮腴而無所防，不移時而慭矣，此以知情之
厚，不如禮之薄也。血氣嗜欲，日有攻取之緣，釋此不貴，而極酣適時皆苦趣。
蓋和如飲食自甘，亦必水火相調而本味始出；禮有眞荄如結，更得枝葉扶綴而
精神愈生。』似此心花結撰，無一語經人道來，大士、正希猶且合手讓能，何
況餘子？平居品論，國朝文推劉克猷，足蓋諸鉅公之長。而清悟文字，要須放
趙明遠出一頭地，其法乳實出茗柯，淵源所漸，不可沒也。」「鄭蘇年師每令予
讀茗柯先生『句踐事吳』文，謂可以開拓心胸。其後二比云：『自古女戎常獨勝，
即今三方挫衄之餘，一洗風華之舊，而窮巷幽姿，何以絕世而獨立，斯亦天道
之未可深言者也；自古忠佞不同朝，當此君臣相悅之時，已佐小人之焰，而三
言投杼，安在擁元老而壯猷，斯又人事之不必再計者也。』出比西子、對比子
胥，此吳越故事何人不知，而獨出以沈鬱悲涼，淋漓激切，俞桐川所謂絕似唐
人弔古詩也。又後二比云：『極則有必反之機，安知目前之分衣給食聽命於人者，
他日時會可乘，即欲老我於海濱而不得；滿則有必傾之勢，安知目前之作威作
福逞志於我者，他日事機一失，即欲托我之宇下而無從。』尤能將狠心辣手曲
曲寫出。」

淩義渠成進士。《欽定四書文》啟禎文錄其制義二篇。

淩義渠（1593～1644），字駿甫，號茗柯，浙江烏程人。天啓五年（1625）
進士，官至大理卿。有清操，在朝多建白。李自成陷北京，義渠聞崇禎帝已
崩，自縊，奮身絕吭而死。贈刑部尚書，謚忠清，清廷謚忠介。制義有《淩
茗柯稿》，俞長城謂其文「情辭悱惻，發乎不自已之衷」。《欽定四書文》啟禎
文錄其制義 2 篇。卷五錄其《論語》「直道而事人」四句題文：「古人婉商去
就，而以直自信焉。夫道可直，不可枉也；身可黜，亦可三也。誰爲愛吾直
者乎？古人慮之審矣。想其謝或人者，曰：遇合之難也，夫人而計之矣，獨
歷我以炎寂之味而覺其便，有不覺其迂者，似難以去就論也。子之愛吾至矣，
夫我亦何樂受此落落之名。但人情之所共托者，不欲多爲婉轉，而人遂以直
當之也；抑意中之所未安者，不免過求其是，而人適以枉遇之也。直則直耳，
而逢時若此，亦自諒其事人之未工矣，夫徒守此樸拙之面目以供酬對，不肖
也，即強樸拙者而綴以風華，愈不肖也，我未嘗暫改其初服，人何從頓易其
是非，世於我其謂之何？枉則枉耳，而擁合至此，亦既謂事人之有道矣，夫

將飾一不情之面目以快獨對，未善也，抑工此不情者而轉以共對，當無不善也，我既忍盡揉其本來，人安得復執其既往，世於我又謂之何？其黜也，不以課吏治而以責世情，嘗思夫手足不能自運，胸臆不得自展，此際之作合亦甚難，夫既知其難，而進退之意味可歷歷想也，世固有懸車而待者乎，我殆將往矣；其去也，不以志悁懟而以規進取，嘗思夫風性以漸而柔，世故有時而熟，此際之揣摩原自易，夫肯為其易，而閑官之浮議可稍稍息也，魯固有轉而拂拭者乎，我殆將仕矣。蓋為直為杅，似各有道焉而不相為用，人安得概而徇之；他邦與故國，實惟此一道焉而不謀共同，吾固將習而安之已矣。亦終守此父母之邦，藉以優游而已。」評謂：「風神婉妙，似正似諧，『和』處亦見，『介』處亦見。」「詩人之優柔，騷人之清深，兼而有之。合之歸、徐（注：此書所錄歸子慕、徐方廣同題之作）二作，可稱三絕。」

卷九錄其《孟子》「舜發於畎畝之中」一章題文：「明生死之機以示人，而天意不可負矣。夫人皆在憂樂中，而孰知生死即於此決乎？善承天意者宜何如也？嘗觀人之一身，蓊然以生者，仍不得謂之生。心與性，其所以生也，從心性治之，而形氣小靜然退聽，而人遂因之以不朽。此屬之人事乎，抑屬之天道乎？謂天以困之者亨之，而如勞苦、如窮餓、如拂亂者，身名俱寂，殆不可數矣；謂天以困之者終困之，而若畎畝、若傭販、若市囚者，舜、說諸人，又何以稱焉？蓋天未嘗以大任酬平日之艱苦，而不得不借艱苦一途以堅其任之之基；賢聖並未嘗以動忍覬天心之眷顧，而轉似由動忍百端以厚其任之之力。總之，不以形氣用而以心性用，雖日與憂患俱而未覺可畏者，能憂患之人也；至心性全其真而形氣驅其蠹，雖日與安樂俱而亦未覺可溺者，能安樂之人也。如必有待於困衡徵發，借牖於法拂多難，天之意不已薄乎，而生之路迫矣；唯有作之喻之者以善其後，有為入為出者以挽其亡，天之意不仍厚乎，而生之理愈出矣。乃知欲與之以生，而不忍貽之以死者，天與人相關之至意；能與以生而不欲驟與之安樂、能遠其死而不欲遽遠其憂患者，天於人相成之苦心。故世有憂患，而未必生蓋臣義士，動以身殉而不知其耿日月而薄雲霄者，皆生氣也，殆與『降大任』之旨互參焉，而非有畸也；世更多安樂，而未必死宮室妻妾，淫享終身而不知其思慮荒而視聽憒者，皆死氣也，殆不得與『惜庸人』之例並觀焉，而非有私也。獨所謂動忍增益者，根心性而出，極於誠明；從揣摩而入，近於機穽。如舜說膠鬲者無論，即夷吾諸臣可多得乎？」評謂：「後二比所謂『無棄』之言，讀之可以警頑起懦。

即言以求其志，自知爲忠孝性成人。」

路振飛成進士。《欽定四書文》啓禎文卷八錄其《孟子》「乃若其情」三節題文。

　　路振飛（？～1647），字見白，號皓月，河北曲周人。天啓五年（1625）進士，初任涇陽知縣，崇禎初陞御史，不避權貴，六年巡按福建，禦荷蘭人有功，任滿以京卿錄用。後仕於南明，輾轉閩、粵以抗清。後清廷予諡文貞。有《路見白詩》等。《欽定四書文》啓禎文卷八錄其《孟子》「乃若其情」三節題文：「決性之『情』者，並辨性之『才』焉。夫可爲善則其情也，爲不善則不能儘其才也，何疑性哉？孟子曰：天下無能爲善之人而性掩，天下無不可爲善之人而性彰。天下無可爲善而不能爲善之人，而性決不爲不善之藉口。即如言性者之紛紛，豈非以不善之去善倍蓰無算哉？而吾以爲此第當於得性失性之後別其盡不盡，不當於含情降才之先別其有不有。何也？極天下不情之事，至不善而止；極天下不才之事，至爲不善而止。則未有執不情之情而可溷性中自有之情者，且未有因不才之才而可罪性中自具之才者。若其情而何容不求也，若其才而何容不盡也？求乍見怵惕之情，而保四海之才盡；求不屑呼蹴之情，而辨一介之才盡；求長而敬、生而直之情，而會通一世、權衡千古之才盡。吾固於其可以爲善驗之，而信性善也，皆惻隱則皆仁，皆羞惡則皆義，皆恭敬、皆是非則皆禮、皆智，而後知可仁、可義、可禮、可智者之舉皆性也；吾更於所以爲不善究之，而益信性善也，不思惻隱則失仁，不思羞惡則失義，不思恭敬、不思是非則失禮、失智，而後知鑠仁、鑠義、鑠禮、鑠智者之舉非性也。能盡則爲堯、爲舜、爲文武，其去不善也無算，第達才之量以返情之初，而性原不增；不能盡則爲瞍、爲象、爲幽厲，其去善也亦無算，第汨情之體以阻才之用，而性原不減。安得罪不能盡之才即其才，而反誣可爲善之情非其情哉？子得吾說而思之，彼三說者止存其可以爲善之一言可也。」評謂：「按部整伍，其制勝尤在中間『求其情而才盡』一段。」「挈其要領，貫通首尾，一因乎理勢之自然，非屈題就裁者可比。」

李模成進士。《欽定四書文》啓禎文卷八錄其《孟子》「匹夫而有天下者」二節題文。

　　李模，字子木，號灌溪，江蘇太倉人。天啓五年進士，任東莞知縣，擢

雲南道御史，劾鎮守太監，反爲所噬，謫南國子監典籍。福王時，起爲河南道御史，見馬、阮亂政，請假歸。國變後，里居三十年不出。《欽定四書文》啓禎文卷八錄其《孟子》「匹夫而有天下者」二節題文：「『有』與『繼世』相衡者，非獨無薦難也。夫有天下者需薦而又需處繼世之天也，歷證之而益可覩已。且禹薦益於天，蓋明以天下予益矣，而天若不聽其薦者。是何舜、禹之得天易，而益之得天難也；是何繼世之無薦而爲天所延，益之有德而偏爲天所廢也？斯其故，吾更得明證之。天不欲繼有天下者之無輔，故時以數年之施澤托於冢相，不以匹夫老其身；天尤欲不有天下者之有主，故時以克繼之君德承其堂構，轉於廢興神其事。蓋君有薦之權，天所憑也；而天又獨有廢之權，君不與也。粵稽古不有天下，寧獨益然？有伊尹、周公代終於前，而仲尼蠖屈於後。夫仲尼之德，猶舜禹爾，轍迹遍天下，似觸目多桀紂之君；歷聘卒不逢，且弗克奏伊、周之伐。無他故，則匹夫而無薦耳，若是乎有天下者之必以薦也。乃有德無薦者偶一仲尼也，若夫德足以邁世，而天子且式隆其眷；薦足以達天，而天下何仍靳其歸？則豈非匹夫之有與繼世之有，固交爲乘除者乎？則豈非興匹夫之天與廢繼世之天，固疊爲軒輊者乎？天何偏愛夫匹夫，何偏歉夫繼世？人抵賢則授之位，不賢則奪之權耳。天之寵綏夫繼世，轉若倍篤於匹夫。總之，獨賢則不嫌於革，並賢則寧主於因耳。而且曰自益以前，天若樂於揖讓；自益以後，天似喜於繼承。夫不肖之轍，奚爲幾媲桀紂；敬承之嗣，胡獨無慚舜禹？此亦天之自爲顛倒其間，而要亦氣數所遭，並天弗得而與者也，況人得而干之乎？否則，七載之相業既與伊、周並薦，三朝之碩德咸與仲尼同廢者，曷故哉？乃知薦賢之柄，天子所必公，然必假薦以徼靈，反爲逆天之事；廢興之權，又天子所俯聽，使必抑興而成廢，必至違天之心。如曰禹德衰乎，則既不以仲尼處益矣，而益竟以伊、周終，天耶，人耶？豈天之德亦衰於不廢啓也耶？胡不歷推其故也。」評謂：「處處兩節並舉，不淩不複，思巧法密，不受唐荊川牢籠。」

乙丑科進士何楷制義甚工，亦一時勁手。

梁章鉅《制義叢話》卷七：「《四勿齋隨筆》云：吾鄉何元子楷有《古周易訂詁》，人皆知其經學之深，而不知其制義之工，亦一時勁手，中天啓五年進士。錢吉士曰：『子丑間文豔絕一時，今隕已久矣，惟元子之蒼堅，至今未凋也。』可想其概矣。案：何元子有天啓甲子順天墨藝，『自天子以至於庶人』

兩句題，後二比云：『吾且以其理識大學焉，壹之修身，韋布不妨講堯舜之道，蓋行之可還斯世於三代，明之亦可俟王者於將來，本之所持至精也。假令學有異修，則潛與飛何以皆爲龍德所統。吾且以其量識大學焉，壹之修身，廟堂更可握宇宙之機，蓋君子藉之以貽謀，小人承之以寡過，本之所垂至備也。假令修或殊學，則錫與保何以共爲皇極之歸。』純是經籍之光，而不改其蒼堅之度。其第三藝『周雖舊邦至謂也』，錯綜周事，杳渺離奇，尤足爲藝林矩矱。」

熊開元成進士。《欽定四書文》啟禎文卷一錄其「詩云樂只君子」一節題文。

熊開元（1599～1676），字魚山，湖北嘉魚人。天啓五年（1625）進士，除崇明知縣，調吳江，後擢至行人司副。以忤周延儒被遣戍杭州。未幾，京師陷，福王召起吏科給事中，丁母艱，不赴。唐王立，起工科左給事中，連擢太常卿、左僉都御史，隨徵東閣大學士。汀州破，棄家爲僧，隱蘇州之靈巖以終。《欽定四書文》啓禎文卷一錄其「詩云樂只君子」一節題文：「爲民父母者，惟不以民視民而已。夫從民稱則爲君子，而從子稱則爲父母，故與民同好惡者，子民之道也。且人生而各戴一父母，其恩已足以相生，而勢有不能必者，出入顧復之情奪於奔命，雖有至仁，亦莫保其所親所愛。而父母之責於是乎不在生我之人，而轉在撫我虐我之人矣。《詩》不云乎『樂只君子，民之父母』？夫屈萬乘之尊，下而爲億兆人之顧復，此其名原不甚奇；裁經世之略，俯而循匹夫婦之恩勤，此其道亦非甚難。而爲民上者，往往畢智殫力以招致夫人民，而竟不獲一父母之譽者，何與？大抵人情於不甚切己之處，皆能爲甘美以慰人，獨至於好惡，而我有所便，遂不暇顧人之病矣，我有所不便，遂不暇顧人之利矣，夫此顧己而不顧人之意，皆疇昔不相習者所用以逞其淩轢排擠之力，而豈所語於父母與子之間也？人情於所以明民之處，亦或能屈己私以從衆，獨至於好惡，而計民所利，乃不得不顧己之便矣，計民所病，乃不得不顧己之不便矣，夫此顧人而復顧己之意，亦情意不甚切者所藉以行其躊躇審顧之心，而豈所語於父母待子之情也？則惟是得民之好、得民之惡者乎，赤子之愛憎，皆能一一自喻而必不能明言以告於人，有其不待告而喻焉，而天下之歌靡怙而歡靡恃者，不已寡與？則惟是民好好之、民惡惡之者乎，赤子之笑啼，亦能明以告人而必不能邀人以從於己，有

其不待邀而從焉，而天下之誦屬毛而慶離裏者，寧有既與？《詩》云『樂只君子，民之父母』，則此之謂也已。不如此，則作好作惡，而民之敝命以從者不可言矣，屬一毫爲君之色，去父母之途日以遙；不如此，則吝好吝惡，而民之嗷嗷以待者又不可言矣，擇一爲父母之時，視愛子之衷則已邈。故君子絜矩之道所必心誠求之者也。」評謂：「曉暢如家常語。兩義相承，淺深轉接，理法兼到。」

侯峒曾成進士。《欽定四書文》啟禎文卷五錄其《論語》「天下有道」一章題文。

侯峒曾（1591～1645），字豫瞻，號廣成，嘉定縣人。天啓五年（1625）成進士，歷官浙江右參政，稱賢能。福王時，用爲左通政，辭不就。及南京覆，峒曾偕黃淳耀等率士民誓死固守嘉定。七月城陷，峒曾挈二子並沈於池。有《侯豫瞻詩》等。《欽定四書文》啟禎文卷五錄其《論語》「天下有道」一章題義：「聖人慨世變而深致意於有道焉。蓋道之行也，自天子以至於庶人，而又何所不盡然也哉？孔子時，不惟無明天子，抑亦無專諸侯，獨有大夫者，日與其臣竊國而因以相竊耳。故不得已因魯史定褒譏，以自附於庶人之議。然而其事變，其心悲，哨然歎曰：吾安得有道之天下而一觀王化哉？蓋天下大柄，禮樂與征伐二者，而總恃有道以維持其間。道非他，天子出之，諸侯以至庶人盡而守之者是已。權不替，故可大；勢不分，故可久。持此長世，雖萬世無敵可也，而不虞無道者之轉相出也。去天子最近者諸侯，而其大夫能以冒上亡等之說逢君而首亂，則遞而擬之，何不至焉？去天子最遠者陪臣，而其大夫能以鬻權竊柄之術率屬而作俑，則尤而傚之，又何誅焉？既自諸侯而大夫，而陪臣；則亦自十世而五世，而三世。轉降轉逆，亦倖得倖失，有斷斷不爽者，而大抵皆大夫之故也，則皆無道之故也。於斯時也，庶民興、清議出矣。庶民誠非有訐訐之心，而大勢已移，則眞是眞非，亦欲以空談維國是；庶民誠不司議論之責，而大權既散，則匹夫匹婦，若思以公道救人心。向使天下而有道乎？則禮樂征伐固自天子出矣，政必不在大夫矣。彼庶人者，豈不能與結繩畫象之理、靜守於無言，而敢爲議哉？今乃知去勢家之操柄，而即可還共主之威靈；然欲扶廟廊之紀綱，亦還藉於草茅之筆舌。夫庶人者，能折大夫之奸以歸柄於天子，使天下而不終出於無道，則其議焉可已；使天下而終出於無道，則其議尤不可以已也。《春秋》之作，眞不得已也。」評謂：

「提出『大夫』，爲通章樞紐，前後運旋，都成一片。卻全是理勢之自然，非串插家舞文伎倆。故勢峻而節和，雍雍然猶具先民氣體。」「酌當年之世變，爲一篇之要領。批郤導窾，縱橫如志。」

明熹宗天啓七年丁卯（西元 1627 年）

七 月

令科場文字不得「訕上謗政」。

《明熹宗實錄》卷八十六：天啓七年七月，「己巳，聖諭：『朕聞盛王御世，專崇道術，聖人設教，在正人心。苟蔑聖賢道德之坦途，而任憸邪譏訕爲能事，豈惟彌遠聖眞，抑亦大亂世俗，爲王法所不宥者矣。洪惟我祖宗設科以來，術尙端醇，士歸馴雅，上非典謨訓誥不錄，下非經史掌故弗談。以故俊彥雲興，列聖煥文明之化，搜羅日甚，國家收黼藻之功，有以也。何邇來僞學興朝，邪黨樹幟，大壞風紀，專務招搖，一唱百和，此挽彼推，文字之間，遵崇詭異，楮墨所露，半是刺譏。如上科正副考官方逢年、章允儒、熊奮渭、李繼貞、丁乾學、郝土膏、顧錫疇、陳子壯及中式舉人謝錫賢、劉正衡、艾南英、程祥會、雷谷、孫昌祖之輩，都不以崇正擼忠爲念，乃以訕上謗政爲懷，置聖經若弁髦，鷲人情於險巇，生心害政，長此安窮，朕竊憂焉。雖已概加懲處，用起更新，而在朝臣工，猶沿宿染，未殄餘風。茲特預爲申飭，不憚再三。該部士風文體，係所職掌，即著行文各省直並會試正副考官及中式舉人，自今已往，文必尊經，士無詭正。有仍前詆毀朝政，吠影含沙，決裂尺幅，而無顧忌者，著該部、科細加磨勘，簡舉參來。敢有扶同蒙蔽的，朕覽出，一並重處。還著緝事衙門密切體訪，挐問具奏，朕必根究到底，嚴鞫主使之人，從重擬罪，垂戒將來，用以正人心，息邪說，聿追累朝淳懿之風，振起一代平明之治。特諭。」

八 月

二十二日，明熹宗朱由校（1605～1627）卒。二十四日，朱由檢（1611～1644）即位，是爲思宗。

《明通鑑》卷八十：「丁巳，信王即皇帝位。大赦天下。以明年爲崇禎元年。」

侍讀徐時泰、侍講孫之獬主試順天。時正推孔貞運、雷躍龍。（據《國權》卷八十八）

梁章鉅《制義叢話》卷十二：「《文行集》云：譚元春久不得第，天啓丁卯，李明睿主湖廣秋試，譚舉第一，明睿曰：『數十年積學不售之士，余以射覆元之，亦可以謝天下士矣。』案：是科題爲『人臣止於敬』一句、『仁遠乎哉』一章、『言必稱堯舜』一句，主試者李魯生。」

羅萬藻中舉。羅之制義與章世純、陳際泰、艾南英齊名。

羅萬藻與章世純、陳際泰、艾南英，並以制義名一時，號江西四家。羅萬藻（？～1647），字文止，江西臨川人，天啓七年（1627）舉人。崇禎中行保舉法，祭酒倪元璐以萬藻應詔，辭不就。福王時爲上杭知縣，唐王立於閩，擢禮部主事。其友艾南英卒，哭而殯之，居數月亦卒。著有《十三經類語》及《此觀堂集》六卷，工制義，有《羅文止稿》。《此觀堂集》四庫提要云：「萬藻與同邑章世純、陳際泰、東鄉艾南英，並以制義名一時，號江西四家。《明史》以是收之《文苑傳》中。此集制義之《序》居三分之一，蓋其平生精力所萃也。四家之中，南英最好立門戶，近與南城張自烈互詬，遠與華亭陳子龍相爭；又最袒護嚴嵩，務與公論相反。以是終南英之身，無日不叫囂跳踉，呶呶然與天下辨，雖世純、際泰，後亦隟末。惟萬藻日與南英遊，而泊然一無所與，蓋其天性靜穆，不以聲氣爲名高，故其文氣焰不及南英，而恬雅則勝之云。」梁章鉅《制義叢話》卷七：「俞桐川曰：棄之而惜，取之而不惜，非文之美也；棄之而不惜，取之而惜，斯文之美也。棄之而惜，取之而不惜者，其美外見，故棄之則屈其才，取之則稱其量也。若夫美之內藏，驟閱不解，久而愈出，故棄之不見可惜，迨乎取之而又惜也。羅文止於丁卯受知於倪鴻寶、沈青嶼二先生，鴻寶曰：『吾失大士而後文止，咨嗟累日。』青嶼曰：『文止、左嚴均入吾觳，上下先後或不爲文止病。』是皆以不元文止爲惜也。然丁卯以後，終困公車，人亦莫以失文止爲惜，豈非取之而惜，棄之而反不惜者耶？」

《欽定四書文》啟禎文錄羅萬藻制義 9 篇。

卷二錄其《論語》「道之以德」一節題文：「進求格心之理，動其所自有者而已。夫德與禮，民心所自有而恥之所賴以存者也，以此動之，而格可知矣。且唐虞三代之治，其用意純粹，所以待其民者至厚耳。後世反之，將謂王道迂闊，不可時施。乃其所敝敝焉日斳之民者，抑何治之不如古也？夫民也，與其巧偽滋生、人懷小人之情以應上，不如予之以君子自為之心；君人者，與其綜覈自喜、日持英察之術以勝下，不如動之以忠厚相先之意。蓋今之民，非真有異於唐虞三代之民也，其所浸漸以失久矣。誠使吾所以道之者不以政而以德乎？所以齊之者不以刑而以禮乎？性命之旨經乎六官之間，上之人凡皆躬自詳而後及之民焉，蓋以吾性之得合諸民之所同得，而又感發之以精神，期其至於昭明而不敢略也；中正之理節乎百職之間，上之人凡皆躬自嚴而因飭之民焉，蓋以吾情之則合諸民不易之則，而又戒董之以履蹈，求其納於軌物而不厭詳也。夫然而民之恥斯以動矣，夫然而民之格且隨之矣。蓋一道同風之本既得於上，則天下之人反之，而有以形其氣稟習俗之失，於是心思孝弟之行而情儀潔敬之途，殆趨而易焉，何也？夢寐之慚既生，則必求有以安之也。百年必世之意既誠於上，則天下之人反之，愈有以形其苟且塗飾之非，於是人皆知學問之意而心各返情性之始，殆復而化焉，何也？神明之辱不留，則必求有以實之也。是故君子慎其所以感人者，而舍德禮曷由哉！德者，先乎政者也，政具，而所以道之之意不可不求諸德；禮者，先乎刑者也，刑備，而所以齊之之意不可不求諸禮。教化之道也，有教化而後有廉恥，有廉恥而後有風俗，唐虞三代之理，孰有易之者乎？」評謂：「朱子云：『將義理去澆灌胸腹，漸漸蕩滌去許多淺近鄙陋之見，方會識見高明。』觀此等文，當求其平時澆灌蕩滌功夫，自然能長一格。」「溫醇得於書味，靜細出於心源。如此講德、禮、恥、格，始無世俗語言。評家云『文貴峻潔』，然不能流轉變化則氣脈不長。作者文多直致無回曲，所以不及金、陳，學者不可不知。」

卷二錄其闈墨「臨之以莊則敬」三句題文：「聖人重身先而著其捷得之理焉。夫敬忠以勸，當鼓民所自動耳。各有動則各效，而可無審所先乎？且民所以應上者，亦樂自效其良耳。予之為恭誠靜重，鼓舞於君子之民，則油然樂為矣；予之為偷薄苟且，安忍於小人之民，亦拂然不樂為矣。顧不幸而上之人無以發之，而民遂若別儲其心以有待。然則敬忠以勸，子大夫須此於民

乎？吾謂民正須此於上耳。夫上所自爲者何也？有君道焉，當使神明父母之風專行於上，而體統情誼常不恃民而尊；有師道焉，當使寬厚長者之意實勸於下，而風俗人情常不迫民而用。而今且以民情求之，即欲使民敬也，顧以慢作敬，敬可得乎？上人之臨御，下人之精神生焉，敬之在民，非錮而難出之物明矣。承祭以儼其思，見賓以動其容，所謂莊，敬則莊之應矣。即欲使民忠也，顧以薄課忠，忠可必乎？上人之事使，下人之分義生焉，忠之在民，非澆而不復之物明矣。篤於親以明雖天子必有父，惠於眾以明雖國人皆吾子，所謂孝與慈也，忠則孝慈之應矣。即欲使民以勸也，顧以棄之之道責勸，勸將能乎？上人之尊賢育才，下人之氣機生焉，勸之在民，非苦而難蹈之物明矣。論官材以示朝廷之所用如此，進不率以示師儒之所養又如此，所謂舉善教不能也，勸則善、不能胥應之矣。蓋君子所以能得天下之情者，以尊親之命密係乎我故也，古人無所期於民，而容貌得其志，恩物得其理，殆兢兢焉正使欺忽之念無自而萌，而願愨之象成之爲三代之俗；君子所以能盡天下之才者，以賢智之意俾民自予故也，古人無所迫於民，而弓旌以榮辱其心，弦誦以卜下其德，殆斷斷焉正使忘棄之私有以自勝，而力行之效蒸之爲三代之才。子大夫欲使民敬忠以勸乎？度禮思仁，愼選章教，其由是道乎？」評謂：「骨釆堅秀，油然經籍之光，義與詞皆粹美無疵。作者之文，才不逮意，故視其文了無可悅。然義不苟立，詞不苟設，學者當求其漚涑淳沃之功。」

卷三錄其《論語》「君子無終食之間違仁」題文：「以仁求君子，候暴密矣。蓋不去仁者，無違仁者也。如是，當於終食之間求之矣。不去仁，豈易言乎？且人心之至常，必以人心之至暫爲候，暫者融則常者立矣。今所云不去仁者，第以一往之意求之，日吾終身焉止矣，夫此非過仁之言，不及仁之言耳。富貴貧賤之故，或在境，亦或在念，念欺境而動，雖俄頃足以動矣；去處之情，托於道，並托於私，道助私而成，雖俄頃足以成矣。故君子之於仁，必爭之終食之間也。苟或違之，斯去之矣，去仁，固無顯白之端；終食之間違之，竟違之矣，違仁，亦無漸積之候。君子有見於天下之感，而內以省諸神明之安，幾豈在大乎？得於所及持之處，則又將有不及持之處微判其間，此求之感則紛，而求之仁，息息可以相聯者矣；君子既審乎自性之力，而虛以俟夫天機之熟，隙豈在多乎？由於所必勉之途，則又將有不必勉之途懸合其間，此依吾力則窮，而依吾仁，刻刻可以自驗者矣。故一時有一時之盡，杪分所積，皆與生人念慮相趨，是無刻而無人心之行也，君子奉其無私

者勤而循之，歷時雖短而歷心已長；一時有一時之中，首尾所要，皆與生人情變相宅，是無刻而無人心之處也，君子主其無欲者入而守之，居時甚隘而居理已寬。蓋終食之間違仁，而違非終食之間矣；無終食之間違仁，而無違非終食之間矣。富貴貧賤止兩端，而終食之頃，緩急之故乘之，死生之權變之。由是言之，萬變歸兩端，兩端歸一刻，夫以一刻而定去取之衡，豈有能精者乎？故亦曰無終食之間違仁而已。」評謂：「此為存養而言，若作『自然不違』則非矣。此文就功夫上說，方於『必於是』相照，極有體認文字。」「探微抉奧而出之以明快。此作者文之近於陳、章者。」

卷三錄其「子路有聞」一節題文：「迫狀賢者之行，與聞俱無窮也。夫有聞必行，此不欲以行虛聞也，未行之恐，不將在聞乎？昔子路以勇行稱，夫子之所材，然固夫子之所與也。彼其在夫子之門而日行所聞，行之可自安者多矣。斯行之患，豈當輒取以勝『未能』之患乎？吾是以狀其心焉。夫子路之所謂『行』與所謂『未之能行』者，有深念焉，夫一念固非即一念之所可盡也，彼行與未行僅相待之候也。而前聞之念既迫之，能行而未之行，亦可必之資也；而後聞之念復窘之，故以知子路非姑有待而姑自必之人也。以為行者實體之治，聖賢所以求盡天下之無窮，聞而未之行也，聞可盡乎？行不足以盡天下之聞，而姑以『未行』謝天下之聞，是外聞也，使古今之事皆在吾身之外，『未之能行』誤之耳；所以行者神明之治，聖賢所以求赴吾心之所缺，行而未之能也，行可已乎？聞而不副之以所行，又藉口『復有聞』而副之以所未行，是絕聞也，使師資之路遽自一日而絕，『未之能行』止之耳。蓋精神之所以能給物者，有餘地故也，以行待聞，故行常在乎寬然之域，不然而身處其未遑，則困於行而勢必將厭聞，彼又烏能一旦反其樂聞之心而置不顧乎？魄力之所以能處強者，能爭先故也，使聞赴行，故聞常資於不屈之途，不然而虛於所不逮，則牽於聞而弊必將飾行，彼又烏能一旦欺其勇行之實而漫取聞乎？故『未之能行』而不欲有聞者，既榮而隘者也；『未之能行』而輒喜有聞者，中乾而強者也。子路者，固惟恐有聞而已，有聞之恐，固未之能行之恐也。子路至是，為可師矣。」評謂：「原為『未之能行』作十分鞭辟耳。婉曲頓挫，不極言盡態而致趣愈遠。」

卷三錄其「歲寒」一節題文：「定世之知，有不能得之於蚤者焉。夫松柏後彫，知之定於世也久矣，顧歲寒乃得之。松柏之知於世，若此未易也，況人乎？且世之所謂知與世之所謂受知者，亦顧其分而已矣。夫知者不能齊其

知之分，而受知者固不能齊其受之分也，如是，可以審所處矣。夫人有激於己之莫知，而因以病世之所謂知；非徒病世之知，又將重悲夫世之所謂受知者。傷其臭味之私而賤其綢繆之跡，蓋將以草木之至凡者處之而置之不足數。嗟乎，人果能為松柏者乎？夫松柏之知，其所由定於世，豈偶然哉？松柏之知，其所由成於己，豈偶然哉？物之見榮也以時，而歲寒者，處乎時之後者也，人謂物終而歲適至，則寒本不與物相速，而物自不能待，美先盡故也，此有以知松柏者一矣；物之致養也以氣，而歲寒者，積其氣之戰者也，人謂寒降而物見殺，則寒本不與物相狃，而物自不能戒，積漸薄故也，此有以知松柏者一矣。由是言之，知松柏者不以其後彫乎？知松柏後彫者不以歲寒乎？今之所謂松柏，一童子能知之，然語其獨抗之姿，則雖當眾人不知之時，而松柏未嘗以自明，則松柏先有以自淡於人世已若此矣；今所謂松柏後彫，一童子蚤知之，然語其至性所閱，則雖當眾人共知之時，而松柏原未嘗加異，則松柏本有以自深於人世已若此矣。嗟乎！人果能為松柏者乎？當其莫知，而所以自定於千古之際者有矣，一時之人心不足爭也；當其知，而所以自定於一心之際者有矣，浮動之意氣不足憑也。是以古之君子不垢俗以動其概，不疵物以激其清；雖窮居而所性莫之或損，雖亂世而意念莫之或加。噫，此聖賢之正也！」評謂：「此題易作感慨語，故易之以深微，高韻遠情，超然埃壒之表。」

卷六錄其《中庸》「文武之政」二句題文：「聖人對魯君問政，動以法祖之思焉。夫政莫有善於文武者也，方策在焉，而謂無可守乎？且王道興衰之故大矣，一王之政、一代之治，今昔之際有不勝言者焉。學人道古以諷，意常主乎發先王之德，所以明治也。君而問政乎？夫文武之政，其大端光明俊偉、敦樸仁厚，以承乎二代之遺；其及於人也，至於田夫野老、薄海內外，無不歌詠二王之澤。而君乃無意乎哉？文當如燬之世，其為政存乎安民救時以厚周家之德，昔周之先也，夫豈無哲王，然而播越之餘也，自后稷始基靖民，文始平之，故周人祖文王而丕顯之謨著焉，蓋大其天命之所以受也，乃其政則居然方策之際矣；武當革命之後，其為政及於制禮作樂以開太平之基，昔文之盛也，夫豈有遺德，然而侯服之舊也，惟九年大統未集，武實纘之，故周人宗武王而丕承之烈光焉，蓋知其卜世之所以長也，乃其政亦居然方策之際矣。積功累仁之為，固其精神意氣之所不能遽散，故屬宣之禍、幽平之難，而一王之紀綱法度未殫焉；開天明道之事，亦其學士大夫之所能共留，

故國乘可稽、野說可采，而一代之人心風俗共覘焉。乃君得無意乎哉？周德雖衰，天命未改，德澤之所縮結，教化之所維持，未可誣也；文武雖往，道猶未墜，『下泉』之所以寤歎，『西方』之所以興思，弗可斁也。君而問政乎？反衰世之凌夷，繼周氏之絕業，將於是乎在。無變不正，無危不扶，惻怛斯世而欲已其亂焉，文武之心也夫？」評謂：「淳潔之氣，盎溢言外，惟其沈酣古籍而心知其意也。」

卷七錄其《孟子》「耕者九一」五句題文：「岐之治有五，皆王政也。夫天下唯是士民商旅之心耳，政之行也寧以寬濟，文之治岐殆是乎？且王政者，救時之具也，道高而恩厚，知明而意美。其效於人國也，亂可以治，弱可以強，人主顧力行何如耳。昔文之治岐，其爲王政者何也？見經制之大焉，見忠厚之意焉。其於耕者，則有九一之賦，在夫當文之時，其歸附日繁，其幅員日長，以體國經野之法治之，自山林、川澤、城郭、溝塗而外，此丘甸之供幾何，而文行之，以爲此不可弛之法也；其於仕者，則有世祿之典，在夫岐下之治，其擇土甚瘠，其制入甚儉，以均節財用之式經之，自祭祀、賓客、喪荒、幣帛而外，此祿予之給所費不貲，而文崇之，以爲此不可蔑之典也。關市則譏而不征焉，蓋『彼岨矣岐，有夷之行』，此都會之成也，聖人設教關盛衰，譏警之未可忘也，夫亦暴客之慮，不惟凶荒無征也；澤梁則無禁焉，蓋『猗與漆沮，潛有多魚』，實王氣之鍾也，人主取材以彰物，廟庖之時有需也，夫亦官司之守，不聞網罟有禁也；罪人則不孥焉，蓋怙冒西土，厥民時敘，天命之所以誕受也，先王明罰以勅法，罪人之不可失也，夫亦威威顯民之意，法無淫及妻子也。夫商辛毒痛之世，而文以其時養士結民，於事勢蓋岌岌矣然，其犯甚危而其全甚大，卒也使其身有孔邇之戴，而使其民忘如燬之君；岐陽蕞爾之區，而文用之不蓄財收威，於事機宜落落矣，然其留已厚而其規已遠，卒也武王因之用著耆定之烈，而周公成之遂垂治世之書。王政之可得聞者如此。」評謂：「驅使不出經文，樹義別無險怪。人自莫及，此有天分。」「極清淡，極平正，而非高揾群言，不能道其隻字。」

卷八錄其《孟子》「王者之跡熄而詩亡」一節題文：「魯史之爲經也，其所繼者大矣。夫天下不可一日無王也，跡熄《詩》亡，而《春秋》之續經大矣哉！且《春秋》者，聖人治世之書也，詩書之道，教雖存而權不著，故孔子之用莫大乎《春秋》。《春秋》者，所以存天下之王跡也。嘗觀周盛王之《雅》也，上下歡得而治美，浹於天道王事之全，而無鄙殆不宣之累；其衰也，詩

人傷之而有作，亦具其凌夷泯闕之漸，而出閔時病俗之爲。故詩之有《雅》，聖人尊之，著盛衰之變已焉。至若《春秋》之爲書何也？虞夏殷周之道，損益以見其公，使天下一以爲尊王，一以爲存古，殆見思盛王之意焉；禮樂政刑之志，微顯以錯其用，使天下一以爲紀世，一以爲明道，尤深於衰世之憂焉。此何爲而作也？夫周東而宗周之重失矣，王不天而天子之重去矣。是故《詩》之有《文王》、《大明》也，美矣，其變也，自《民勞》以下，然猶有安民畏天之志焉，《瞻印》之際則憂斯病矣；其有《鹿鳴》、《天保》也，盛矣，其變也，自《六月》以下，然猶有勃興始事之象焉，《綿蠻》而後則困斯哀矣。《春秋》憂王事之不見也，故因魯史之舊存之，明王之未嘗無也；傷《雅》道之不振也，故以匹夫之權行之，明變之可復正也。則孔子之道其在斯乎？《詩》降自《黍離》，而《苕華》諸篇猶存之《雅》之末，不忍其遽也矣；王絕於東遷，而載筆之權復遲之平之終，其庸有冀也矣。冀之深，不忍之至，故憂之亟，挽之力。六經於治亂之際，則未有如《春秋》之志者也。」評謂：「雖仍『雅亡』舊說，而持之有故，言之成理。文境蒼深，穆然叫坑。」

卷八錄其「位卑而言高」一節題義：「臣無罪而不足以勸，恥之而已。蓋貧仕之情，不在立朝行道者之事也，故位卑言高之罪，罪累上也。且人主之禮其大臣也，罪不及焉，非難於罪人臣也，寬之以自責之路而動之以恥，故大臣之以無罪而辱，有不如小臣之以有罪而榮也。夫大臣何可一日不爲行道計也？道既已行矣，古人猶有揚言載賡之風，以動色於幾康，而不忍效小臣之爲；立朝已無愧矣，古人猶有明農復辟之事，以風示其廉退，而不貪立朝廷之上。世之衰也，大臣不言，故小臣言之；大臣不能言復不能退，故小臣愈益言之而愈益攻之。人主不得已，而治之以其法；大臣不自安，更窮之以其私。是故位卑言高之臣，往往以不免也。顧其立人之本朝而道不行，獨何也？夫人主禁小臣之言，而予大臣以功名之全；纖悉於小臣之罪，而寬大臣以不待督責之意。此所謂動之以恥也。今不念其道之不行，復不思其身之宜退，處具瞻之地而隱情惜己，以發天下痛哭流涕之狂；居風節之總而持祿固身，以授言者窒隙蹈瑕之路。故吾謂位卑言高之罪，罪累上也。其累上，奈何恥之也？乃知立朝輕重，何常之有，彼功名進取之士，勇於爲人而疏於自量，更何所愛？吾謂使人主尊此能言者而立於朝，則天下事之當言者必日聞於前；使人主賞此能言者而不之罪，則天下士之能言者必復接踵而進。而人主難之，諷大臣自處之道也。彼立朝者而不知恥，何哉？」評謂：「此節祇是

『辭尊居卑』兩句注腳，非責大臣『達不離道』也。借題抒發胸臆，剴切之旨，出以蘊藉風流，在作者稿中不可多得。」

譚元春中舉。《欽定四書文》啟禎文錄其制義2篇。

譚元春（1586～1637），字友夏，號鵠灣，湖廣竟陵（今湖北天門）人，天啓七年（1627）舉人。元春與同里鍾惺共選《詩歸》，一時名聲甚赫，世稱「鍾譚」，主張抒寫「性靈」，追求「幽情單緒」、「奇情孤詣」，文學史稱爲「竟陵派」。元春著有《譚友夏合集》。《欽定四書文》啓禎文錄其制義2篇。卷五錄其《論語》「且而與其從辟人之士也……而誰與」題文：「以聖人爲辟人，而辟人非聖人矣。夫聖人何嘗辟人，惟有與人耳；即引人以相從者，又可稱辟乎哉？且聖人之挽隱士，必挽之以共相與；隱士之譏聖人，多譏之以不肯辟。而桀溺之言尤有異焉，自以爲絕人而逃世，離群而索居，一丘一壑之外，非吾與矣。而因見夫車殆馬煩者之似有擇也，遂以辟人目之；而因見夫風塵追逐者之似將倦也，則以從己導之。耰而不輟，明示以辟世者如此光景耳。夫所耦耕之土，非世乎？所問津之處，非世乎？此固不必言，而試問其終日所與者。長沮也，是亦一人也；萬一子路忻然而從焉，則所與者子路也，是又一也。心不能忘情於世人，而勢必至亂群於鳥獸。鳥可群耶、獸可群耶？非斯人之徒與，而誰與耶？一往一來，一出一入，隨所在而輒逢，隨所逢而輒對。即如今日者車中有由，途中有沮溺，人問之、人答之，人述之、人聽之。不知者以爲無情之丘壑，深知者即以爲有情之宇宙，而誰辟？而辟誰哉？夫以子所最愛之人，而謂其辟；子所相與愛人之子路，而謂其從辟人。師弟之不見信於隱者，隱者之不通曉乎人情，莫此爲甚矣；故所遇之隱者不一，譏者不一，而竟未有發其憮然如今日者也。若夫痛癢之相關，欲辟終不忍辟；人我之無分，辟人祇以自辟。則沮溺之淺人，又何足以知之？」評謂：「作者論詩，惟取靈雋，雖異俗徑，而家數則小，其所爲文亦然。原評謂其不能持論，雖窮工極巧，往往入於僻陋，不由康莊，必入鼠穴，學之者不可不愼。其說最爲知要。」

卷六錄其《中庸》「道並行而不相悖」題文：「觀於並行者，而知有主乎行者也。夫並行者，相悖之端也，而道之在天地者不然，豈無所以主之乎？且夫仲尼以語默進退爲道，而天地以四時日月爲道，使節序不足憑而晦明不可知，彼蒼蒼者其誰得而問之？而道則錯行代明如斯矣。錯者雜出，並者同

至；代者互更，並者齊曜。錯則不並，代則不並矣，而何以謂之並行且見其不悖哉？並者，以其一往而一來，非若往而不來者也，而久則易至於相忘，忘則悖；不悖者，即以其一往而一來，無礙於往而又來者也，而其妙正在於能並，並則行。我見夫春夏秋冬者，亦世人定之以爲春夏，定之以爲秋冬，而天地則寔有所爲四序者以就夫世之所謂春夏秋冬，而毫不見爽也，彼其冥幻甚矣，而令人得以履端於始、歸餘於終，此非沍寒不奪酷暑之職、成功不侵將來之權，而何以若是之不爽矣；我見夫晝夜者，亦世人以其明爲晝，以其晦爲夜，而天地則又有所謂兩曜者以界夫世之所謂晝夜，而毫不見欺也，彼其高遠甚矣，而令人得以土圭測之、玉衡窺之，此非晦者不入朔者之限、過者不爭不及者之度，而何以若是之無欺矣！故冬不如春生之美，月常減日照之半，而猶以爲並者，不得移之於彼，亦不得贏之於此也；有時暑未去而寒即交，有時日未入而月已生，而不以爲悖者，各有未竟之事，各有將宣之令也。若是者，吾以歸之大德、小德焉，而可以擬仲尼之大矣。」評謂：「觀物察化，皆從心源濬瀹而出，非徒乞靈於故紙者。」

本　年

蔡樊德視學江西，拔揭重熙、陳際泰為一二名。

李調元《制藝科瑣記》卷三《五經進士》：「蔡公樊德視學江西。是時，崇禎以登極恩，每學拔一人貢京師。公矢諸神，謝私謁。榜發，揭公重熙第一，陳公際泰次之。際泰爲諸生時，其文播於朝鮮，蔡公耳其名甚熟，欲拔貢之。日未午，有以全作《五經》文呈者，以爲大士也，閱之，乃揭。少頃，大士果以卷來，公曰：『二卷俱佳，但揭卷《尚書》二藝稍弱。』意爲陳地也。揭應聲，即於案頭復補二藝。公遂首揭。後陳中甲戌第二，而揭中丁丑甲榜，亦《五經》並作，後死節云。」

明思宗崇禎元年戊辰（西元 1628 年）

二　月

命大學士施鳳來、張瑞圖爲會試總裁官。取中式舉人曹勳等三百五十

名。（據《崇禎長編》卷六）

《國榷》卷八十九：「崇禎元年二月乙未，少師大學士施鳳來、張瑞圖主禮闈。」梁章鉅《制義叢話》卷七：「俞桐川曰：曹嶷雪勵奮起明末，振萬曆、天啓腐爛蕪穢之習，而入之於妙悟，出之以風雅。輔嗣之名理、右軍之文章，兼擅其勝，雖欲不傳，其可得乎？」「（俞桐川）又曰：黎博菴先生元寬先督杭州關務，左挾簿書，右操國史，不自居俗吏，故視學下車之日，士林翔舞。遇試期，士子以文試質，即面定軒輊，商搉切劘，宛如家人父子，坦率和易。有一生請曰：規例求寬，先生答曰：『本道元寬。』其善詼諧、能容人如此。當萬曆之末，文體靡穢，佛經、語錄盡入於文，先生以《史》、《漢》大家倡之，進於六經，然後浙人翩然群思學古。忌者中公，奪官之日，諸生遮道請留。道備尊親，學兼文質，彬彬乎，與薛方山媲美矣。」「《四勿齋隨筆》云：凡讀先輩文，須擇其可以開拓心胸者，方於後學有益，如曹嶷雪『敬鬼神而遠之』文中二比云：『試思孝子之於親，視膝視杖猶慮有軼敬焉，迨以鬼神事之而舉廢有時，遠之及於三年矣，且遠之及於五年矣，豈聖王忍爲之疏闊哉？蓋觀於歲月之間，一日之內，即生成作息，猶不能不相其候，而知神之與人交，有未能數數然者，義所制也。試思仁人之於天，出王遊衍猶懼有遺敬焉，及其鬼神事之而貴賤有等，遠之不及境以外矣，且遠之不及戶以外矣，豈聖王敢爲之越絕哉？蓋觀於庶類之生，五官之用，即視聽持行，猶不能不守其域，而知人之於神既，有未能一一邀者，義所裁也。』評者云：『借天、親二義，實實講出所以當遠之故，偉思高談，眞足發人才慧。』」梁章鉅《制義叢話》卷十二：「俞桐川曰：萬曆甲辰以來，四十年間，會元無可錄者。李太青學先輩而枯，陳百史摹大家而浮，斟酌古今，調和文質，必推曹嶷雪。案：曹勳，崇禎元年戊辰科會元也。」

本科會試題。

本科會試題有《大學》：「身修而後家齊，家齊而後國治，國治而後天下平。」《論語》：「唐虞之際，於斯爲盛。」《孟子》：「國人皆曰賢，然後察之；見賢焉，然後用之。」

乙酉，以熹宗山陵，殿試舉人改於四月初二日。（《崇禎長編》卷六）

四　月

劉若宰、何瑞徵、管紹寧等進士及第、出身有差。

《崇禎實錄》卷一：崇禎元年夏四月，「癸巳，賜進士劉若宰等三百五十人及第、出身有差。」《崇禎長編》卷八：崇禎元年夏四月，「癸巳，策試貢士曹勳等三百五十人，賜劉若宰、管紹寧、何瑞徵及第、出身有差。」李遜之《崇禎朝記事》卷一：「以熹廟梓宮發引，廷試進士改於四月初二日。上留心策士，是日籲天祈得眞才，又將進呈二十六卷並貯金甌中，以金箸夾之。首得劉若宰，遂定爲狀元。案：弘治乙丑科廷試進士，孝宗皇帝亦焚香籲天於後宮。是科所得名臣惟顧鼎臣、崔銑、黃鞏、魏校四人以文章品望著，方獻夫以議大禮顯，嚴嵩以貪奸敗。今戊辰科所得如汪偉、金鉉、王章、吳甘來、周鳳翔、徐汧、李夢辰、胡守恒、史可法、金聲、劉之綸、徐澤皆以死節著，似勝於弘治矣。而是科亦有宋企郊，以首先降闖賊聞。其他失節敗類者亦尚有人也。是科以登極恩中進士三百五十人，房考二十人。科臣有帶副都銜者，在逆璫亂政時所加，然序列仍在翰林編、簡後。」

據《明清進士題名碑錄索引》，崇禎元年戊辰科第一甲三名（劉若宰、何瑞徵、管紹寧），第二甲六十七名，第三甲二百八十三名。

金聲中進士。其時文被譽為「啟禎之冠」。

梁章鉅《制義叢話》卷七：「俞桐川曰：懷宗初服，國是漸非，文亦不振。金正希（聲）崛起爲雄，力追古初，爲文幽深矯拔，爲啟、禎之冠。身爲儒臣，慷慨論列，既已告歸，復感憤殉國。文章最高，忠義最烈，可謂無憾者矣。論者誚正希好禪學，其敗也，爲僧所愚；又好談兵，卒亦死於兵。嗚呼！狂瀾既倒，大廈將傾，非一手一足之烈。君子竭力致命，惟其志耳，若夫成功，則天也。正希近佛，陽明亦近佛，正希好兵，鹿門亦好兵，有廢有興，成敗之間豈可以論豪傑哉？」「張惕庵曰：『從其大體爲大人』句，金正希文分在上、在下，語極警悚：『在上之大人宵旰以爲勤，人以爲自奉之薄，而精一危微已判人禽於方寸之地；在下之大人安飽無所求，人以爲不堪之憂，而動心忍性已決生死於憂樂之關。』又『心之官則思』句，祇是論心之職守，『思則得之』二句，方分不失職、失職兩層。艾千子『以理治氣，行乎感應之途而無差；以性馭情，握乎明聰之宰而不亂』，此『心之官則思』正面語，極有分寸。」「王巳山曰：崇禎戊辰，金正希『身修而後家齊』三句魁墨，運掉極

奇變，而部勒極森嚴，直是通身神骨。惜入後作意搏挽，忽入數目字較量，此則弄巧入纖，好奇成鑿，不得以先生故從爲之辭。而近人往往慕倣此種，是又醜人之矉其里矣。今節錄其後幅文云：『學易眩於物數之多少，故親睦之事，族且以九；平章之事，姓漸以百；協和之風，方更以萬。子子一身，無慮孤以處耶？豈知學莫大於彝倫之咸備，今立人之身即全其五，戶庭之內已尙見三，朝野之地聊復存二。蕩蕩天下，不過類而廣之。將學是務，烏得無差等哉？』」「金正希『足食足兵』章文，蓋天蓋地，同時能與之匹敵者，惟楊維節一篇，而意旨各別。維節破題云：『係政於民，而不得已之時，乃可爲也。』已另具一手眼。講下云：『顧此民也，足非旦夕之可足，信亦非旦夕之可信也。造物蓄息數十年，而我之經綸與之會耳，不然，生我喪亂之餘，寧以不得已聽民乎？古者天不畀純，猶偕百姓爲存亡，豈無道以處此？祖宗休養數十年，而我之經綸可一新耳，不然，置我否閼之所，寧以不得已之民歸君乎？古者倉卒受命，遂許吾君以馳驅，豈無道以處此？』後幅云：『所以聖賢舉事，雖措手萬難，而必不以無可奈何之說，輕於一擲；雖小信不用，亦斷不以衰世苟且之法，與之漫嘗。然而智計之士談及去兵去食而色變者，何也？生死之說亂其中也。夫子斷之曰：「自古皆有死，民無信不立。」明乎此，夫然後可以足兵、可以去兵，可以足食、可以去食，而政無不可爲矣。』王耕渠曰：『此看明子貢兩問，是於未能全備三者之時，商其緩急，去字猶云丟下那一項，先字猶云重在那一項，非是原有三項時裁去那一項之謂。夫子之去兵、去食，以所去明所先，正是施爲次第。末二句打穿後壁，更無輾轉，歸重信字，不單黏去食說。』維節所見與正希劃然兩樣，而浩氣偉詞，功力悉敵。《論語》一日在天壤，金、楊二文並當翼經而行也。」「閣百詩曰：昔韓昌黎言，凡爲文辭，須略識字。若今人之作時文，何須識字，但取熱鬧以悅觀者之目足矣。如『見而民莫不敬』句，《集注》：『見，音現。』見，顯也、露也，與相見之見，音義都別。而金正希此題文明云：『天下時入而見天子焉，天子時出而見天下焉。』竟認作相見字解，可乎？案：見字作兩音，亦後人所分，與百詩議陶菴『曲肱而枕』之正同。然現乃俗體，古並無此字，必以爲顯露，則君之於民不識何者爲顯露也。且觀下二句說言、說行，似金文亦未可厚非也。」梁章鉅《制義叢話》卷二十三：「鄭蘇年師曰：金正希初應童試，題爲『豈不曰以位』，終日構思，不能成篇。時交卷者將盡，學使令人察其卷，止成一破題，將扶出矣，取破題閱之，則云：『君所挾以傲士者，固士

所籌及者也。』大加擊賞，給燭令終篇，遂入泮。」「閻百詩曰：金正希七歲隨父商嘉魚，父為諸生所訟，將受責，泣曰：『有一子頗能文，願以此自免。』令異其言，召正希試，以『學而第一』、『為政第二』為題，即作破曰：『學而後為政，未聞以政學者也。』令大驚曰：『子他日必以文章名世，豈終為商人之子哉。』案：嘉魚令為滇人葛中選，亦奇人。當時即招金入署教之，其兵法、禪學皆傳自葛也。聞陳大士少時讀書作文，即高視闊步，不讀朱子《集注》。初應童試，題為『君子易事而難說』全節，構思竟日，不完卷而出。其友詰之，則曰：『我祇得一破題，甚得意。自謂他手所不能，竟至以下不能再著一語。』其友曰：『試述之。』大士曰：『君子之心公而恕，小人之心私而刻。』友笑曰：『此《集注》語，君何掩為己有耶？』大士爽然自失，自是始讀朱注。余案：陳大士『賜也爾愛其羊』一節文，中比『陳寶赤刀所為珍秘，剝果蒙泉所為發生』，兩意於實理、虛神推闡曲盡，卻祇是就注中『猶得以識之』、『而可復焉』兩語分晰出來，然則大士乃深於《集注》者矣。」

《欽定四書文》錄金聲制義 30 篇，在明代僅次於陳際泰（58 篇）、歸有光（33 篇）。

啟禎文卷一錄其《大學》「十目所視」二節題文：「觀嚴與潤之間，君子之誠意決矣。大指視之嚴，必不可逃，則曷若潤身者之廣而胖也。誠意而已，夫何疑？嘗謂意之欺而弗誠也，起於念之紛而不決。既不決矣，而爭於末流，乃使為善之事適以自苦，非學問之本指也。夫君子之慎獨，乃君子之誠意所以必然而不惑、必行而無待者也，豈有所為也哉？顧其得失甘苦之途，則早晰然矣。吾之善、不善，吾自受之，原不有藉於天下之指視而後見吾善之利、見吾不善之害；則吾之有為、有不為，吾自動焉，非有憚於天下之指視而後有不獲已而為、有不獲已而不為。舍吾意而問之手目，舍吾獨而問之手目之十，若或見之、若或摘之，則若或督之矣；去非所惡，就非所好，則寔有所畏焉耳。大道何寬，其若斯之嚴乎？今夫家溫而食厚者，固深藏若虛也，自無陋其居者矣；精心以崇德者，固泊乎無營也，自無困其身者矣。吾所好則遂好之，天下莫能禁也，所惡則遂惡之，天下莫能加也，何求不獲，何欲弗得，而局蹐於高天厚地之中？吾得吾好惡之所必得，非勞心焦思而得也，中吾好惡之所必中，非困頓束縛而中也，耳目自暇，手足自閑，而豈授萬物以賞善罰惡之權？心則廣，體則胖。吾所得於天者，初無不足；而所以奉吾身

者，悠然有餘。以嚴若彼，以潤若此，君子則安得而不愼獨哉？愼於獨，而意之所之，獨斷獨行，初不知天下有可欺之自；惟不愼，而誠之所漓，畏首畏尾，乃一人亦有莫能自必之意。至於掩其不善而著其善，若迫於人而無可奈何者也，豈不謬哉！蓋世之小人有二：以爲天下必莫予指、必莫予視，而可以爲不善也，此之謂欺人；以爲天下必或指我、必或視我，而不可不強爲善以應之也，此之謂自欺。曾不念心廣體胖者誰耶，而反以自苦也？」評謂：「上節《注》中言『善惡之不可掩如此』，是言獨之可畏，亦猶《中庸》之言『莫見、莫顯』，非狀小人掩著時自苦情形也。文誤以『嚴』字專屬小人，與下節『潤』字相對理解。隔礙處在此，行文一片處亦在此。筆致超脫，氣骨雄偉，頗足振起凡庸。」

　　卷一錄其「爲之者疾」二句題文：「王者生財，有用心於爲與用者焉。夫爲以生財，而用耗之。苟無道，財尚不可知也，故或以疾或以舒也。蓋聞王者甚愛天下之人力，而初非怠緩之也；王者能盡天下之人力，而又非迫竭之也。生財之道存焉。財之出，非能董其自生也，有其爲之，藉於爲，而或以數十百人之生，不能及一人之生，雖眾，猶弗眾也；財之散，非但食之也，又將用之，至於用，而或以一人之食，坐耗數十百人之食，雖寡，猶弗寡也。是故必使爲之者疾焉，而用之者舒焉。爲之者即未嘗無用也，而不獲享用之者之隆，工賈市塵，皆終歲竭蹶以備富貴之需，而田疇無論也，故爲甚可念也。王者起而督之，使不得樂手足之寬，豈弗念哉？雖有貪國，不爲勤民增賦；雖有廉主，不爲惰民減租。疾不疾，必百姓先自受其利害焉，而後遂及於國家，但使閭閻之下從容有暇日，而胼胝之勞將不呼而自疾，則疾之道也。用之者即不盡無爲也，而要未嘗悉爲之之苦，富俠墨吏，皆豪華安坐以致小民之貲，而宮庭無論也，故用甚泰然也。王者起而理之，矻矻然懷不終日之虞，敢或泰哉？侈蕩之朝，即橫征無益於事；嗇儉之主，無計臣不至於貧。舒不舒，即百姓亦必受其利害焉，而究竟終歸於國家，但使富厚之場嚴謹無餘地，而度支所出將不令而自舒，則舒之道也。無荒土斯無散氓，無奢君斯無急國，席豐之眾自無逋糧，有節之費不漏奸橐，爲疾爲舒，固王者聚民聚財、禁悖入悖出之大計；肫懇之誠行於補助，畫一之政裁於度數，不以崇高荒擾貧賤，不以天下濫奉一人，爲疾爲舒，亦王者敦忠秉信、絕驕去泰之一端。嗚呼，其斯以爲大道哉！」評謂：「洞悉民情，通達國體。其義爲人所未發之義，其言爲世所不可少之言。」

　　卷二錄其《論語》「節用而愛人」題文：「治國之道，有施之用與人者焉。夫節用而後有用，愛人而後有人，道大國者其無念諸？且夫人主所挾以奔走天下者，財也；所與天下人相屬以有其尊者，臣民也。貧、寡，國之大患也。雖然，擁庶富之業而苟無道焉以處之，則易敝，雖千乘奚恃焉？帝王之經國也，其防限之政，則必畫然致謹於出入之地；而其寬厚之性，又常殷然流行於上下之間。國家之事不敢一聽之以意，而緩急之用常有自然之度數焉，使一身與百物共稟之而不濫，非嗇也。名實之際有綜覈之者，而天下無敢以侵幸為漏也；本末之業有權衡之者，而天下無敢以淫巧為蕩也。雖宇宙之財但有此數，不過相流轉於天地之中，而施之或失其所，泉貨有因以不生者矣；受之既非其地，且夕有窘而不應者矣。尚其節之哉？國家之事亦不敢一委之於法，而臨馭吾人常有司牧之精神焉，使內外與朝野每悠然其有餘，非縱也。為天地祖宗惜人才之難，則器使之朝無或隘其途也；為宗社疆圉恤蒼生之命，則休養之國無或苟其政也。雖物情之變莫可窮詰，初不宜盡以姑息之端，而刑名徒以相冒，反有實意而莫達者矣；威命及其既殫，即挾恩賞而不勸者矣。尚其愛之哉？兩者有相須而行焉，竭物力而使天下受其擾，輕天下而以侈蕩供其私，此不節不愛交集者也，一其道以貫之，而君子真有不費之惠；兩者有相反而妨焉，守纖悉而以貽軍國之病，寬貸了而以市朝廷之德，或節或愛偏至者也，善其道以通之，而大人又有行險之說。若此，庶幾可以攬利權而維邦本哉！」評謂：「經事綜物，深切著明。其中包孕幾多載籍，而性質之沈毅，亦流露於筆墨之外。」

　　卷二錄其「夫子溫良恭儉讓以得之」題文：「原聖人之聞政，有道焉以得之也。夫夫子之溫良恭儉讓，非以示人國而欲其政也，而人則自此感矣，權固在夫子哉！今夫國有大政，其君若臣相與商度於朝宁廟楹之上，非其親貴不得預也，而況異國羈旅之臣乎？今之諸侯即好問周諮，不應至是，不應盡夫子所至之邦而皆若是。則嘗於賓主相見之時而觀其感應不爽之機，其願得奉教君子而就正有道者，非邦君之能與，而邦君之不能不與也。夫子殆溫良恭儉讓以得之者也。天下之震驚夫子而以為異人，非一日也，初不料其意象乃在若近若遠之間，及身親之而始忘其為聖人也，忘則其心夷；天下之想望夫子而各以私度，非一人也，實不知其精神迥出於言思擬議之外，比目接之而始見有真聖人也，真則其神奪。今之諸侯大抵多驕，既已令莫予反、行莫予違矣，從未見有草莽之人有身兼三才、氣備四時之盛如吾夫子者，豈不厭

薄而以為不足與謀，而要不能不大服吾聖人於一望之際，立鋤其予聖自雄之習；今之諸侯大抵多忌，亦既各君其國、各子其民矣，從未見有四方之士具天下一家、中國一人之概若吾夫子者，豈不猜虞而以為未可與言，而要不能不深信吾聖人於立談之頃，遽化其分疆絕界之心。蓋其道大則天下莫能容，往往有心知其聖，終不能奉國以從，故貌合情疏，雖以父母之邦不獲自遂其易世變國之心；其誠至則萬物無不動，往往一見其人，則莫不輸誠以獻，故刪詩修史，即以托跡之所而亦深悉其興衰治亂之故。若夫遊說之士，探大人之意旨而怵之以利害；智謀之臣，窺人國之淺深而獲之以計數。此皆衰世之風，或得或失，豈足以語大聖過化存神之道哉？」評謂：「此題語意本一氣渾成，不但分疏有乖理體，即實發亦少精神。此文止從邦君心目中虛擬白描，乃相題有識處。」

　　卷二錄其「未若貧而樂」二句題文：「聖人與賢者商貧富，更有精焉者矣。夫貧自能樂，富自能好禮，而貧富之際始有真實之學問以行乎其間，但斤斤然無驕諂於人者，不亦粗乎？夫子進子貢曰：君子之心安其在我，則不必有競於物；而君子之學無爭於世者，未必其盡有得於中。我是以與子無驕諂之說，而未可以為至也。氣節之高、長厚之名，皆可以破天下齷齪輕儇之習；而天機之淺、嗜欲之深，終無以開一人局蹐鄙吝之情。是無諂非難也，無諂而不免於憤，無諂而不免於苦，則樂難矣。樂無往而不存，而耳目口體，天薄之以生人之趣，則艱難中之逸豫非名教行誼之所能留。是故精神充實於內而百憂始莫之攻，志氣和平於中而物情始莫之暴。世固有貧而若斯者也，而無諂者何以及之也！無驕非難，無驕而不免於侈，無驕而不免於怠，則好禮難矣。禮不可斯須去，而肌膚筋骸，天亂之於豐厚之日，則晏安中之骨力非仁義道德之所能振。是故惟所性之節文而奢儉斯以不忒，惟定命之威儀而出入自以不愆。世亦有富而若斯者也，而無驕者何以及之也！貧不諂貧，惟富是求，富不驕富，惟貧是厲，無驕諂，而後天下貧富始得各安其性命之情；而貧既絕諂，貧且無聊，富既戒驕，富且無味，非樂與好禮而處，貧富之人反不能自適其性命之安。故樂以自養其心也，禮以自淑其身也，如其人始遇貧富，享貧富之用；而樂則天下無貧也，好禮則天下無富也，如其人始當貧富，空貧富之累。賜也，其更進於是哉！」評謂：「於人情物理洞徹隱微，故語皆直透中堅。」

　　卷二錄其「巧笑倩兮」一章題文：「觀聖賢言詩，藉於詩以相悅焉。夫『素

絢』之問、『繪事』之解，何由遂得『禮後』一言起予，而後可與言詩？詩難言哉！蓋自文學行而大道著，莫韻乎詩，令一詩止領一詩之用，極其所終，不過三百而止。而詩之妙要，使人審於章句之間以達乎物類之變，可以觸處而旁通；故學詩者，初不必當日詩指之所存與今時解說之所及，而能即小以觀大。有如子夏所稱『倩盼』之章，終有『素絢』之句，亦非甚疑義也，比於賦之末，而不獲其所比之端，徒其文有弗屬、義有弗貫耳，君子之於學也，無所苟而已，一言亦將求其歸也；乃夫子日所謂『素絢』之說，其爲繪事之序，詩以是爲碩人方也，本乎族類之貴、天質之宜，而始佐以朱幘、翟茀、庶姜、庶士之盛，猶之素其先有、絢乃後施耳，詩人之比類也，必有所當焉，說之而第如其初指也。而吾初不知此時子夏何以遂浩然有得也。一聞所謂『後』，不覺見天下之後焉者，不獨一繪；一聞所謂『事』，不覺見天下之所有事者，莫不皆後。雖先王之道、小大之所由，天地之經、百物之所殊，一旦可以下同觀乎繪事，而上不以先吾盼笑。商於斯也，豈有悟乎？而要斯時所見，其與前時問答，豈復相蒙也哉？則甚矣大子夏之深於詩而篤於學也！以意逆志，不以辭害意，此說詩之大端也，而商又異矣；傳而習之，言而述之，皆學人之用心也，而商則更進矣。如是學詩，終身學之而不厭也，詩起商也；如是言詩，終日言之而不倦也，商起夫子也。嗚呼！此學詩之善者也。今即此『倩盼』一詩取而讀之，其亦可以求衛事之始終焉，可以見淑媛之令儀焉，可以觀里巷之忠愛與好惡之不忒焉。而商乃別有領也，比物連類，得文質之昇降而會人事之始終。詩也者，象也。商之學詩，駸駸乎其進於《易》矣。夫如是，故衣錦褧衣，亦《碩人》之詩，而論道者且以爲惡文之著也，豈若後世之明經者哉！」評謂：「隨筆曲折，而波趣因之以生。如夏雲奇峰，頃刻數變；春水縠縠，波紋愈遠。」「胸中別有杼軸，落想多在間隙中，而題之意趣曲盡。在作者亦似動於天機而不知其所以然。」

卷二錄其「射不主皮」一節題文：「即射以觀古，其所以成天下之才者大矣。夫天下無同科之力，奈何限之以主皮，此古道所以可思也。嘗謂士苟有志自勉，視天下無復絕不可企之事，惟限於天者，雖豪傑無如何也。以故國家之律令，奪天下之意氣，要使宇宙之才，其上固不妨自見，其下亦得以勉夫人工之所可至。即一射事，眞令人慕古焉。夫射之有皮，所以試天下之力，爲國家致用也，何以有不主皮之說？正爲力計深遠，使其途寬然有餘也。失諸正鵠，反求其身，巧成於習，人爲之耳，苟昭然有可同之路，而甘自暴棄，

置其身於轂外,則於人何所尤?破甲穿札,待命於力,強弱有科,天定之矣,使夫卓犖可用之才,其勉強之功,直窮於不可齊,則君子何以忍?彼夫先王爲弧矢之利以威天下也,故雖處無事之日,不忘武備,有皮在,而有餘之力不嫌立展,使赳赳干城之夫,得因以煉其堅銳無前之奇;先王觀德行之立於審固之時也,故雖爲威武之事,飾以禮樂,不主皮,而閑習其道盡堪自效,即斤斤繩尺之士,安知不足備禦侮折衝之用。蓋惟古之時,所以覊天下之才,其程甚嚴,所以收天下之才,其途甚廣,使人駸駸乎興起而莫自阻其志者,大抵操此道也;亦惟古之時,習尚則稟於一,示天下以必趨,舉令則協於眾,待天下以可同,究之蔚蔚乎多才而國家緩急得人者,大抵得此道也。如今之世,豈有復念不同科之力,而操鼓鑄之權者,亦從此而審其所主哉?」評謂:「『不主皮』三字,語意本自渾圓。他作重發詘力、尚德,意不但於『不主皮』三字神理未足,『不同科』亦說似天下皆無力人矣。惟此輕重得宜,文氣亦復遒勁。」

　　卷三錄其《論語》「子路有聞」一節題文:「觀賢者於聞、行之間,有可想者焉。夫方有聞,則尚無他聞也,未之能行,非不行也,而已惟恐有聞矣,此則子路也已。且夫學莫陋於無聞,而道莫病於不行。故夫博聞強識、敦善行不怠者,君子也。雖然,人之處聞與行之際者,亦各有性情焉,其進退緩急,見於力量之地而發於事勢之間,又其餘也。我嘗微觀子路,子路無聞則已,聞則喜也;無聞則已,聞斯行也。此亦吾子路也,而未盡其性情。若夫有聞之時而又未之能行之時,觀此時之子路,觀此時子路之心,則惝惝然惟恐有聞者耳。凡有觸而聞也,非必子路獨見其多,故夫子路有聞,亦日用從容之事也,乃其精神則已勃然矣,使聞後之子路而或有迴翔審顧之象,則必施行之餘,用俯仰無憾焉,而不然者,耳目之間已懼聞之再至也,是聞盡父兄師保也;凡有待而行也,已決非子路所萌之心,故夫未之能行,亦非學力遲鈍之咎也,乃其自視則亦欿然矣,一若自能聞以來已爲奔走不遑之身,而其施行之際,前後若迫焉,斯之未竟,而頃刻之間已若有後聞之督責也,是未行皆曠日玩時也。宇宙之理,日流行於宇宙之間,而往不留,來亦不距,故達觀者可以靜聽其出入,而子路恐焉,恐其以已聞之不去而並塞吾未聞之生機也,此已聞未聞之際,一刻之暇也,而亦如此哉!日用之理,必寔見於日用之間,而聞之百,不如行之一,故博學者或可以徐安其領受,而子路恐焉,恐其以後聞之關心而又或虛吾前聞之實用也,夫不聞不行之暇,無時而

見也，而何時已哉！我因是知子路之勇於行，眞爲有用之才，可以愧天下之記醜者也；我亦因是知子路之虛於聞，眞負無窮之意，亦可以愧天下之得少者也。此子路之性情也。」評謂：「人多於末句著力，此偏從上二句理會出神情。」「前輩文之屬對，取其詞理相稱，特具開闔淺深，流水法而已。惟作者屬對，參差離奇，或前屈後直，或此縮彼伸。每於人轉折不能達處鉤出精意。不獨義理完足，即一二虛字不同處亦具有深趣，不可更移。此等境界，實前人所未闢。」

　　卷三錄其「季康子問仲由」一節題文：「聖人論三子之才，皆不宜以從政疑也。夫果、達、藝，三子之卓然自見者，乃國家用之不盡者也，而豈以區區之從政爲有無哉？蓋聞聖門之學與其所以教人，皆非漫然者，莫不各有挾以致用之途焉，而不必以用見也；其下居資力之所近與學問之所到，其綽乎有餘之意，已暢然可以自信於師友之間，而用人者尙不能無疑焉。蓋天下之政，有才不足以勝其任者，有才適與之相當者，有才浮於其任而恢恢然可以視之若無者。夫才浮於其任而恢恢然可以視之若無，此其人不必在明試敷奏之後也。若由、若賜、若求之在聖門，皆其選也，而季康子問焉；曰『可使從政也與』，曰『可使』，可不可未可知之辭也，而夫子曰無疑也。夫由之才，眞有過人者，其爲人也果，其不流而不倚，道中之堅強有力人也，國家諒無有政焉足以亂斯人而使之持兩端者也。於從政乎又何有哉？而因及賜，賜多聞而億中，賜之達，其於政也，其與果焉者無以異也，必無有滯其機敏之胸者也；而因及求，求退讓而多能，求之藝，其於政也，其與果焉、達焉者亦無以異也，必無有窘其條理之性者也。又何有於從政乎哉！夫國家之政，多不與聞焉者矣，從事其間，已得建白焉，非有世閥公族、諳練於典故者也，而一旦以經生廁其中，此亦大夫之所深忌也，果或以爲躁矣，達或以爲佻矣，藝或以爲喜事矣，雖以聖人言之，庸必聽乎？然國家之政，尙有宰執之者矣，從事其間，贊末議焉耳，非有得國行權、仰命於獨裁者也，而區區以伎倆隨其後，此亦非三子之所滿志也，果不能盡其決，達不能盡其明，藝不能盡其長，豈其從政之下，又堪小試乎？觀由、求疇昔言志，皆在爲邦；而子貢學亞顏氏，盡堪王佐。使其弟子不得已爲季氏用，或聖人微權而終非其心也。」評謂：「語與興驅，淋漓滿紙。後二股，一在『可使』二字著筆，一在『何有』二字著筆，雅善貼題。」

　　卷三錄其「今也純儉吾從眾」題文：「聖人從天下之純，聖人之重於違眾

也。夫純，非禮也，聖人爲之說曰儉，而舍禮以從之，聖人之心亦可以觀矣。今夫今古之際，君子有甚不得已焉者，非遂篤於禮而戾於時也。日用之儀，眾有共趨，苟非大無禮之事，而猶有說焉以處之，則夫挾先王之禮度，鰓鰓尺寸以相繩者，其亦可以不必矣。故夫吾之在今日也，則亦有非禮而從之者，如麻冕一事焉。麻冕之禮，先王之所謂『多爲貴』者，而今不然也。大約古昔繁重之數，今人不能勝也，則相率而入於簡便之路；古昔迂拙之制，今人不能安也，則浸假而開其巧利之門。夫是以有純焉，而豈非世變畔禮之一端哉，豈非執禮之士所欲攘臂而爭焉者哉？而吾也爲之顧其物而觀其意，平志焉以定義類之所歸；略其短而著其長，降心焉以求一節之可就。以爲襲先王之禮者，其弊或至於淫志蕩心、服奇不衷而莫可救止，而此一純焉，不如是之敝也，其制於儀也雖不備，而其取於物也則不奢，殆戔戔乎有儉意焉；易先王之禮者，其甚亦或至於壞法亂紀、裂冠毀冕而無復有所存，而此一純焉，不如是之甚也，其成於工也則不費，而其賁於首也足以觀，殆循循乎僅失之儉焉。必遵先王之法而矯末俗之苟，至踽踽焉眾人純而一人麻，是亦不可以已乎？其輕違之也，夫違之易易耳，以今日之氣習風聲而至細繩之近禮非禮之間，則在彼且有所不堪，而在吾亦有不暇，吾寧從焉耳；苟酌損益之宜而定文質之中，即皇皇焉眾人儉而一人禮，是豈不足以風乎？而未免多事也，蓋多事亦期有濟耳，以吾之矜心作意而令天下執『寧儉無奢』之理從容相應，則在彼甚爲有辭，而在我翻覺無謂，吾何爲也哉？嗟夫！一人之力不足以勝天下之眾也久矣，獨『拜下』一節萬不可解耳。」評謂：「意中有下一節不當從者在，處處含蓄，筆意盤旋屈曲，無一直致語。」

　　卷四錄其《論語》「德行」一節題文：「追論陳蔡相從之人，其人才之盛有可觀者焉。甚矣，陳蔡之圍也，區區數千師，而有德行、言語、政事、文學若而人俱坐困其中焉，豈獨一大聖人哉？嘗觀古今人才，唐虞而後，於周爲盛，越數百年而遂有孔氏之門。後先奔走，心悅誠服，則忠臣義士之效不必其在朝廷也；患難死生，與聚與共，則雲風龍虎之從不必其在得時也。陳蔡之阨爲已事矣，而夫子回思相從之士，忽忽其不樂。嗚呼，彼一時依依相從者，伊何人哉？迄今紀之，師師濟濟猶在目前。念我夫子，如之何其弗思也。尚德不倦，躬行不怠，所願望難見也，時則有若顏淵、閔子騫、冉伯牛、仲弓；出言有章，吐辭爲經，曠代逸才也，時則有若宰我、子貢。至若經世之略，爲富爲強，政事有寄也，而冉有、季路其人在焉；道德之華，弦歌博

雅，文學千古也，而子游、子夏其人在焉。道大莫能容，所欲殺者夫子，而於諸賢無忌也，設諸賢非從夫子游，挾其德行、言語、政事、文學，以博取人間富若貴與一切功名才望，固自易易，何困阨若斯也，而諸賢不願也；聖人無阨地，所自信者天命，而人心則不敢必也，設諸賢但以從夫子之故，奉其德行、言語、政事、文學，以投兇暴之一爐而師弟朋友無一存者，固事勢之常，亦無可如何也，而諸賢不懼也。不可以德感，不可以說動，不可以力格，不可以學化，平昔之能事，當此上下無交之日，亦何所施，而君子固窮，則淒涼之奇況，惟同心可以共嘗；修德不獲報，尚口乃致窮，果藝無長策，文采不庇身，特出之英華，當此病莫能興之日，於邑無色，而大節在二，則無位之依歸，其愚處正不可及。迄今日而或以夭，或以疾亡，或以難死，九原之下既不可作；其存者或以仕，或以故，遊於四方，歸其故里，杏壇之上無復陳蔡一人。子獨何心能不悲哉？嗟夫，患難之侶，安樂弗見，雖庸夫俗子尚難忘情，而況此奇傑之士與？」評謂：「此義膾炙人口久矣。往者李厚菴（光地）嘗謂中二比義實汙淺，以擬諸賢非倫也。其後膚學增飾其詞，遂謂李氏深惡金、陳之文，以為亂世之音，此篇則無一字是處。不知《史記》之文，顯悖於道者多矣，而嗚咽淋漓，至今不廢也。昔賢謂《魯論》乃曾子、有子門人所記，在二子胸中自無此等擬議，至其門人追記諸賢之仕難而寄以感憤，亦無大悖。此文立義雖粗，然生氣鬱勃，可以滌俗士之鄙情，開初學之思路。故辨而存之，以警道聽塗說者。制科之文，至隆萬之季真氣索然矣，故金、陳諸家，聚經史之精英，窮事物之情變，而一於四書文發之。義皆心得，言必己出，乃八股中不可不開之洞壑也。邇年不學無識人，謬謂得化治規矩，極詆金、陳。蓋由貪常嗜瑣，自忖必不能造此，而漫為狂言以掩飾其庸陋耳。夫程子《易傳》切中經義者無幾，張子《正蒙》與程朱之說即多不合，但以持之有故、言之成理，故並垂於世。金、陳之時文，豈有異於是乎？故於兩家之文指事類情、悲時憫俗、可以感發人心、扶植世教者，苟大意得則略其小疵，並著所以存之之故，使學者無迷於祈嚮焉。」

卷四錄其「季路問事鬼神」一節題文：「觀聖人兩答賢者之問，而識學者所當致力也。夫事人、知生之未能，何以遽問鬼神與死乎，而非事鬼、知死之不必問也。且人倫之事、日用飲食之常，聖人所以教天下萬世也。聖人之學，至於知命，可以無所不通，學者守其可能可知者而已。夫宇宙間人鬼並存，然吾業已負形為人，則鬼神固不接之鄉也。共稟乾坤之靈氣，第為軀形

所局，遂與清虛無朕者相持而不相親，季路所以問事鬼神與？夫人所奉而事也，必耳聞其聲焉，必目見其形焉，然後心思有所著而精神有所通。今人與人，情相構則一膜之外胡越矣，機相御則覿面之間逆億矣。耳目之可見聞者尚如斯也，而何以索之杳杳也？曰『未能事人，焉能事鬼』，非鬼之不可事也，以事鬼之由於事人也，人亦務乎事人者，則鬼不必事，而所以事之者至矣。宇宙間死生相繼，然人尚炯然有生，則死固未歷之境也。業分性命於大造，一旦草木同腐，遂使生平負氣焰者明見而不能自主，季路所以問死與？夫人之所能知也，必行之而以著焉，必習之而以察焉，然後靈睿有所寄而聰明有所施。今人有生，氣血之衰壯而莫定其平矣，神志之出入而莫測其鄉矣。著察之於行習者尚如此也，而何以窮之身盡也？曰『未知生，焉知死』，非死之不可知也，以知死之由於知生也，人亦求其知生者，則死可不知，而所以知之者至矣。由也，勉之！」評謂：「中無所見，不得不爲詰屈之奇，所以自文也。真實有得之人，探喉而出耳。」「於未能、焉能、未知、焉知道理，一一中的。與唐荊川（順之）作，並爲造極之文。」

　　卷四錄其「子貢問政」一章題文：「聖賢論政有三，而復商不得已之去也。夫政之經，則兵、食、信並舉，不得已而去兵去食，信必長存，此可以觀聖賢之作用矣。今夫仁義之說、休養之名，此太平無事之所處堂而談也，愚學之士以張僞幟而非必建真效；而疆場之役、取盈之術，此時窮勢急之所苟且而圖也，市儈之才以徼近功而不復顧國脈。夫當其常，有必周之擘畫，不忘其危；當其變，有自然之機宜，不失其正。此真天下才，可奉以爲政矣，說在夫子之語子貢也。其論政，始曰足食，繼曰足兵，終曰民信。國家之兵籍廩藏，不告虛於邊靖費約之歲，而皇皇乎憂貧似迂圖，旅旅乎備武似多事，不知政之長計在『足』也；民情之疑釁誠服，兩無見於朝野相安之日，亦可訵訵焉稱得民之術，嘐嘐焉負撫御之才，不知政之實驗必在『民信』也。蓋三者在得爲之會，不惟不相礙，兼可以相濟，自當蓋計遍籌焉。而至設爲不得已之計，兵妨食、食妨兵，兵食妨信，雖智者不能備其三，則權計者或以兵爲扼要之事，以亂國用威，外可以因糧於敵，內可以令行禁止耳，而聖人反曰『去兵』矣；再設爲不得已之計，食能爽信，信則無食，雖善謀不能兩其全，則權計者疾信如仇，鶩食如寶，理財之計臣持大籌，守正之迂士斥遠地耳，而聖人反曰『去食』矣。夫『去兵』之說，以烏合之不如無糜餉之反毒民也，即不然，其強弱安危之形未甚逼人也。食則生死之關，無待再計，

而聖人去之之說，曰『自古皆有死，民無信不立』。豈責人以難堪之死，而償以無形之『立』，為此不近情之策哉？危急存亡之秋，此畏死幸生之心，最足誤國家之大事，即苟延旦夕之命而國維已破，無端之毒害旋即見於事後；唯生死呼吸之際，以挺特不易之節，坐繫萬民之苞桑，雖城破身亡之餘而民心未去，君父之義憤可候轉於崇朝。君子之不以流離顛沛失其正、以寡廉鮮恥辱其國，大類如此。而要其居平綢繆至矣，防維周矣，不敢以美談欺人，不敢以滉緩持事，豈待不得已日始倉皇為不得已計哉？不於不得已，不見聖賢之奇耳。」評謂：「自古豈有足食、足兵、民信之朝，而至於不得已而去兵、去食者哉？子貢言其變，而夫子終不以末世苟且之法窮兵、食以去信，亦言其理而已。此文前半正說，後半權說，皆得體要，典貴堅厚又不必言。」「精神理實，融結一氣。舒放中極其嚴整，不可增減一字。此等文當求其根柢濟用與性質光明處，乃立言不朽之根源也。」

卷四錄其「子張問士」一章題文：「聖人與賢者論『達』，為別其幾於『聞』焉。夫以必聞之心問達，雖與之言『達』，直作『聞』見也，此不可以無兩辨焉者也。今士之學各有所指歸，指歸之所存而精神遂以異路，精神之所圖而學術即以終身。此其說初非甚相遠也，其行於天下亦無以異也，而豈知其中有人謬不然者？有如子張之問達，張固堂堂乎難與為仁者也而問達。問達之心，夫子見之矣；如何斯可謂達，夫子亦即可以正告之矣。夫子以為是未可與遽言達也，將與言達士之所施，而胞與之象未必廣其中也，或以佐其浮；將與言達士之所主，而堅確之意未必資其守也，或以證其僻。蓋其夙昔所見，未免存於胸中；而聞渾全之論，必將獵其近似。試一詰焉，而其所謂達者，果以『在邦必聞，在家必聞』對也。『聞』豈必不『達』，『達』豈絕無『聞』耶？而所以然之故，則聞必非達，達自不是聞也，張誤矣。所謂達也者，固質直而好義、察言而觀色、慮以下人者也；而所謂聞，則色取仁而行違、居之不疑者也。無不任其真，而隤然有所獨往，若是乎其方正也，豈不知仁道之大哉，本無終食之違，斯亦不必取數於外也，而徇物者反是矣；無不求其是，而淵然有以自反，若是乎其詳密也，豈不知居業之道哉，原非藉以藏身，則亦不必護其疑端也，而競物者又反是矣。其究經世逢世，各有所挾以行；而彼相感相蒙，亦遂因類以應。邦家之際必聞、必達，學士眩焉，又烏識其所以然哉？乃知此際亦微矣。未嘗求於天下也，而即以通天下之志，達士之所嚮，處處皆實，無內外而皆實；本無可以自信也，而徒以堅自是之習，聞

人之所營，念念皆虛，無動靜而皆虛。此際對勘而分見焉，即僅以『達』之說相示，又安知聽者不誤以『直義』長『不疑』之情，而『觀察』為『取仁』之徑耶？所以學各有指歸也。」評謂：「導窾在『何哉』一問，遂舉『質直』兩節許多積疊，隨手運掉，無不入化矣。以無厚入有間，乃作者為文得手處。」

　　卷四錄其「夫聞也者」一節題文：「『聞』亦有學，可以取必於世焉。夫道莫大於仁，能取能違而能不疑，以此求聞，亦聞之矣。嘗論世俗之中，未有真能見人而信之者也，故尚聞焉。君子亦知夫特見者之不可以幾也，而終不忍誤天下以隨聲附和之事，故兩有所不任，而獨期於自達。下之，則無是心矣。其心以為，吾言行才氣，但得一二人有力之口，即可以漸騰千萬人無心之耳，而莫吾非也。士患學問之際，所以急人傳誦者，無術耳，何大自苦哉？其出於人口而入於人耳者，固聲之屬也；其必有自見以動此一二人而傳千萬人者，則色之為也。色不貴其難犯，而樂其可親，故莊焉者弗為也；亦無俟於深造，而責成於且夕，故生焉者弗為也。由是而聖賢之門、名教之地，殆詡詡焉有一取仁之術，不重不遠而捷得之指視；由是而一飲其和、一炙其光，亦既藉藉焉有一仁人之稱，相告相問而取效於齒牙。而要聞人之才與聞人之力，固不盡此也，且第如是焉，尚未可必也。道德之真，足以縛人，而不念精神之有限，既飾其外，復顧其內，則行之必求其合，此兩失之事矣；出入之途，無以安身，而不知手足之易亂，若以為是，若以為非，則疑焉而不敢居，此自敗之道矣。夫一念而欲欺盡邦家之人，非忍而為之，其將何以為心？且一念而必欺盡邦家之人，非求益者也，又何惑乎此行？而於此益覬聞人之深。行必違，而後其胸中竟無一行仁之意，足以奪其所取；居不疑，而後此舉止實為中心安仁之人，無或至於失色。覿面相對，固已欽其長而莫見其短；遊揚之餘，又孰即其聲以深求其實。至若聖神操鑒，或懷『眾好必察』之心，用『人焉廋哉』之術，而以斯人遇之，固懼不免也。然如此者亦希矣，雖欲不聞，其又烏可得哉？噫，一念求聞，則必至此已；稍弗如此，又將難聞已。如此得聞，方之達士，當何從耶？」評謂：「循題順詰，逐層逐字鏤刻出精義。相傳同時某人有講『色取行違』之術以欺世而得重名者，故言其情狀，語皆刺骨。蓋痛憤所寄，不得已而有言也。」

　　卷四錄其「言不順」二句題文：「事不可以逆成，而正名之義切矣。夫言以行事，不得於言而求諸事，不亦左乎？若曰：子迂吾說，將謂拘於理而不達於事也，而不知吾說誠計事之深者也。以為吾欲為政，則必以興事為期，

有如爲之而無成，此其君無樂乎有國，而其相亦無貴乎當國；且吾業爲政，則無自操事之體，亦惟是申命以行之，豈徒惟其言而莫予面違，亦必服其言而莫予心非。今者名不正而言已不順矣，順逆之故，初不必驗於言後；而成敗之機，吾早已見於事前。將有事於國中，則明詔大號，百姓於是乎望德音焉。君臣上下，義有所錯，要必始於父子，而今大義先蔑如矣，則而象之，其又何誅乎？雖令之不聽，雖呼之不應，吾見其廢焉而反耳。將有事於境外，則尺簡寸牘，四方於是乎觀辭命焉。朝聘會盟，繼好息民，則又必稱『我先君』，而今紊然於所自承矣，文而告之，其又何稱乎？或詰我而無辭，即欲蓋而彌彰，吾見其動輒得咎耳。蓋勳業之在天壤，未有可獨立而就，天與人歸，即帝王尚煩其擬議，故謨必訏而後定命，猶必遠而後辰告，豈其抗衡中外而可以遂其僥倖之圖；天理之在人心，不可以一日而欺，理短辭窘，雖英雄無所用其智力，彼作誓而尚有叛，作誥而尚有疑，況乎決裂典則而漫以行其矯誣之意。由斯以觀，不順於言而求成於事，必不得之數矣，而其弊皆自名始。子謂爲政而不期成事則可，不然，安得迂吾言乎？」評謂：「『不成』處處粘住『不順』，又不脫『不正』根源。義蘊閎深，詞語簡淨。」

　　卷四錄其「既庶矣」二節題文：「聖賢策所以加衛，皆以保此民也。夫庶後有富，富後有教，遞加焉而未有已也，而欲坐享此庶也哉？且國家總無可囂然自足之時，不獨凋苦之民足動聖明之慮也。正患小小殷富，常有一無可加之象，怠緩人心而不知，仁人君子已相與咨嗟躊躇於局外。是故衛以蕞爾之國而擁斯庶，聖人未始不爲衛幸也。庶，亦國家休養生息之功，使聖天子徵版籍而問戶口之登耗，巡邦國而目郊城之殘盛，則衛在慶優之列矣，又何加焉？而聖人曰：國有庶民固盛國，而國有庶象未必是裕國也。其國土足以載其民，其民之田足以縱其力之所及而寬然有餘地，其國並不庶。如衛者，直可命之『人滿』也，不可不思富之也。我疆我理，豈能爲闢土計，但制產征斂之間，善所以區東南之畝，甦鴻雁之勞，而天和地德，不人人食其厚賜乎？使衛眞能以殷蕃之後區畫使富，聖人必尤爲衛幸也。富，實國家根本不拔之計，苟男畝婦桑之樂，人守故土，而三年九年之蓄，足備凶荒，則衛之子孫可無虞矣，又何加焉？而聖人曰：國有富民誠裕國，而國有富民未必是治國也。使愚民不得以餘財生淫侈，使智民不得以厚積行奸俠，其民並不富。而不然者，直可謂之『亂資』也，不可不思教之也。菽粟水火，豈必更爲裁制，但使出入友助之間，各敦其五常，交修其六行，而黨庠朝野，倫類不鬱

然其流通乎？嗟夫，上不念富民，少壯得食力，亦未必遽塡溝壑，獨以父母操飼哺之權，而使謀生之計，群蒼百出，此其氣象亦不堪見矣；上不思教民，鄉黨多自好，亦未必盡爲禽獸，獨以作君兼作師之任，而使道學之幟張諸草野，此其世變愈不可知矣。冉求與夫子共深憂而於斯發之與？」評謂：「富、教緊從庶、富勘出，更無一『教養』通套語。文境蒼老，通身俱是筋節。」

卷四錄其「見利思義」二句題文：「論成人於今，且無以利害自喪也。夫天下並無思義、授命之人，則思義、授命者貴矣，亦可慨哉。今夫學問之際，有不必深求者焉，非眾材之無用而禮樂之可去也。其欲成人也，尚未必如其走利，其惡不成人也，尚未必如其免患也。而又奚暇深求也哉？利害感而情僞生，則吉相先、凶相後，其巧足以勝，豈復存人心也，君子且惻然念忠厚之遺也；趨避巧而習氣熟，則得宜苟、生宜倖，其文可不慚，豈復念人道也，君子且循循然急廉恥之防也。萬物之所謀也，而有一人焉見之而弗以身殉也，就而視之，淵淵乎其若有所思焉。不學俱欲之物非必遠於人情，而生人有大義焉。能斟酌萬物之利數而使人不敢多取，操縱萬物之利權而使人不能自如，則見利之日，有情所不願思也，而若人者，尚能抑其心以相從。萬物之所畏也，而有一人焉見之而弗以身辱也，就而視之，斷斷乎其已有所授焉。全受全歸之體非必輕於蹈險，而生人有大命焉。安則立其所可俟於己而夭壽莫之或貳，危則奉其不可知於天而生死不敢自圖，則見危之日，有生所不能授也，而若人者，尚肯強其志以相擲。天之所以與人者備矣哉，豈盡於區區之氣節而莫之加也，然以方今世之君子，其所號多材多望、不一而足者，反或以蓋其貪偷之性而佐其網利全生之具，則鈍直之所留不少；人之所以還天者厚矣哉，豈安於區區之氣節而以自高也，然以方今世之學問，其所稱履中蹈和、不矜於名者，反或挾其圓妙之理以亂其寧靜剛強之性，則愚魯之所全已大。若而人也，不亦卓哉！」評謂：「著眼在上『何必然』，下『亦可以』。一語落紙，將翔將躍，若跤若動，用筆乃爾，縱橫如意。」「其慘澹經營處，在通篇體勢懸空不斷。恰好上承下接，而絲毫不連不侵。此運先正之規矩準繩而神巧過之者也。」

卷五錄其《論語》「蓋均無貧」三句題文：「明憂所自無，而當患者可審矣。夫國家苟無所憂，其亦可以止矣，而必於均、和、安得之，是以所患在此不在彼也。今夫有國家者，好生事而求多於人，此意不過欲富，非盡有傾覆之慮也，乃或以傾爲辭。若余所聞不患寡而患不均，不患貧而患不安之說，皆得而解之。蓋將爲子孫計，乃不各均是念，非直厭處寡也，亦以爲一寡之

後，其貧匱之意即不可以終日，而不知患寡之時，並多寡之象亦盡生於人心；且既爲子孫計，曾不各均是念，豈誠不顧其安哉，亦以爲患寡之時，其計不過不均，其勢何遽不安，而不知不均之後，其中即有不和之意，其既乃亦眞有相傾之事。有如國家各如其國家，不以僭擬兼吞之欲生於君公卿長之地；由是而國家各供其國家，所謂靡然煩費之舉亦不出於截然至足之中。蓋天下事有定數則見其然者，有定情則實不然者。以國俯家，以家仰國，比量焉而均焉者，未必無寡也，此定數之見其然者也；而以國用國，以家用家，斟酌焉而均焉者，尚有貧也，此定情之必不然者也。且是均焉者，亦初無寡也；彼其均焉，則已和也。物以兩忌，而各域於所處，君子之上下內外至相爲用，且合焉而見多；情以相傷，而自少其所植，君子之失得出入既無可爭，亦暢焉而無歉。蓋至是而有餘不足，不必相取，非其戛戛焉制於不得已而命於無可如何也，其心安焉；苟至是而強弱遠近，有跡無心，可以相爲終身亦復可以相爲世世也，庶乎其或免於傾矣。夫古今來國家亦有傾者，傾非必其盡貧，貧非必其盡寡也，而若之何鰓鰓焉日求免寡免貧以爲免傾計也；且夫國家亦既安矣，雖且寡、寡亦不貧，雖且貧、貧亦不傾也，而況乎其盈盈焉又已無貧無寡以至於茲也。今而後眞不患貧矣，反患其不安以至於傾耳；亦不患寡矣，惟患其不均以致不和耳。奈何實以厭貧之心，而發爲益寡之說；乃假保傾之名，以遂其不和之事。貧、寡，則吾不知之，彼所舉，且日就傾敗之道也。豈不悖哉？」評謂：「曲折變化，無跡可尋，如雲隨風，自然舒卷。細玩其理脈之清、引線之密，又無一不極其至，眞化工之筆。」

卷五錄其「侍於君子有三愆」一節題文：「從侍得愆，兼得時言之妙於君子矣。夫言、不言，俱有愆以中其間，爲之侍者亦難矣。雖然，以此得愆，何幸也。嘗謂學者莫患乎無愆也，今與宵小常人處，則終日無愆矣。是故事賢友仁，不惟是儀刑儆心、昔誤相規也。當其前，即啓口耳，正使無窮之伏愆立見，能開我以檢察之門。夫愆莫愆於應靜而躁、應露而隱、應明察而瞽，中之肺腑之微，不暇檢之語默之際者，脫不遇君子，何由得此三者哉？其人業不如己矣，吾議論蜂起，不顧其時，反令驚吾氣壯；寂默無語，莫測其蘊，反令欽我神遠；惟吾口舌之啓閉，不復問彼顏色之順逆，反令改顏動色，逡巡而就吾幅。而不可得於君子之前也，於是侍而愆隨之矣，愆而三叢之矣。侍者不知也，逼君子而立陳；君子不言也，試自反而畢見。啓助可以相長，侍則有言，必君子言及之，可言也，否則躁，或者鑒是爲吉人之寡，而不言

為慎也，夫以言愆，乃更有以不言愆者也；虛心可以相質，侍果不能無言，一君子言及之，隨言也，否則隱，或者乘緒論之遞及，而直言無隱也，乃顏色未見，免愆於躁，未免愆於瞽也。忽應言，忽不應言，言不言，惟君子之操縱闔闢而不敢自主持也，謂惟此乃有主持耳，吾惟伺君子之論次意向，以為吾語默之準而語默悉當，不然，舍君子而何往不自由也，徒侍以取愆也哉？候及候不及，候言及而色不及，躁、隱、瞽，亦若君子之顛倒鼓弄而不關自造也，謂惟此可自省耳，吾惟借言語之先後動靜，以消我鄙吝之根而陶鑄已多，不然，侍君子而所望何極，徒一言之約束也哉？」評謂：「從『侍於君子』四字，翻轉出一番新意，正復題中所應有也。此種最足益人神智。」

卷五錄其「惡紫之奪朱也」二句題文：「聲色之害正也，聖人有惡焉。夫色之有紫，聲之有鄭，不能不行於天地之間，而其悅人則朱與雅弗能勝也，烏能以勿惡哉？嘗論賁之白也，聲之希也，此上古之人心也。有垂裳解慍之聖人起焉，而以洗乾坤之陋則有章采，通萬物之和則有鼓吹也，而天下亦自此嘖嘖多故矣。色有朱也，而紫亦並用；樂惟雅也，而鄭亦有聲。君子通神明之德以類萬物之變，則奇正新故之相生，亦可以一視於太虛而不必低昂，而無如其相克也；順天地之撰而存陰陽之理，則純雜清濁之分致，或可以並行不悖而不必深苛，而又無如其倒置也。色有方，而離明之奪目者甚矣，乃見紫而朱無色也，非朱暓而紫乍，非朱常而紫異，淡不勝濃，若性生焉，此一紫也，奪之始，冠裳之飾莫之厭也，浸假而奪之搢紳組綬矣，浸假而奪之冕藻黼黻矣，服奇志淫，而天地正大之章反莫能爭也，豈非不平之事哉？音有節，而和平之感人者深矣，乃見鄭聲而雅倦聽也，非鄭今而雅古，非鄭細而雅鉅，莊不勝淫，若難強焉，此一聲也，亂之始，里巷之人不能辨也，浸假而亂之宮闈燕室矣，浸假而亂之清廟明堂矣，靡音忘倦，而天地正大之聲反未有以加也，豈非傷心之故哉？五德之運，當王者貴，則我周所尚，雖夏玄商白，僅能乞一線於杞宋，而不謂無方之絢爛，乃能操其勝於本朝服色之上；一代之樂，功德所存，則善美之故，雖帝昇王降亦終無以剖其優劣，而不謂小國之澆風，乃大鳴其豫於王跡板蕩之餘。視聽之官不思，孰肯反而尋其所自始，目眩耳聾，而忻厭定情於其間，鄭、紫所以錮聰明之用也；音容之理無常，孰肯細而念其所當正，破度敗律，而貞邪易位於其中，鄭、紫所以壞禮樂之器也。可勿惡哉？」評謂：「『奪』字、『亂』字逐層披剝，自微而鉅，自下而上，至於世道移、人心壞而『惡』字踴躍於行間矣。高談閎議，

磊落激昂，題中更無可闌之境。」

卷五錄其「君子信而後勞其民」題文：「上不敢輕勞其民，所以善勞其民也。夫信其民，而後可以惟吾之勞而莫吾疑也，君子之為其民也，豈必急急以勞為事乎？嘗謂民亦勞止，上之人康之、息之而已，烏有勞其民而以為治哉！勞之者，必有不獲已於此也，其勞之故、勞之之心，凡皆以為民也，惟其然，而天下後世之勞其民者因以輕矣。調和之道、周旋之術，在拂民自便者，反百方開釋以自蓋其毒；而大功不謀眾，大德不和俗，此真心為民者，反毅然直行而不顧其安。君子曰：民不自知勞，上代驅之使勞，此其事本非上一人任矣，與人共其事則必與其人共商之，未有代謀而可以獨斷者也，利害明而後人心不貳，此非信無由也；上即驅民勞，亦必民躬自勞，此其間已非上之力所能及矣，使人為其事則必使其人樂就之，未有交淺而強相勸以不堪者也，情志通而後甘苦同命，此非信莫先也。國家之權，其可以不必勞其民有益其民者，下所嗷嗷以待，即上所皇皇未竟也，豈遂無可致力哉，君子正未始一日有勞民之心也，惟其寬民力、惜民財、勤懇無已之情相感於平昔，而一旦有故，百姓雖不使，皆曉然有以諒其心之無他；牧民之道，其所以佚民必迂出於勞民者，效猶待於異日，苦已著於目前也，豈遂可以喻此愚民哉，君子初不必解說於民而責以遠見也，但使饑民饑、寒民寒、展轉疹念之處入人於肺腸，而偶有騷動，愚民即無識，已確然有以知其君之為我。是故當其信民之日，循循乎其若有所畏也，醇醇乎其無以加於民也，甚不若速近功者之朝至而夕命，破此可守成不可樂始之民，以獨行其志也；及其勞民之日，翩翩然其不介以孚也，熙熙然其呼之而立應也，又何必如速近功者之朝至而夕令，或借令必行、禁必止之勢，以自助其所不及也。而後服君子之重，而後見君子之用。若為人而使謂屬己，殆矣；為民之心而反受一屬民之名，拙矣。」評謂：「步步從勞字逆追出信字，理勢曲盡，情亦感人。」「『而後』二字，順寫則易平易直，逆追則愈曲愈深。健筆盤空，尤當玩其細意熨貼處。」

卷六錄其《中庸》「舜其大孝也與」一章題文：「以大孝觀天人，可反覆而明其故矣。夫舜非以福事其親，而大孝格天，則遠邇高卑之一致，亦有昭然者矣。蓋聞道莫大於順父母，而誠莫彰於動鬼神，斯亦宇宙之至庸至奇也。天人上下之際，大聖之陟降而酬對者，世俗人弗能見也。故德行之本，反以為無足述；而有赫之常，遂以為不可知。粵稽上古，有大聖人焉，徼天之福，無所不備，如虞舜也者，斯亦奇矣，子嘗稱之矣。姑以是為舜之大孝云爾，

以是數者與其自有之德並數焉，共成其大孝云爾。以舜之德未足以孝也，必天子四海、子孫宗廟而始備焉，無以處夫聖人而不爲天子者也，抑何其視德太少也？以舜之德既足以孝矣，何取必於尊富饗保、且暮不可致者，爲亦有以解夫天子而不爲聖人者也，然何其視天太遠也？蓋嘗縱觀天下之故，有不可必，不可必不必在天也，一身之彝倫日用而有莫能自存者，即舜不亦抱終身憂乎？有可必，可必則豈獨在人也，皇天之祿位名壽而有取之若寄者，即舜豈不若固有之乎？物之得天，天實能生；天之篤物，物實可因。天之生民人也，與其生君子無異也，而宜之者異矣；即其嘉樂而憲憲也，其於人情非遠人也，而受於天者亦遂不遠矣。有虞以來，於周爲盛。周之盛也，世德作求，以孝興也；卜世卜年，天所命也。嘉樂之歌，以四海而奉一天子，以子孫而世守其宗廟。大德受命，蓋若是其大、彰明較著者也，而論者或猶以是爲適然，豈不惑哉？君子是以知達天之學也。玄德升聞、於昭在上與夫下學上達、知我其天者，其於天也，莫不皆父母事而呼吸通也，何間焉？栽培傾覆，物能以其氣候與天接；而遠近高卑，人反不能以其性情與天應。何耶？」評謂：「離合斷續，若有若無，極行文之變。」「胸有杼軸，橫騖別驅，汪洋恣肆。而於題之反覆次第，無不相副。膚學繩趨尺步，不敢離題，而於題之神理實隔。於此等處切究而心知其意，乃可與言文。」

　　卷六錄其「修身也」三句題文：「聖人列九經而首有三重焉。夫修身以正其本，而尊賢、親親以居乎其要，此則九經之所先也。昔者明王之治天下也，有天下國家之大而不敢肆也，居天下國家之上而不敢亢也，享天下國家之奉而不敢私也。夫是以奕世而後，子孫尙繩其祖武，君子不忘於前王，蓋萬世之常經，非一代之章程，正不必從方策求也。經之所以周佈大造於天下者，無所不至也，而其先務則有三焉，則臣向所與君言者已。將舉天下國家之大，而操之若一體、運之若臂指焉，而庸知出而加、發而見者之猶不能自爲政也，一身之中，其或梗或率也有不可知矣，其爲律令也多矣，英辟之威福賞罰，不自貸於沕穆，所爲置其身於天下國家之中而致其法也；將君師而籠蓋萬物，而天下國家獨聖明焉，而庸知夫什己百己千己者之比比而未有以收也，國家賓師之儀，其勤渠居萬幾之半矣，其爲法度也密矣，王者之雄才大略，不覺降於匹夫，所爲爲天下國家奉一人而不見其屈也；將宗子而父母天地，而天下國家莫不屬焉，而庸知夫公子公姓公族者之一體而未有以處也，王人展親之典，其綢繆在萬姓之先矣，其爲制畫也周矣，國家之豐仁厚澤，無畺壅於城翰，所爲以天下國家厚一家而

不見其濫也。是故即身不同，而或性或反，要未有不致其修者，千古此貌言視聽，必非若百物百度可以時增而時減也；即賢不等，而或大或小，要未有不致其尊者，天下止有此道德仁義，必非若尙質尙文之可以世低而世昂也；即親必殺，而惟近惟遠，要未有不致其親者，治天下惟仁人孝子，亦必非若官方器數之可以候因而候革也。夫是之謂經，君何必更尋方策？」評謂：「處處帶定天下國家，纔是『九經』之修身、尊賢、親親。掃盡一切籠統語，實理眞氣，盎然充塞。不必遵歸（有光）、唐（順之）軌跡，而固與之並。」

卷七錄其《孟子》「不得於心……不可」題文：「學貴反求，姑就時人所論而衡其可不可也。夫『不得』則一概『勿求』，勿求於氣，猶曰氣也，乃至勿求於心哉？今夫惟大勇能不動心，而原其心之所由不動，則亦研求之功也。求之之道無所不至，特源流之辨，或不容倒置；而冥守之功，則中距更謬。如告子所爲不以言役心，不以心逐氣，亦可謂不動心乎？夫求得舍失，必應之機，則當其不得，總未有可頑然置弗求者也。名理散見於文章，則邪說之顛倒與聖賢之奧義，精求之，皆濬發靈明之時；道義既淹貫乎心胸，則沛然盛大之氣有流行不禦之機，直達之，盡暢快人心之事。而所謂『不得於心』，是從前粗疏之病，正於此處受驗也，試默觀其氣之行，當大有頹然不振者，事心至此，安能無求，而求於氣，則亦舛耳。君子曰『勿求於氣』，恐其以精進之力漫置之無用之地而忘其本也；告子曰『勿求於氣』，亦以爲靜專之神稍加以維護之功而傷其中也。其『勿求』非，而其所謂『勿求於氣』者，則猶可解焉。乃若『不得於言』，是異日謬戾之端，實從此處伏根也，試自反其心之安，當精詳於暇豫者，事心至此，正宜有求，而勿求於心，則何爲乎？君子曰『求於心』，正爲疑惑之情原從心起，必爲之推究其義，初非擾擾於外也；告子曰『勿求於心』，則將謂寂然之體恐以求攪，不知其不得之際，惶惑不寧者果誰人之心也。『不得』業已動心，而復『勿求於心』，其何以解矣？蓋學問不可以無求，即當其不得於心，還應自忖之方寸，而況其不得於言之際；學問要歸於自得，則方其不得於言，早能自開其蒙蔽，亦必無不得於心之舉。是則告子之『不動心』尙可參也。」評謂：「最是『可』字說得妙。」「洞悉精微，措語極見分寸。『不可』早是斷定，『可』處尙有下邊許多議論在，一字說煞不得，看其不輕不重，恰合位分。」

卷七錄其「柳下惠不恭」題文：「以不恭成聖者，不必爲聖人諱也。夫惠豈眞有玩弄一世之心哉？孟子逆想其意象，而直斷之以不恭也，此其際微矣。若

曰：鄙寬薄敦，聞柳下惠之風而興起者也。惟聞其風，則見爲寬敦，此寬敦中反有令人大難堪者，而惠不知也，以故天下亦莫之知也。夫令夷、惠並生斯世，畏夷而悅惠者多矣，然有識者受夷之望望去，不願受惠之由由偕也。不垢之身，或折服途人之惡憎；而桀傲之氣，甚不肯蒙聖賢之慢易。惠之於世，殆不恭者也。人與人畦畛立而後不相就，世風如是矣，吾何必北海之濱，吾將一體萬物焉，今有父母而輕忍去其子者乎，惠之不忍輕去，猶是也，依依之情，宛與無知之嬰孩共出入而無心，相視其毋太輕與？人與人情知構而後能相浼，此身無侶矣，吾不能效采薇者之猶有兩人，吾聊寄跡異類焉，今有人與異類處而不相忘者乎，惠之能忘，猶是也，曠蕩之懷，如共無情之鹿豕入其群而不亂，目中尙有斯人與？使惠直語人曰『爾爾我我，爾焉能浼我哉』，聞者當作何景象也？使從旁諭當日之人曰『援止即止，是亦不屑去已』，其人當以惠爲褻己、爲重己也？惠其矯夷之隘而失之者耶，有收羅一世之心，而未化籠蓋一世之氣；惠其矯夷之隘而遂適以近隘者耶，無一人不囿其範圍，正無一人足入其一盼。嗟乎！惠非此不恭，則莊嚴以持之，中正以節之，大成之聖所謂斯人無不與同群者，此也，惠徒區區一惠？然惠非此不恭，則俯仰以就人，栗栗然以逢世，無非刺之鄉愿所謂同流合污者，亦此也，惠猶得以成其聖也哉？」書錄作者自記云：「一肚皮輕薄，如何說得聖人？如此纔說得有些身分。若今世所說『不恭』，何待君子始不由耶？」評謂：「說得有身分，卻又將聖之偏處認作聖人之能事矣。其清迴之思，妍婉之韻，足使人咨誦不釋。」

卷七錄其「卿以下」二節題文：「國家之待君子、野人，有餘澤焉。夫圭田與餘夫之田，皆於常制之外厚之者也，然而不可少也。且夫經界者，先王之仁政。其分田制祿，必使暴君污吏不敢慢者，正所以俾宣力效忠之臣與日用飲食之民得沐國家無已之恩耳。夫國家誠恭以禮下，則當其身有養廉之具，於其後又有世食之典矣，子孫藉先人之功德，得久叨朝廷之惠，而復以食先人者祀先人，亦無以彰聖明報士之盛典也，蓋自卿以下則皆有圭田焉；國家誠勤於民事，則於其身耕鑿嬉遊不乏，於其家又仰事俯育無憂矣，少者荷壯者之力養，得優游於卝髫之年，而長以成人分有限之粟，亦非以爲窮民寬然有餘之地也，蓋餘夫則更有餘夫之田焉。有定之制本以百畝爲程，則法外之恩不可遂以亂法中之界，使奇零參差而不能計也，故由百畝而中分之，則有五十畝，隨由五十畝而中分之，則有二十五畝，量而授焉，不容增減，而經界中之經界可復區畫而不紊；經國之體亦有上下之分，則君子之特典不可遂

與小人爲例，使勞心勞力之淪於無等也，故卿大夫享祭之具，則反豐以五十畝，百姓飽暖之資，則反嗇以二十五畝，賤者之生，不敵貴者之死，而仁政中之裁制可以等別而無憾。先王井地之法大抵如是，唯行之耳。」評謂：「溯其緣起，明其分義，詳其法制，極其權衡。典制題之正則。」

卷七錄其「當堯之時」二節題文：「帝王不暇耕，詳其時事而可知也。夫堯共諸人以治天下，大都皆有八年之造於平水之前，有無已之心於得食之後者也，亦將責以並耕與？今夫有治人之功，則有食於人之報，涌義固然。在聖人且並未念此也，經營宇宙，身心並瘁，耒耜之業豈特分非宜，勢亦無暇耳。君子觀於堯之時，而舜禹稷契諸人共承堯命，以成此大烈，不覺穆然神遊其際，何必遠追神農也。夫唐虞之際，洪水即泛濫，堯爲天子，豈少此數十畝之地未遭浸沒，與二三知己襏襫耘耔其間乎？厲哉，猶令上巢下窟、不自聊生之民，上供天子宰相之一飽也。而堯何弗之念？堯寔憂之也。堯憂而分之舜，舜分之益禹，益開其先而禹繼其後。八年於外，三過不入，而聖人雖有可耕之出，不敢不廢，但泰然坐飽荒年之穀也。嗟乎，若以許行處此，恐其落吾業而徵諸民，則九穀人類之天下，聽爲草木禽獸之天下，何暇爲之焚林驅獸？何暇爲之九河、濟漯、汝漢、淮泗各分江漢之歸也？而萬世之人且魚鱉於神農氏之手，豈非大厲也哉？或以洪水之時，五穀既不登，堯爲聖人，亦重念天下之苦至無田可耕，何得遂據沃壤優游自食其中乎？幸哉，得值地平天成、利用厚生之日，方與天下共此春耕秋斂之勞也。而堯何弗之身親，猶皇皇深憂也。既命稷教民稼，復命契爲司徒，五穀之後復有五倫。父子君臣兄弟夫婦朋友，關係聖人，而聖人雖有知稼之臣，未嘗與從事田畝，且長久玉食萬方也。嗟乎，若以許行處此，饔飧而不知其他，則飽食暖衣之人，聽爲逸居無教之人，何暇爲之立親義信序別？何暇爲之勞來匡直、輔翼自得而且振德也？而使萬世之人盡禽獸於神農氏之教，豈可謂聞道之賢君也哉？」評謂：「或曰長槍大劍，其實細針密縷。」「『堯獨憂之』、『聖人有憂之』，『雖欲耕，得乎』、『而暇耕乎』，本是題中天然對局。文照此作對，運化無跡。筆力驅駕，可以騰天躍淵。」

卷八錄其《孟子》「二老者天下之大老也」題文：「周得二老，非天下之凡老也。夫西伯所養之老皆老也，獨二老乃天下之大老。大老二而已矣，可多得哉？且古今不乏英少之才，而先王獨重老成之士，故先王之於老莫不養也，而亦有異焉。衣帛食肉之老，先王所以教天下之孝而非必其盡有用也。有在鄉之老焉，有在國之老、在朝之老焉，則隨其等而致其尊；有不從力政

之老焉，有不與服戎之老、不與賓客之老焉，則念其衰而休其力。而皆不可以語於天下之大老也。伯夷、太公之歸西伯也，皤皤乎其二老也，是則天下之大老矣。遜國釣濱，二老無室家妻子之奉，初不異文王無告之民，不知其毛裏天下之心，蓄積於東海北海之日而莫可告語者，固非爲一身之飽暖，而深爲族姓之饑寒也，老各有家，而二老合四海爲大家也；咈者荒耄，二老當子姬興廢之會，亦不過商周數十年之人，不知其揣摩天下之變，達觀於興存廢亡之理而莫之或爽者，固上下今古之照，而非趨避一時之識也，老各有年，而二老通往來爲大年也。蓋識練於老，而後觀變知微，非淺薄之腸，養重於老，而後確去確就，無佻達之習，故挾少年之聰明才辨以出入諸侯之國，而操其禍福之權者，莫不互消互長於一時而靡有底定，無如二老之練以重，避則亡裔，而興則明王；然識練於老，而精神血氣之類，或亦隨老以俱怠，養重於老，而豪毅英果之用，或亦隨老以俱減，則非挾大老之天錫天挺以奔走風塵之地，而堅其益壯之概者，莫不苟安遷就於目前而難有遠志，就如二老之神以銳，忽則海濱，而忽則岐西。厥後雖僅壽鷹揚於青齊，而餓孤竹於西山，而周之始王，實在於此。今之諸侯，安可以無大老而王哉？」評謂：「一面寫二老，言下便有孟子在。激昂慷慨，幽離沈郁，寫得毛髮俱動。」

　　卷八錄其「君子所以異於人者」二句題文：「觀於存心，而後見君子之異也。夫君子豈能有以高天下哉？彼所以存其心於萬物之中者，自穆然其不可及矣。今夫俗不可同，世不可合，士不幸生今日而戛戛乎求有以異於人，此亦非聖賢之所戒也。異之云者，天下皆小人而吾君子焉耳，而天下之貴君子而賤小人也亦通情也，誰甘處小人而奉我以君子者哉？其力皆足以相持，其氣皆足以相報，其機智皆足以相乘而鬥捷，其學問意見皆足以相矜相傲而不讓。孰爲君子，而君子者矯矯然居萬物之群，而物莫之亂也。物即能敗君子以名，抗君子以勢，而終莫能勝君子以品也。異哉！是遵何道乎？人倫萬物之間，非萬物逐於邪而君子獨居其正，是非之在今日，其理亦有不可憑者矣，獨恃此隱微痀瘝之地，居天下之所不辨而悠然有以自得者，其人乃自此遠焉；毀譽動靜之際，非萬物處其下而君子常據於上，屈伸之在今日，其故亦有不可知者矣，惟觀其精神意思之寄，圖天下之所不爭而群然有以自重者，其人乃自此高焉。作異之器不沈，則嘐嘐自聖、不可一世之目，正所以佐其詹詹自恕、不欲過求之情，君子有不忍求異、不敢求異之心，而後異行不施於人世者，異性自足於方寸；好異之情不深，則竭愚於較長競短、分寸無益之場

者，翻失其本於追聖軼賢、不容淡漠之地，惟君子眞有不忍不異、不敢不異之心，而後夷猶於不可窺者，乃所以刻勵於不可及。是故當其論之未定，不但循循然無以異於人也。一家非之，一國非之，生斯世，爲斯世者交而排之，以至庸夫俗子或能駕而加乎其上。而君子不以爲意也，以其心閱萬物之變，以其心通萬物之窮。四海之內，千秋而後，聞其烈、奮其風、相與詫而異者，但有斯人在，而向之駕而加君子之上者，已忽不知何往矣。豈不悲哉？」評謂：「虛位能實發，又不侵奪下意。人謂其落想如萬弩齊發，尤當玩其挽強引滿、省括方䃺處。」「實理充，精氣奮，探喉而出，皆聖賢檢身精語。可知凡志士仁人，皆曾於此處痛下功夫。」

卷八錄其「養其大者爲大人」題文：「有大人之體，存乎養而已。夫體之大者，大人之具也，養之斯爲大人，豈可以不考哉？孟子曰：養道之不可不講也，則人品係焉。人未有能自愛者也，而苟能自愛，則其眇而存者非必有以異乎天下之人也，而養已操其勝矣，柰何以小害人、以賤害貴而爲小人耶？百體之在人身也，猶衆人之存天地也；人身之貴大體，亦猶天地之獨貴大人也。養其大者爲大人已。大非能自大也，無以養之，猶渺然者耳，今將肆力焉，極其所能至而莫之敢損也，大無盡，養小無盡，吾目不能窺所未見，耳不能察所未聞，手足不能拮据於所未到，而恃此　物者，遂有以周宇宙而無困匱之思，則變化無方之人也；人本自大也，無以養之，亦遂有漏焉耳，今將保護焉，堅其所有餘而莫之敢放也，大無加，養亦無加，吾情且不能以自定，欲且不能以自足，血氣筋力且不能以自守，而存此一物者，遂有以涉末流而立萬物之防，則範圍無外之人也。是故有得志於時之大人，則所謂養尊而處優也，以天下奉一人，亦何取不多、何用不宏而皇皇乎其大者焉，甚者宵旰以爲勤，夙夜不遑處，人以爲自薄也，而不知危微精一，固已判人禽於方寸之地；有不得志於時之大人，則所謂優游以卒歲也，置一人於天下，亦何飱可素、何位可尸而孳孳乎其大者焉，甚者饑渴不以害，安飽無所求，人以爲不堪也，而不知動心忍性，固已決生死於憂樂之關。蓋惟有人焉養其大，而天下仰以托命，彼小人者始得以安然自豢於冠裳禮樂之中；亦惟有人焉養其大，而天下賴以觀化，彼養小者猶不至蕩然自暴於日用飲食之外。養身者念之，大人豈可不爲哉？」評謂：「養小定失大，養大卻舉小，此義發得圓足。」「作者凡言心性，言忠孝節義、生民疾苦、衰俗頑薄之文，有心者讀之，必自慚自懼，且感且奮。蓋性體清明，語皆心得，故誠能動物如此。」

黎元寬成進士。《欽定四書文》啟禎文卷八錄其《孟子》「耕者之所獲」一節題文。

　　黎元寬，字左嚴，號博菴，南昌人。崇禎元年（1628）進士，歷任兵部主事、兵部郎中，授浙江提學副使，後罷官家居。明亡後，講學以終。有《進賢堂稿》。《欽定四書文》啟禎文卷八錄其《孟子》「耕者之所獲」一節題文：「班祿之制，有特詳於庶人者焉。蓋庶人之欲多，而在官又易以巧法也，差其祿如耕者，斯可謂有制乎？先王之班爵祿也，欲以全上，而亦欲以安下。使天下之人皆得所奉於人上而不復肯爲之下，是使天下無民也，夫無民而孰爲之耕？不耕而祿之所從來者絕，雖皆擬於君卿大夫之養，無益矣，而況於庶人在官者乎？先王曰：天下甚不可無庶人，所以力於耕而爲出祿之本，而公田私田之法於此焉詳；在官又不可無庶人，所以服我事而爲食祿之初，而治人食人之義於此焉昉。此既已不可相無也，而令耕者食必以力，在官者祿過於功，則庶人孰不願爲在官，而又孰肯爲耕者哉？是故事等以差，祿等以差。程其煩簡，如其勤惰焉，有上、中、下及其次之殊；量其多少，如其豐儉焉，有九人、八人、七人、六人、五人之異。若是者非以抑在官者也，以安在官者耳。夫退而可無交遍謫之憂，進而可無行僥倖之罪，此乃所爲安也。在官者服於公事，而私其所入以養其父母妻子，而功亦下逮於庶人；在野者服於公田，而獲其所私以養其父母妻子，而功亦上奉於官。此大略可類也，而耕者之心又安矣。庶人之在官者安，其耕者又安，而後君不敢以玉食之端而僭行威福之事，卿大夫不敢以衎衎飲食之容而冒犯坎坎伐檀之義，而後其祿可得而全也。祿可得而全，而後其爵又可得而持也。故以安下而全上也，此周制之大略可言者矣。」評謂：「章（世純）作從『差』字等而上之，其義大矣，而較疏。此緊從兩項『庶人』上主『安下』說，而後推及其上，其義亦大而較密。局亦如之。」「文筆老潔，有變化而無枝蔓。」

張采成進士。《欽定四書文》啟禎文卷四錄其《論語》「哀公問於有若曰」一章題文。

　　張采（1596～1648），字受先，江蘇太倉人。與同里張溥共學齊名，號「婁東二張」。崇禎元年（1628）成進士，知臨川，摧強扶弱，聲大起。福王時，起禮部主事，進員外郎，乞假去。著有《知畏堂文存》十一卷、《詩存》四卷。《欽定四書文》啟禎文卷四錄其《論語》「哀公問於有若曰」一章題文：「賢

者以王道經國，亦論其常足之理而已。夫徹也者，王者常足之道也，況於年饑乎？則公無徒取二爲矣。且夫苟且之說，聖賢之所不事也。何也？聖賢之治世也，合諸天道，察諸人情，使家國常享焉。即或有小變，而上下不惑，則所守於先王之教爲有本耳。至若周家以農事發祥，於其歲出、歲入之數，已週知其纖悉；且周公以荒政防患，其於益上、益下之序，已豫立其經權。斷未有以不足之道貽其後人者。魯則元公之後也，傳至哀公而衰，年饑乃憂用不足，夫公當思國之不足不自今日始，其端蓋本乎宣之世矣。昔先王非不知履畝可稅，而逆知後之足以病民，故酌之十一以爲中；非不知丘甲可作，而逆計後之足以病國，故監之井田以爲法。此所謂徹也。徹行而耕三餘一，耕九餘三，則下不空乏；兼之匪頒有式，喪祭有經，則上以和寧。有若之爲公策者，豈不識今之二猶不足而爲是緩圖哉？蓋天變於上，而謀一鄉一邑之利者，有司之業也，聖賢處此，則惟有憂勤惕厲，圖其緩急相濟之術，而不徒恃襃救；人困於下，而商一身一家之業者，匹夫之志也，聖賢處此，則惟有窮變通久，推其祖宗相養之意，而不敢云權術。是蓋足則交足，不足則交不足，君與百姓之勢原如此。而非強久弊之國，使之卿士大夫各蠲其祿饟以康兆民；亦非引中材之主，使之吉凶軍賓各從其儉省以答災患。則知先聖人之立政，無時不藉其經紀；而士君子之告君，無事不從其正人也。」評謂：「憂國用，而反告以行徹，有若意中本有君民一體一段實理也。融會上下，有典有則，雖氣息不甚高古，而體裁極爲閒整。」

戊辰會試卷出，傅山一日記誦五十三篇。

傅山《霜紅龕集》卷二十五《家訓‧訓子侄》：「記吾當二十上下時，……戊辰會試卷出，先兄子由先生爲我點定五十三篇，吾與西席馬生較記性，日能多少。馬生亦自負高資，窮日之力，四五篇耳。吾櫛沐畢誦起，至早飯成喚食，則五十三篇上口，不爽一字。馬生驚異，歎服如神。」

本　年

張溥、張采等共結燕台社（又稱燕台十子社）。

陸世儀《復社紀略》卷一：「先生（張溥）以貢入京師，縱觀郊廟群雍之盛，喟然太息曰：『我國家以經義取天下士，垂三百載，學者宜思有以表章微言，潤色鴻業。今公卿不通六藝，後進小生剽耳傭目，幸弋獲於有司。無怪

乎椓人持柄，而折枝舐痔，半出於誦法孔子之徒。無他，《詩》、《書》之道虧而廉恥之途塞也。新天子即位，臨雍講學，丕變斯民。生當其時者，圖仰贊萬一，庶幾尊遺經，砭俗學，俾盛明著作，比隆三代，其在吾黨乎？』乃與燕、趙、衛之賢者為文言志，申要約而後去。」杜登春《社事始末》：「是時婁東張天如先生溥、金沙周介生先生鍾，並以明經貢入國學，而先君子（即杜麟徵）登辛酉賢書，夏彝仲先生允彝亦以戊午鄉薦偕遊燕市，獲締蘭交。目擊醜類倡狂，正緒衰息，慨然結納，計立壇坫。於是先君子與都門王敬哉先生崇簡倡燕台十子之盟，稍稍至二十餘人。宛平米吉士壽都、閩中陳昌箕先生肇曾、吳門楊維斗先生廷樞、徐勿齋先生汧、江右羅文止先生萬藻、艾千子先生南英、章大力先生世純、朱子遜先生健、朱子美先生徽、婁東張受先先生采、吾松宋尚木先生存柟後改名徵璧者皆與焉。」

明思宗崇禎二年己巳（西元 1629 年）

本　年

張溥於尹山（今江蘇吳江）大會同人，是為復社首次盛會。

陸世儀《復社紀略·復社總綱》：「崇禎二年（己巳）：尹山大會。」《明史》卷二八八：「張溥，字天如，太倉人。……與同里張采共學齊名，曰『婁東二張』。……已而采官臨川。溥歸，集郡中名士相與復古學，名其文社曰復社。四年成進士，改庶吉士。以葬親乞假歸，讀書若經生，無間寒暑。四方啖名者爭走其門，盡名為復社。溥亦傾身結納，交遊日廣，聲氣通朝右。所品題甲乙，頗能為榮辱。諸奔走附麗者，輒自矜曰：『吾以嗣東林也。』執政大僚由此惡之。……文聲詣闕言：『風俗之弊，皆原於士子。溥、采為主盟，倡復社，亂天下。』……至十四年，溥已卒，而事猶未竟。」朱彝尊《靜志居詩話》卷二十一《孫淳》：「崇禎之初，嘉魚熊開元宰吳江，進諸生而謀講藝，於時孟樸（孫淳）里居，結吳翻扶九、吳允夏去盈、沈應瑞聖符等肇舉復社。於時雲間有幾社，浙西有聞社，江北有南社，江西有則社，又有歷亭席社，昆陽雲簪社，而吳門別有羽朋社、匡社，武林有讀書社，山左有大社，僉會於吳，統合於復社。復社始於戊辰，成於己巳。其盟書曰：『學不殖將落，毋蹈匪彝，毋讀非聖書，毋違老成人，毋矜厥長，毋以辯言亂政，毋干進喪

乃身。嗣今以往，犯者小用諫，大者擯。僉曰：諾。』是役也，孟樸渡淮、
泗，歷齊、魯以達於京師，賢大夫士必審擇而定衿契，然後進之於社。故天
如之言曰：『忘其身惟取友是急，義不辭難而千里必應，三年之間，若無孟樸，
則其道幾廢。』蓋先後大會者三，復社之名動朝野，孟樸勞居多。」陸世儀
《復社紀略》卷一：「吳江令楚人熊魚山開元，以文章經術爲治，知人下士，
慕天如名，迎至邑館；鉅室吳氏、沈氏諸弟子俱從之遊學。於是爲尹山大會，
苕霅之間，名彥畢至。未幾，臭味翕集，遠自楚之蘄黃，豫之梁宋，上江之
宣城、寧國，浙東之山陰、四明，輪蹄日至。比年而後，秦、晉、閩、廣多
有以文郵致者。是時，江北匡社、中州端社、松江幾社、萊陽邑社、浙東超
社、浙西莊社、黃州質社與江南應社，各分壇坫。天如乃合諸社爲一，而爲
之立規條，定課程。曰：『自世教衰，士子不通經術，但剽耳繪目，幾幸弋獲
於有司。登明堂不能致君，掌郡邑不知澤民，人材日下，吏治日偷，皆由於
此。溥不度德，不量力，期與四方多士共興復古學，將使異日者務爲有用。』
因名曰復社。」

夏允彝等六人創幾社。

杜登春《社事始末》：「戊辰會試，惟受先、勿齋兩公得雋。先君（指杜
麟徵）中副車，與下第諸公還，相訂分任社事，昌明涇陽之學，振起東林之
緒，以上副崇文重道之至意。於是天如、介生，遂有復社《國表》之刻，復
者，興復絕學之意也。先君與彝仲，有幾社六子《會義》之刻，幾者，絕學
有再興之幾，而得知幾其神之意也。兩社對峙，皆起於己巳歲，予以是年生，
生之時，兩郡畢賀，借湯餅會爲東南一大會，社事之有大會，自賀予生始也。
婁東、金沙兩公之意，主於廣大；先君與會稽先生之意，主於簡嚴。惟恐漢、
宋禍苗，以我身親之，故不欲並稱復社，自立一名。諸君子同於公車，訂盟
起事，並駕齊驅，非列棘設藩，各爲門戶也。《國表》初刻，已盡合海內名流，
其書盛行，戊辰房稿，莫之與媲。幾社《會義》止於六子，六子者何？先君
與彝仲兩孝廉主其事，其四人則周勒卣先生立勳、徐闇公先生孚遠、彭燕又
先生賓、陳臥子先生子龍是也。」李延昰《南吳舊話錄》：「幾社非師生不同
社，或指爲此朋黨之漸，苟出而仕宦必覆人家國，陳臥子聞而怒。夏考功曰：
『吾輩以師生有水乳之合，將來立身必能各見淵源。然其人所言譬如挾一良
方，雖極苦，何得不虛懷樂受。』臥子曰：『兄言是。』乃邀爲上客。」據謝

國槙《明清之際黨社運動考・幾社始末》云:「那時創辦幾社的還有李雯,因為他後來投降到清廷,所以杜登春《社事始末》沒有把李雯列入。」

明思宗崇禎三年庚午（西元 1630 年）

八 月

應天鄉試,章惇中第四名。

李調元《制義科瑣記》卷三《不可坐閱》:「崇禎庚午,應天鄉試主司姜燕及先生,得章惇卷,讀至『其人本來如是,所謂直也』,悚然曰:『此卷不可坐閱。』遂端立誦之。置第四名。」

張溥因鄉試之便,在南京召開復社金陵大會。

復社士子中舉人者頗多。陸世儀《復社紀略》卷二:「崇禎庚午鄉試,諸賓興者咸集,天如又為金陵大會。是科主裁為江右姜居之曰廣。榜發,解元為楊廷樞,而張溥、吳偉業皆魁選,陳子龍、吳昌時俱入彀,其他省社中列薦者復數十餘人。」

楊廷樞中舉。其制義選本頗為流行。

楊廷樞（?～1647）,字維斗,長洲（今蘇州）人。崇禎三年（1630）舉江南鄉試第一。為諸生即以理學氣節自命,與婁東張溥、金沙周鑣、同邑錢禧輩組建復社,聲名藉甚。南京陷,廷樞退隱鄧尉山中,為清吏所執,不屈而死。明末江南諸社名士,如周鍾、張溥、陳子龍、徐孚遠等,選文俱行天下,楊廷樞亦善選文,嘗與錢禧合選《同文錄》,又自著有《楊維斗稿》。梁章鉅《制義叢話》卷七:「俞桐川曰:楊維斗於庚午薦賢書,館閣爭致之門下,雖終不遇,而名藉甚。為文直追守溪,唐、瞿以下蔑如也。嘗偕錢吉士選《同文錄》,一代風氣皆其論定。吉士死於兵,維斗亦相繼而沒,可謂上不負君、下不負友者矣。」「陳六宸廷訓曰:楊維斗『學而時習之』文云:『學有或失則多者,此廣佟泛涉以為多也,夫弟子之誼而有成人之規,象數之陳而有精義之入,習之者不移其途,而所習則已進乎其解矣,故時而習之則多,而非鶩博之謂矣。學有或失則寡者,此因陋就簡以為寡者也,夫百行之美而存乎

一行之徵，萬物之義而視乎一物之格，所習者不改其故，而習之者則已變乎其說矣，故時以習之則寡，而非無聞之謂矣。』此爲學字眞諦，抉經之心，卻又清空如話，幽討極至，眞當與大士、文止割據三分。」

《欽定四書文》啟禎文卷九錄楊廷樞《孟子》「桃應問曰」一章題文。

文謂：「觀大賢及門人之問答，而得爲人臣子之則焉。夫君父縱有難處之事，而臣子終有不易之理，故設問於舜與皋陶以立天下萬世之準與？且規矩爲方員之至，而聖人爲人倫之至者，何也？方員至變而不出乎至常，規矩至難而不越乎至易。聖賢之道亦有規矩焉，不過天理人情之至而已。天理失而入人情，人情失而入權術，以權術救時勢之窮，而時勢又出權術之外，則權術之窮也更甚，是不若因其不易之理而可得不窮之法，此桃應所爲設難以問也。以爲舜爲天子，而其臣有皋陶者爲之士，值有瞽瞍殺人之事，爲皋陶者則如之何，執法則妨君，議貴則妨法，此亦爲臣甚難處之事也，孟子曰無難也，臣之所知者君而已矣，臣惟一君，君惟一法，所事者君，則所守者法，微獨皋不得私，即舜亦不得禁也，充此義也，法爲重則情爲輕，豈復有擬議斟酌於其間哉？然皋方執瞍，而以子若舜者爲天子，又不得禁其臣之執，爲舜者則如之何，廢法既不可，庇親又不能，此亦爲子甚難處之事也，孟子曰無難也，子之所知者父而已矣，子可無天下，不可無父，所全者父，則所失者天下，微獨棄之甚易，即終身棄之亦易也，充此義也，親爲重則位爲輕，豈復有徘徊濡忍於其際哉？蓋天下之事不論常變而但判理欲，理者，事之一定者也，臣自行臣之事，子自行子之事，雖當大變而不失其大常；聖賢之心不計難易而但辨公私，公者，念之最初者也，百慮未萌而人咸知有君父，百爲未起而人咸知有忠孝，雖遇至難而不過應之以極易。此可見天下惟天理人情之至，可以徑直而自行，而左瞻右顧、牽制弗決者，皆人欲之私害之也。蓋聖賢辨義之精微如此。」評謂：「理醇法老，質色皓然，輝光日新。」

明思宗崇禎四年辛未（西元 1631 年）

二 月

崇禎辛未會試京省舉子公呈三事。

陳龍正《幾亭全書》卷二十九《崇禎辛未會試京省舉子公呈》：「爲懇祈體恤士情，修復舊規，以免顛越，以速領卷，以便命題事。壬戌以前，大開方門，上下相安。乙丑、戊辰，增柵嚴閉，競相蹂躪，至有碎首隕命者。上人聞此，寧不痛心！又因填擠，不得魚貫而入，發卷唱名，大半不到。逾時自前，呼名求卷，錯綜簡付，曷刻耽延。辰巳猶不閉門，日中方得題紙，士子固爲挫氣，當事亦覺疲神。法窮則通，時極而轉。竊謂：一、宜復照舊規，勿閉方門，聽舉子隨時徑入。既無攔阻，各自心安。苟非將點之期，何苦妄自攪越？二、宜嚴緝閒人。柵內空地，除正門、甬道外，左長二十六七丈，深十一二丈，右長三十一二丈，深十二三丈，約共容四千餘人。除軍皀各役站立，並中出水路外，尚可容二三千人。聽舉子坐立有餘，聽僮僕紛紜不足。令舉子進柵時，親自持籃，不許一人隨入。儻有假戴儒巾者，面目意思，及周身衣飾，自然可辨。預立禁約，一入之後，不許復出。點名既畢，此係何人，三尺森然，不寒而慄。又各官跟隨員役，先期派定，出示某官隨從幾名，各給腰牌照驗，以杜送考者假冒官役之弊。則閒雜人莫敢混入，而士子亦必奉法自愛矣。三、宜於空閒日期，差官看守柵內，不許緣牆一毫垢污，使士子臨入之夜，苦於坐立無地，犯者重懲。三法並行，填擠必免，人無惶怖，官有餘清。雖曰一事之處分，實爲救時之經濟。慈祥遍乎士類，體恤徹於海隅。聖主時聞，天顏必喜。」

本科會試題。

本科會試題有《論語》：「君子易事而難說也：說之不以道，不說也；及其使人也，器之。」《中庸》：「德爲聖人，尊爲天子，富有四海之內。」《孟子》：「心之官則思。思則得之，不思則不得也。」

吳偉業為辛未科會元。

陸世儀《復社紀略》卷二：「明年辛未（崇禎四年）會試，（吳）偉業中會元，（張）溥與夏日瑚又聯第。江西楊以任、武進馬世奇、盛德、長洲管正傳、閩中周之夔、粵東劉士斗並中式，主試爲周延儒首相也。舊例，會試主裁元老以閣務爲重，應屬次輔，乃周以越例得之，大非次輔溫體仁意，是以會元幾詿吏議。蓋延儒諸生時，遊學四方，曾過婁東，與偉業之父禹玉相善，而偉業本房師乃南昌李明睿，李昔年亦遊吳，館於邑紳大司馬王在晉家，曾

與禹玉相善。是科延儒欲收羅名宿，密囑諸分房於呈卷前，取中式封號竊相窺視，明睿頭卷即偉業也。延儒喜其爲禹玉之子，遂欲中式。明睿亦知爲舊交之子，大喜悅，取卷懷之，塡榜時至末而後出以壓卷，偉業由此得冠多士。爲烏程之党薛國觀泄其事於朝，御史袁鯨將具疏參論。延儒因以會元卷進呈御覽，烈皇帝親閱之，首書『正大博雅，足式詭靡』八字，而後人言始息。」顧師軾《梅村先生年譜》：「舉會試第一名。座主：內閣周延儒，宜興人；內閣何如寵，桐城人。房師李明睿，江西南昌人，天啓壬戌進十。」梁章鉅《制義叢話》卷十二：｜《四勿齋隨筆》云：崇禎辛未，太倉吳梅村偉業舉禮闈第一，時枋國者爲烏程溫體仁、宜興周延儒，吳爲宜興門下士，烏程嫉之，以蜚語上聞，適有內臣從宜興案頭取吳七藝直呈御覽，懷宗喜之，朱批八字云：『昌宏博大，足式詭靡。』外論始息，故梅村文稿名《式靡篇》云。」李調元《制義科瑣記》卷三《酒芝》：「江右李太虛（明睿）爲諸生時，嗜酒落拓而家甚貧。太倉王司馬岵壇備兵九江，校士列郡，拔太虛第一，引至婁東本籍，使其子受業焉。時王氏兩長子已受業同里吳蘊玉先生。蘊玉，梅村先生父也。太虛至，遂教其第四五諸郎。兩人共晨夕甚歡，梅村甫髫齡，亦隨課王氏塾中。李奇其文，卜爲異日偉器。歲將闌，土家具宴請兩師，酒半，出所藏玉厄侑酒，李醉，揮而碎之。王氏子面加誚讓，李亦盛氣不相下。席罷後謂吳曰：『我安可復留此！』遂拂衣去。吳知其不能行也，翌日早起追於城闉，出館俸十金爲贈，乃附賈舶歸。然所贈資大半耗於酒，及抵家，垂橐蕭然，急呼婦治具，婦曰：『吾絕糧已久矣，安所得宿？憶君去後猶存酒一甕，請君軟飽，可乎？』婦往鄰家借薪，李發甕，甕內產一芝如盤，紫光煜煜，喜且愕曰：『此瑞徵也！』挹之清冽異常，乃泛白獨斟。婦歸，甕已罄矣。是秋，登鄉薦。明年，成進士，入詞館。數載後，以典試復命，過吳門，王氏子謁於舟次，李極詢吳蘊玉近狀。是時，吳梅村亦登賢書，因購吳行卷，攜以北上，爲延譽京師。辛未，梅村遂爲太虛所薦，登南宮第一，及第第二人，年僅弱冠。蘊玉先生享榮養者三十年，可爲疏財敦友之報。而王氏子，自司馬沒後，家漸替矣。」

三　月

陳于泰、吳偉業（1609～1671）、夏曰瑚等三百四十九人進士及第、出身有差。

《崇禎實錄》卷四：崇禎四年三月，「己丑，賜進士陳于泰等三百人及第、出身有差。」談遷《棗林雜俎・聖集》：「辛未狀元宜興陳于泰，爲首輔周延儒表弟。故事，會元策另封。有二錦衣官問知太倉吳偉業另封矣。閣擬于泰、偉業及夏曰瑚第一甲，上如之。御前拆封，首輔高聲曰：『第一甲第一名陳于泰，常州宜興縣人。』不覺汗出浹背。幸上不問。偉業謁周，周曰：『吾以當國，而拔宜興人狀元，天下其謂我何？』又語于泰曰：『事有不辨而自明，有辨之而後明。今吾弟首臚，雖辨之，誰爲明我者？』先是，周買陳氏宗人宅，毀其家廟，陳氏攻之，實非有私也。于泰倨誕，亦不執師弟禮。」歸莊《歸莊集》卷十《隨筆二十四則》：「辛未狀元爲陳于泰，世皆疑宜興周相公私其邑子，其實不然。蓋周與陳，雖同縣至親，而殊不相得。周嘗買一故家之宅，祠堂在內，亦遷出之。陳時猶爲諸生，率宮牆之士攻之。陳之父素無賴，里中有陳四倭子之號。會試發榜，周見陳姓名，愕曰：『陳四倭子之兒亦中耶！』及廷試，例一甲三名於御前拆，第一名則首相親拆。周宜興拆訖，第一甲第一人陳于泰，直隸宜興人，周汗出浹背。雖主眷方隆，未嘗致疑，而士林則竊議之，周亦不能自白。有鄉人蔣某官，與周臭味不同，而知其事獨詳，卻力爲白之吳司成云。」談遷《國榷》卷九十一：「三月乙亥朔，己丑，策貢士吳偉業等三百人於建極殿，賜陳于泰、吳偉業、夏曰瑚等進士及第、出身有差。」談遷《棗林雜俎・聖集》：「崇禎辛未狀元陳于泰策，『陽陽』誤『易易』。榜眼吳偉業策，唐之『彍騎』誤彍，上俱手改。」梁章鉅《制義叢話》卷六：「阮吾山曰：夏塗山曰瑚幼爲名諸生，一日夜歸，遇縣尹孫肇興於道，左右以夜行執之，不跪，對以會文歸遲，遂以草呈，孫於馬上讀之，不數行，大驚曰：『即發矣，即發矣！以此取科名如拾芥耳。』因叩其居，不遠，遂就書几更爲指點，且曰：『如此破法不得元。』索筆爲易一破而去。是秋孫爲同考官，得塗山卷，欲元之，主者置第二。此天啓丁卯也，至辛未遂中探花。」

楊以任、左懋第中進士。

梁章鉅《制義叢話》卷七：「俞桐川曰：昔艾千子與章大力、陳大士樹幟豫章，吳中忌之，爲駁四家文以解二公不悅，故四家之交合而不終。楊維節以任與五雋爲友，四雋死，維節哭泣不已，建祠購田，由是淡於仕宦，與二公相去遠甚。蓋大力、大士以氣勝，氣久則衰；維節以情勝，情久則固。三

人交誼已見於文。余觀維節全稿，纏綿切摯，君臣父子間三致意焉，然則不求進取，尚當別有所見，豈僅爲九原數友哉？」「徐存菴曰：『爲政以德，則無爲而天下歸之。』玩一『則』字，是『無爲』二字形容居所，非講德也，故程注加個『然後』二字。後之作者，祇因紫陽添加『不見有爲之跡』一句，遂錯將無爲認作說德矣。楊維節破承云：『政有自然之勢，問之主德而已。蓋爲政者之如辰居星拱也，其自然之勢矣。顧不以德，而可恃其如是耶？』如此代注疏方是。」「閻百詩曰：《集注》以法語、巽言作對，而正文與字之神不出，惟左蘀石懋弟文云：『言也者，所以匡救人也。人之流於失者或有萬端，而我之匡救之者止持一法，則其勢必窮，於是法語之言不得不巽以與言之，而言者之心亦大非獲已矣。』還出正文與字，於理始足。」

楊以任以舉業名。《欽定四書文》啟禎文錄其制義八篇。

啟禎文卷一錄其《大學》「爲人臣止於敬」題文二篇，其一謂：「稽臣道於周聖，得其至矣。蓋君一而已，可不敬歟？止於敬者，是惟文王焉。且千古人臣之分，敬而已矣。敬生於分，而儻不定於心，縱節以常凜，未免貞爲變移。惟不移於易移之時者，至矣。敬止之文，又見其爲人臣矣。夫溯生民所以立君之初，尋今古疊相君臣之已事，文王不應爲人臣，人小應無能臣文王者，而況在有商之季哉？天與人之說，此日皆足移忠良之意；昏與明之故，往者亦徒留聖哲之慚。然而止敬之心不謂是也。但處覆載之中，何事非君；共是冠履之域，何日非臣？故高其節以悟之，亦見主有可攜者也，夫天下無不可事之君者，文王也，廟堂之上，依然天聰天明之君父，道在服事，服事之而已矣；即堅其義以從之，猶見臣得而主失也，夫爲臣而日見不足者，文王也，西服之間，猶是日宣日嚴之臣子，心在祇承，祇承之而已矣。當其時，其進有攖鱗之辜，而敬之純者，必不以一臣易一君，故主之霽威不敢知，而明夷蒙難之時，猶起而歌聖明者，非不爲一身解罪也，吾君原無過誅耳；其退有如爇之訴，而敬之至者，必不以千萬人易一人，故民之離合不敢問，而有二傾心之日，猶挽以歸服事者，非不爲萬姓去仇也，吾君原自可后耳。嗚呼！此文王之所以爲『文』也，此文王之所以爲臣也。天植其性，義尊於身，五十載不退之貞心，千百年獨立之臣極。嗚呼，至矣！」評謂：「不涉一淺近鄙陋之語，以簡煉見其矜貴，可謂鏘鏘振金玉。」「『臣罪當誅』、『天王聖明』二語，程朱皆不以爲然。而藉以詁此題，則義亦可通，且措語亦尚有斟酌。」

其二謂：「觀於周聖，而知無可不敬之臣也。蓋臣之爲道，以一敬相終始，文王亦終見其爲人臣而已矣。今夫至善之理，具於君臣，君不足主乎其臣，而臣之自靖者難矣。顧上下非以云報也，則昏明仁暴之說宜不至於其間，而敬之爲道，蓋與臣終始焉。不觀之文王乎？西土五十年之君，固商家之老臣也。當日臣子之故，共微、箕而遭之。彼可告無罪於先王，此不可辭昭融於上帝。即使易成湯而居之，堂廉不足持天人之故，率典亦或當時數之推。其不得爲微、箕，而又決不欲爲湯也，而敬倍難矣，然而其敬竟止矣。隱其敬而奉之君，維彼嚴主亦霽顏焉，夫文也，惟一人之戴在心，柔而貞之，以將其所不容已，羑里有生臣，庶不重吾君斁賢之謗；博其敬而萃之君，維彼湯孫無西顧焉，夫文也，若天子之光在上，旬而宣之，以儌其不敢不然，江漢有良臣，亦半淡王室如燬之災。夫人願忠之氣，忌於多臣之口，亦不能不衰，而文第如故也，寧不盡解於聖明，不敢自調於群小，人皆有君，而我獨任之止敬者，所不計也；夫人裴君之思，疑於非臣之際，亦不能不懈，而文固無改也，以此身付一人，即以此心謝天下，我自有君，而自敬之敬止者，又何知焉？爲臣不易，彼微、箕尚爲其易，而文王獨當其難；天王明聖，覺成湯尚多一慚，而文王於焉無憾。故曰止也。」評謂：「於文明柔順之旨，能探其蘊而發其光。靜穆深微，亦復鏗鏘雅練，與首作皆不可棄。」

卷二錄其《論語》「君使臣以禮」二句題文：「論所以事、使，而君臣之道在天下矣。蓋事、使者，分也，而道行之矣。君以禮，臣以忠，顧不盛與？孔子對曰：人主建人倫之極，則事、使其大端矣。夫天下之樂得其君父，猶一人之樂有其臣子也，則莫不有道焉以行乎其間。臣觀有道之世，其君穆穆而正南面之事；其臣師師而進拜稽之忱。使之事之，非以爲文也，於此識朝廷之有人；且使之事之，非相視而不相知也，於此見臣主之同量。然則何以使臣以禮而已矣？何以事君以忠而已矣？想爲人君者，經綸天下之本，畢取於因性之儀，則自納身軌物以來，無日不喜與一二臣工守此秩敘。及其使臣也，願忠於我者，固於溫文晉接中有其一德，即不然，而因人董戒，要皆教天下以廉恥之事。故挾器而至，可以使之不爭；挾詐而至，又有以使之自媿。蓋不齊者，人之才與情也；不必齊者，使也。而所以使者，則禮焉矣。想爲人臣者，胥匡天下之志，止用此幽獨之中，則自宅心誠正以來，無念不樂與明明我后共此德業。當其事君也，有禮於我者，固於拜手稽首間慶其一心，即不然，而天王明聖，原無解於義命之先。是故一人垂拱，而事之不敢恃；

具曰予聖，而事之深可思。蓋不一者，時之昇與降也；不能一者，事也。而所以事者，則忠焉矣。惟後世以禮爲一家之事，公卿大夫雖亦入而受其等，然其禮顧以爲臣耳，顧以爲臣，故時勸時衰，夫禮豈一日之具也？惟後世以忠爲不幸之名，愚智忠良隨時而取其便，是其忠亦從事君始有耳，從事君始有，故時作時止，夫忠豈一日之故也？然則使臣者之聰明才力，不必盡賢於臣下也，有禮焉，而我不窮於用；然則事君者之志氣才術，不必致惜於不知己也，有忠焉，而臣克有其終。此有道之君臣也，猗歟盛哉！公其加意焉。」評謂：「好逞其駁雜，陳言安得不多？作者獨主於謹潔，理雖未極，已能於眾中傑出也。」

卷三錄其《論語》「富與貴」一章題文：「君子有常心，觀於富貴貧賤之外也。夫境則何常之有，必於富貴貧賤之爲見者，將有不可必者矣，故君子以仁存心焉。今夫人品之成也，有其千古；而人心之無以自必也，或不能有其一息矣。吾是以重言仁也，以爲約樂久暫之有其至焉爾。乃吾概觀天下之人，欲惡之想，易動而難靜，則爲指一富貴貧賤之途，而天下之有情者聚之矣；欲惡之見，愈明則愈巧，則爲擬一富貴貧賤之道，而天下之有心者又爭之矣。故夫人之以道處富貴，無以異夫不以道處富貴者也；夫人之以非道辭貧賤，未必不甚於以道而猶怨貧賤者也。難成者名，難必者心也。大丁古之名爲君子者，非即無違仁於終食之間者哉？君子曰勳華非吾所自有，而日往月來之際，豈其顧爲外牽；榮枯亦會有盡時，而物遷境變之遭，必將有以自主。人生獨富貴乎？人生而不富貴也。獨貧賤乎？當夫造次顛沛之來也：富貴之人有貧賤之不如者矣，君子守吾之常而已矣，一瓢一簞者，無時不恬然於其際；且貧賤之人有貧賤之不得者矣，君子行吾之素而已矣，成仁成義者，有時順受於其間。蓋於終食之間，時設造次顛沛之象，以自守其純氣；更不於終食之間，多生一富貴貧賤之見，以中亂其性靈。故君子而富貴者有矣，唐虞夏商之際有傳人焉，夫亦富貴以行仁耳，必不徒處以道之富貴，故亦必不處不以道之富貴；君子而貧賤者多矣，詩書禮樂之內有傳人焉，夫亦即仁是道耳，先有以忘道，故並有以忘貧賤之非道。此常心也，所爲一息而名千古者歟？嗟夫，天下貧賤者止知有可惡之貧賤，而富貴者又止知富貴之可欲也而戀戀守之，亦曾思造次顛沛隨其後哉？吾知其心之與存者蓋無幾矣。」評謂：「打疊題理，歸於一線。承接變換，無跡可尋，極鎔冶之妙。此章工夫一層深一層。首節爲初入手大端，終食不違則無時非仁，造次顛沛則又無處而非仁也。《注》云『存養之功密，則其取舍之分益

明』，蓋言至此則審富貴、安貧賤之粗節愈不足道矣，非以取舍之分明爲細密工夫也。文粘定首節立論，而於『造次』二句更似說成借此以破卻富貴貧賤之見者，於題理未能逐一分曉。」

卷四錄其《論語》「子貢問政」一章題文：「係政於民，而不得已之時乃可爲也。蓋使兵食足而民信之，又何求焉？然不極之不得已，安得得已之時而爲之？夫子斷其辭於『無信不立』也，旨深哉！且爲政者，要在察時勢之緩急，而謹執其可復之意。是故民不知信，不可與同處於安；民不知信，不可與同處於危。子貢問政，子曰：王者之政，始於民之相足，而成於民之相愛；王政之及民，其粗在於兵農，而其精乃在孝弟廉恥之際。是故上與下相足也，上與下相信也，上與下可相爲死也。足食足兵，民信之矣，豈不休哉？顧此民也，足非旦夕之可足，而信亦非旦夕之可信也。造物蓄息數十年，而我之經綸與之會耳，不然，生我喪亂之餘，寧以『不得已』聽民乎？古者天不畀純，猶偕百姓爲存亡者，豈無道而處此？祖宗休養數十年，而我之經綸可一新耳，不然，置我否閉之所，寧以『不得已』之民歸君乎？古者倉卒受命，遂許吾君以馳驅者，豈無道而處此？蓋有餘、不足，非天下之公患也，患在爲之不以漸而治之亡其本。所謂治之有本者何也？天下無生財之道，去其害財者而已矣，天下無盡民之道，去其害民者而已矣，危急之際，猶有禮焉；所謂爲之以漸者何也？不汲汲於足兵，而兵乃可議也，不汲汲於足食，而食乃可議也，堅忍之餘，猶有權焉。是故數戰則民疲，備分則國疲，凡此皆『去兵』之說也，權於三者，而曰『去兵』，所以全其力，力全則天下所不得而弱也；是故士大夫眾則國貧，工商眾則國貧，凡此皆『去食』之說也，權於二者，而曰『去食』，所以凝其志，志凝則天下所不得而削也。政猶可及爲歟？所以聖賢舉事，雖萬難措手，而必不以無可奈何之說輕於一擲；雖小信不用，而亦斷不以衰世苟且之法與之漫嘗。凡以爲民云耳，然而智計之士，談及去兵、去食而色變者何也？生死之說亂其中也。夫子斷其辭曰：『自古皆有死，民無信不立。』明乎此，夫然後可以足兵，可以去兵，可以足食，可以去食，而政無不可爲矣。是所爲察時勢之緩急而謹執其可復之意者歟？」評謂：「著意全在『民信』與後二節。《自記》云：『從來知足食、足兵爲經濟，不知去兵、去食爲經濟。』通首結撰，皆本於此，而紀律不及金作之完密。」

卷四錄其「足食足兵民信之矣」題文：「聖人論政備王者之所以與民焉。

蓋政以為民而已，兵食足矣，上下信矣，王者之政不備歟？夫子以告子貢曰：民者，政之所自生，善為政者，使其民可與靜，可與動，而不可與疑。故從來有事典焉，有政典焉，有教典焉，於政見分者，皆先王於民見其合者也。蓋先王無自私之意，重家國者以厚蒼生，夫非一念之故矣，而豈虛持乎仁義以美其名；凡民各有自安之情，大道為公者貨力不私，夫又非一旦之故矣，而豈苟且於兵農以弱其實。則食不可不議足也，兵不可不議足也。民窮易於為非，而國貧亦無以待倉卒之變，鰓鰓然計所以足之，底慎於上，九式節歟，開導於下，九職任歟，以富邦國，以生萬民，政在斯耳；兵觀則人不靜，兵無震則戎心又因之以生，鰓鰓然計所以足之，出車於牧，吾卿大夫其可歟，建旄設旐，吾農其可歟，以平邦國，以均萬民，政在此耳。夫天下不可使求為利也，使不信之民皆惡其貧賤而思去之，天下之亂乃起矣，烏在議食而遂已哉？顧王者之世，凡所為教以祀禮而民不苟、教以陰禮而民不怨者，原並行於貴粟重農之時，特禮義之生不於富足或不見耳；夫武事不可以明民也，使不信之民皆負其血氣而思逞焉，天下又以多事矣，烏在議兵而遂已哉？顧王者之世，凡所為教中而民不疏、教恤而民不怠者，原不後於搜苗獮狩之事，特信義之習因盛強而彌彰耳。惟王之政，顯於民之相足而藏於民之相愛；惟王政之及民，其粗在兵農之間而其精乃在於孝弟廉恥之際。然則民不可以不議信也，而起而視之，足食足兵，民信之矣，政不備於斯歟？每尋思夫曾孫之茨梁、征夫之日月，將關雎麟趾之心一一成其象矣，《周官》而載以精意，恍然見文武之政焉；每追念夫履畝之稅、丘甲之作，雖號為禮教信義之國亦無以自振也，君相而欺其庶民，愀然於周公之衰焉。吾何以語子為政哉？」評謂：「以此『民信之矣』急承上句，不得中間更有『教化』在。此文最為分明。」「融會經籍，施之各當其宜，如此方謂之騁能而化。」

　　卷五錄其《論語》「隱居以求其志」二句題文：「至善之學，聖人追味其所以出、處焉。蓋以其善善天下者，吾志也，隱居求之、行義達之，是何學歟？今夫人各有志，無所慕而為善，無所畏而不為不善，斯亦足以獨行矣。然而天下之善不善無終窮也，則吾身之善寧有底也？吾又追味夫隱居、行義之中有人焉，蓋以求其志而達其道云。當其隱居也，為善去惡之身，有所求之矣。是故所周旋者淡然家人之事，正此淡漠相接也，親親、長長之天下宛入吾懷，愛我者獎我以富貴也，烏知丈夫之志哉，體萬物於入孝出弟，蓋明發有懷以始之矣；所酬錯者熙然小人之事，正此熙攘與對也，歌有成、樂無

知之古今愀然在目,彼知我者娛我以貴不如賤、富不如貧也,烏盡丈夫之志之求哉,推一介於千駟萬鍾,蓋天地神鬼以凜之矣。由是天下有道,可以行義於天下矣,天下之善吾得而進之,天下之不善吾得而退之,其事爲明良之符;即天下無道,亦必思行義於天下矣,吾豈若使吾君爲至善之君哉,吾豈若使吾民爲至善之民哉,其事爲否泰之轉。然而天下之行者,未必義也;所以達者,未必其道也。三代以上,義與天道相權;三代而下,義與人倫相守。有必行之義矣,完必行之義,即完可達之道,聖賢第以無憾於其志;有必不可行之義矣,守不可行之義,無傷可達之道,聖賢要亦藏用於所求。吾由善善惡惡者,進而追味焉。有是哉!隱居以求其志,行義以達其道也,夫非至善之學歟?」評謂:「扼要在『求志』二股。平淡中精深廣大,『道』字體用畢該,故後來祇須『達之』而足也。『行義』兼窮、達兩層,義乃完備。作者得肩隨陳(際泰)、章(世純),賴有此等合作。」

卷八錄其《孟子》「聖人人倫之至也」題文:「惟聖盡倫,是在至之者矣。夫人倫之事,聖人自爲之,而天下後世且以爲爲我爲之也,蓋有其至也。倫而可不至哉?今夫人而不期其所至,則亦何不可苟焉;倫類間泛泛而相值,亦儘有宴安之可懷。夫亦自命爲人者也,雖然,人倫之際不如此而遂已也。尋旨於親義序別,非勞我於無故之中;充類於作述明良,可觀我生以後之事。有聖人焉,則人倫之至也。夫人之倫也,顧安容聖哉?聖父聖子聖君聖臣,亦當年不欲居之名;然人父人君人子人臣,即一日有必止之善。嘗就聖人而思之,別無聖人之於天道也,而止有聖人之於人倫;嘗合天下於聖人而思之,聖人以爲性也,而天下以爲教。是故一家是究者,匹夫之近事,聖人者邇可遠也;一至自命者,豪傑之奇情,聖人者庸之謹也。然而庸與奇皆聖才之所周也,而非聖性之所存,夫有至性焉,不治倫物而治吾身,敬以敕典,誠乃有物,守其原而莫測其所至也,於是無故而可享而遂庸之,不幸而見能而遂奇之,夫庸奇者,倫中幸、不幸之數也,而窺聖性之至者於此矣;然而近與遠皆聖度之所包也,而非聖性之所篤,夫有至性焉,不敦品類而敦一身,窮人非四海可贖,赤子即大人之全,事其本而皆有以底至也,於是隱其橫塞而以爲近,見其經綸而以爲遠,夫遠近者,倫中隱、見之跡也,而觀聖性之至者於此矣。想夫明發昧爽之不寧,萬不得已而不欲同家人之嘻嘻,而遂以其不可縱、不可極者遷吾歲月,其於倫也無所苟而已;想夫在宮在廟之無斁,若不可已而同勞人之旦旦,而還以其質諸鬼、質諸神者勉其紀綱,其於倫也

以自爲而已。唯有聖人之自爲，而造物若以典禮敦庸備使之有憂，而人人目中各載一聖人；唯有聖人之自爲，而遂使人世拜起坐立不以爲無故，而人人意中各不忘夫聖人。聖人不自爲至也，而天下後世皆曰其至矣乎。嗟乎！人倫而可有至有不至哉？」評謂：「人皆知從『至』處映起宜『法』，文卻從『法』處看出聖人之『至』。微渺之思，靈曠之筆，足以輔其名理。傑作也。」

沈幾成進士。《欽定四書文》啓禎文卷九錄其《孟子》「有布縷之征」一節題文。

沈幾，長洲（今蘇州）人，崇禎四年進士。《欽定四書文》啓禎文卷九錄其《孟子》「有布縷之征」一節題文：「善用賦法者，不恃法以敝民也。夫即此常征耳，無以緩之，足以離、殍吾民而有餘矣，豈獨橫征能病民哉？且夫平心而商民隱，即忍主未有不瞿然念者也。乃經制一定，上有所據而必遵，下有所沿而必守，不復相憐念者，乃在征求有藝之日矣。然則人主日行困民之事而恬不及覺，則常法爲之乎？吾以爲上有求於民，皆非所應得者也。奪其吝不肯與之情而迫索之，違其苦不及副之勢而額收之，先王諱其不堪，而隱動人以深思，概名之曰『征』。而若布縷，若粟米，若力役，先王之法，正以謂之『征』而心愈傷；乃後世之權，轉以謂之『征』而威愈立，蓋法成而民無如何矣。不有深於民情之君子乎？第曰吾所以不得不時取其一者，用故也，使其一可已，亦已之矣；第曰吾所以不得不稍待其二者，用故也，使其二可捐，並捐之矣。當其時，惟君子見爲用，而小民猶指爲征；惟君子見爲緩，而小民猶憚其急。無他，且夕息肩，無敢享安飽、圖逸樂，僅堪保全餘生、完聚其家人父子已耳，用二焉而殍民立見矣，用三焉而離民立見矣。夫民也，財力皆願自效，拮据亦所不辭，盡三而征之，詎敢言怨。所最苦者既已殍且離矣，有司課民而不應，罪反在民；司農課吏而不應，責又在吏。朝廷以爲此故額也，官府皆曰此故額也；指饑寒爲不謀朝夕之愚夫，坐流亡爲不事生業之遊手，竟孰悉其故而傷其痛者哉？由是觀之，緩不緩之際亦危矣。在君子軫恤爲懷，必更有廣生息以厚之，躬節儉以餘之，豈沾沾『用』與『緩』之間而已。即第自爲輸將計也，亦愼毋驅而散之，以自絕其征求之路爲也。」評謂：「題祇謂應於常征之中寓矜恤之意耳。先王取民以足國用，自有一定之節度。在文未能於本原處立論，家數亦小。而深痛之語，足以警發人心。」

尹其逢成進士。《欽定四書文》啟禎文卷九錄其《孟子》「食之以時」
二句題文。

尹奇逢，湖北嘉魚人，崇禎四年（1731）進士。《欽定四書文》啓禎文卷
九錄其《孟子》「食之以時」二句題文：「有以謹民之食、用，使民不侈於富
也。蓋處富之民必多侈，以時以禮，是以王者瑣屑計之也。嘗論貧國之民，
雖多欲無妨也，無財不可以爲悅，百姓每自爲算；富國之民，雖少欲易開也，
侈於財之所易爲，朝廷因代爲計。何也？小民每慣於貪天，以豐凶不可知之
數，取今歲之康年比以爲例，則今歲之食用，不難罄今歲之藏以快其志，有
問以來歲者，則又謂『將受厥明』矣；小人每愚於效人，以貧富不可齊之等，
取豪華之鉅族規以爲額，則一身之食用，不難罄數世之蓄以大其觀，有謀以
久遠者，則輒謂『恥不逮及』矣。是以王者有深慮焉，躬行節儉以布告天下，
曰食之以時、用之以禮。食亦未可盡廢也，婚姻戚故，何人無洽比之情，惟
定以時，而歲時伏臘，節有常期，未嘗禁人以食也，計日之長而預爲之量焉
耳，且小民亦非盡無愛養撙節之意，今得借王者崇儉之美名，以寬其鄙吝不
堪之誚，亦私計所甚便者，所謂因其勢而利導也；用亦未可盡廢也，比閭族
黨，何日無往來之事，惟定以禮，而喪祭冠婚，制有定式，未嘗禁人以用也，
慮物之窮而陰爲之限焉耳，且小民亦非盡無物力耗竭之慮，今得借王者奢靡
之大禁，以飾其儉嗇無文之陋，亦眾情所共安者，是以下其令如流水也。即
間有奢侈之家，難驟奪其所習，而人俱以時，人俱以禮，則非時非禮者眾必
呵之爲不祥，夫不祥之事，抑又何故膏血以奉之，當亦囅然自笑其不情；即
間有淫靡之性，難強易其所好，而人俱以時，人俱以禮，則非時非禮者眾必
付之爲不答，夫不答之事，抑又何故費己而爲之，當亦返焉自悔其無謂。食、
用如是，而使富之民乃無復有得貧之道也已。」評謂：「眼前景致口頭語，說
來不覺解頤。風流應得自大蘇。」「大旨皆從三代以後民情想象而得，對之使
人心開。『貪天』、『效人』二意，恰是富後景象，尤有佳趣。」

張溥成進士。

張溥（1602～1641），字天如，江蘇太倉人。幼嗜學，與同里張采共學齊
名，號「婁東二張」。崇禎初，集郡中名士相與復古學，名其文社曰「復社」，
四年（1631）成進士，改庶吉士，以葬親乞假歸。里人陸文聲誣其「倡復社，
亂天下」，溫體仁方柄國事，下所司，遷延久之，至十四年，溥已卒，而事猶

未竟。張溥詩文敏捷，博涉多通，著有《七錄齋詩文合集》，輯有《漢魏六朝百三名家集》。

《欽定四書文》啟禎文卷七錄張溥《孟子》「春省耕而補不足」二句題文。

文謂：「惟王用省而勤民至矣。夫民之需補助甚亟也，春秋之省，王者不已勤乎？且古之百姓與人主不甚相遠也，在上者數出而無憂，在下者常德而不困。凡所謂振民之急而皁其財求，一歲之中兩見之矣，春秋之省是也。夫耕植之制，先教於國中；斂藏之令，預勤於歲始。及時而戒焉，有司之所事守也；即及時而民有不備焉，亦非王者之所當慮也。顧省之而有補有助，何也？蓋當日之人主，持己樸略而與民和厚。其居也，既不若後世之處於深宮而尊其文禁，故草野之民皆得見天子而自言其情；其行也，又不若後世之盛於兵衛而煩其征求，故匹夫之急皆可緣省風以速得其欲。當夫春之有耕，勸之耕者至矣，猶有省焉，惰民其能無微歉，而時則惟不足之補也，不以懲民，而先救其乏，所以成耕之事也；當夫秋之有斂，導之斂者至矣，猶有省焉，罷民其能無愧歉，而時則惟不給之助也，不以督下，而亟思其困，所以成斂之事也。然則四時之內，下令於地之有司，以眾寡贏乏之數，達土朝而籍貸焉，不亦可乎，而王者不白安也，作成之際，卜之勞瘁甚矣，惟在人君之毅然一出，平其物而使之不詘，雖有公卿，不以代焉，而一時豪大之贏聚、貧弱之出息，俱無所隱而漸滋其患；抑艱阨之贖，委事於鄉之群吏，凡天患民病之隱，以巡問而施惠焉，有常職矣，而王者心猶歉也，終歲之勤，下之力庸盡矣，惟在人君之親事勞苦，新其氣而使之不倦，雖有大事，未敢忘焉，而後見籍田之親耕、蠟祭之息物，俱非虛文以數干其譽。是故足跡不出千里，而見聞已廣；賑貸不由私家，而大政已立。惟此道得也。」評謂：「中有實義，故詞多膏潤而不同俗豔。」

馬世奇成進士。

馬世奇（1584～1644），字君常，無錫人。幼穎異，嗜學有文名。登崇禎四年（1631）進士，改庶吉士，授編修。崇禎十七年三月，李自成陷北京，世奇自經以殉國，贈禮部右侍郎，諡文忠，清朝賜諡文肅。著有《馬世奇文集》六卷、《詩》三卷等。

《欽定四書文》啟禎文錄馬世奇制義二篇。

卷六錄其《中庸》「至誠之道」二句題文:「誠之明也,以其道決之而已。夫至誠非有意爲知,而道固可以前知也,所謂誠則明者也。且天下開物成務之故,皆視所知以起,故凡聖人繼統,其智未有不處天下之上者。而吾以爲非其明至,乃其誠至耳。何也?至誠之道,天道也。言天,則不與情爲役,夫情之遇物常昧,天之遇物常覺,情有妄而天無妄也,無妄而其道已精矣;言天,則並不與識爲偶,夫識之所及在事中,天之所及在事先,識有心而天無心也,無心而其道彌大矣。羲皇以來,五德代移,則事之起於知也漸多,而要之,理以御數,果其根極於理,即所謂成功之退、將來之進,皆其理之自然而無俟推測者也,至誠所可知之於數以前也;唐虞以降,三統遞變,則知之歷於事也愈詳,而要之,幾以造形,果其通極於幾,即所謂前人之智、後人之師,皆其幾之相乘而不藉探索者也,至誠所可知之於形以前也。天下莫前於不覩不聞,而覩聞爲後,試想誠者未發之中,心無所繫,無所繫則常虛,虛故氣機畢貫,其知在千古猶在須臾也,總一誠之上通於天命而已;天下莫前於生天生地,而天地爲後,試想誠者盡性之後,心有所主,有所主則常實,實故微顯咸徹,其知之在三才猶在一念也,總一誠之默契於化育而已。是故人患知少,至誠則無所不備,彼其驗知於不爽者,皆順應而不勞者也,天下之賢智莫能幾及矣,道之可前知者不在外也;人患知多,至誠則操之至密,彼其涵知於坐照者,皆藏用而莫窺者也,天下之世運賴以匡維焉,道之可前知者大有爲也。此所謂天道也。」評謂:「『前知』講得深確,『誠』字先講得精研,是作家眞實本領,一毫假借不得。」「義理精深,氣體完渾,稿中第一篇文字。」

卷八錄其《孟子》「大國地方百里」三節題文:「稽祿制於列國,見先王之權焉。夫祿一也,君、卿以國殺,而不殺於大夫、士,先王之權也,所以爲經乎?且周有祿籍,諸侯去之,不但肆意於上以濟其貪,抑且恣吞於下以文其刻。蓋自威主攬財,世卿執政,而逮下之恩薄、養廉之典微矣。試談其略。先王列土以封公侯伯子男,而大國、次國、小國異焉。其制祿也,因乎分,因乎勢,又因乎情;因分者與位,因勢者與地,因情者與權。故君統卿,卿統大夫、士,職鉅則報豐,載高則食厚,誰曰不宜?而制有不同者。大國之祿,君十於卿,卿四於大夫,而大夫以次及上中下士,其倍焉,均也;下士與庶人在官者,其代耕焉,又均也。曰地方百里也,次

國則減大國而半矣,祿不得不殺矣,於是君十卿祿,卿祿僅三大夫,而大夫以下猶大國也,何也;小國則減次國而半矣,祿不得不更殺矣,於是君十卿祿,卿祿僅二大夫,而大夫以下亦猶大國也,何也?蓋先王之慮列國,不啻家計也;先王之制祿於列國,不啻家食也。原之所出饒,則君卿進而明養尊處優之義;原之所出鮮,則君卿退而明損上益下之仁。故位殊而祿降,卑不得援尊以爲例,因分也;地殊而祿殺,寡不得引多以爲辭,因勢也;權設而祿平,厚者分既富之餘而薄者無食貧之嗟,因情也。夫如是,所以人窮於次,次窮於小,而國不乏,曰窮則能變而已;百里變而七十,七十變而五十,而民不窘,曰變則能通而已。噫,先王班祿之經善矣哉!」評謂:「立局構體,恰是三節題義法。」

楊廷麟成進士。《欽定四書文》啟禎文錄楊廷麟制義二篇。

楊廷麟(?~1646),字伯祥,江西清江人。崇禎四年(1631)進士,改庶吉士,授編修,勤學嗜古,有聲館閣間,與黃道周善。改授兵部職方主事,及北京失守,廷麟募兵勤王,仕於南明福王、唐王,守贛州,城破,投水死。有《清江楊忠節公遺集》。《欽定四書文》啟禎文卷六錄其《中庸》「天命之謂性」一節題文:「《中庸》明性、道、教之原,以正天下之爲學也。蓋學必正其所自,後可以不惑。以性歸天,以道歸性,以教歸道,《中庸》之統,可與萬世共守之矣。子思繼孔子之傳而作《中庸》以垂世立教,其大義在於明道,而大原本於知性以知天,乃於首章發其旨。曰:學術之淆亂折於中,百家之異同息於一。使人見性,則邪說不敢行也;使人體道,則僞學不敢混也;使人尊教,則異端不敢侵也。今夫性之說始於『降衷』,自人以氣質言性,善惡雜糅,而性幾爲天下晦。夫萬物之原出於天,天在人之先,性在氣之先。生物者陰陽之氣,命物者太極之理,苟知其一本於天命,則知性者神明之初體。天命善不命惡,命聖不命愚,而性於是得其正。道之傳始於『允執』,自人以虛無言道,是非殊方,而道幾爲天下裂。夫三才之中人爲尊,天未生人道在命始,天既生人道在性初。性具於心而兼動靜之理,道統乎事而備剛柔之義,苟知其一本於率性,則知道者人性之自然。性本健而率之以易,性本順而率之以簡,而道於是得其正。教之統原於『物則』,自家異尚、人異學,各立一教、道術分歧,而教始爲天下病。夫萬民之覺開於聖,代天則欲繼天之功,盡性則欲極性之量。憂一時之不悟立政以教一時,憂萬

世之不明著書以教萬世，苟知其一歸於修道，則知教者大中不易之矩。一人明道則教化興，天下尊道則風俗一，而教於是得其正。知性之所謂，人當思所以合天；知道之所謂，人當思所以復性；知教之所謂，人當思所以盡道。能體道則能見性，能見性則能達天，能達天則能至命。堯舜湯武以之爲君，文王周公以之爲臣，孔子以之爲師。吾亦願詳著其說以明教，使後世求道者有所折衷焉。」評謂：「多讀儒先之書，而條貫出之。故詞無枝葉，豈有擇焉不精、語焉不詳之憾。」

卷九錄其《孟子》「達不離道」二句題文：「任道不移，從民望也。夫道持於身，望之所宗也，至於達而後知其不離耳。蓋士苟稍稍通顯矣，可以與類俱入，而必囂囂於天下之故者，以爲天下之人雖多，而天下之望甚少也。未至若待神明，而既用隨事俯仰，無乃羞處士而虛當世之心乎？若所稱達不離道者，乃何如哉？天下之大事初起，百人爲之勿計也，豪傑之士出焉而亦以爲難救，則民始憂之矣，蓋失望乎其事之復也；天下之大變疊興，百人償之勿怨也，英雄之姿斷焉而重有所墮壞，則民怨集之矣，蓋失望乎其人之重也。故夫名譽之士多損聲於達官，而守道之儒獨加名於隱約，亦所自致殊耳。朝廷必備官，而世所仰重者一二人而已，方其窮困，時爲世所指名，豈其一得當而淺望之歟，天下所以皇皇而求我者，以其道耳，苟其離之，則與庸人何異而盜虛聲爲，故必有以大慰天下之思也；天下亦多事，而世所推服者一二端而已，方其閒暇，時爲人所屬意，豈其當大故而別有望歟，我之所以循循而獲譽者，以其道耳，苟其離之，則與百姓何益而虛意念爲，故必有以大白其生平之素也。吾觀重望之士欲有爲於天下也，有所甚易而亦有所甚難。其所爲甚易者則其勢也，勿視勿顧之義著之有素，後遂處變事而人不我疑，其所居身得其要矣，然而小變易可以欺人乎，士亦有持己甚嚴而遊移以趨功名之會者，人望亦從此減也；其所爲甚難者則其事也，嚴氣正性之致信之既深，凡有所難能而莫不我屬，其所身任亦孔艱矣，然而小推委可以自解乎，士亦有摧方爲圓而隱忍以避傷患之來者，人望遂從此阻也。故惟不離道乃爲不失望哉！古之君子抱道周全，其心如結；今也窮而砥礪，達則已焉。世主以爲處士純積誇名、互生羽翼、無當名實而退之，遊道凌夷衰微矣。」評謂：「講『道』字，不從『民望』中梳櫛出來，便可移換他處，『故』字亦折不醒矣。文之可愛，不獨文采清流。」

崇禎四年進士張溥作有《增補舉要錄序》、《論表策說》諸文，討論場屋之文。

　　張溥《七錄齋集》文集卷二《增補舉要錄序》：「二、三場之不得其說也，皆繇於人之易視之。其易視之者，非以為不足學也，以為學之而不及於用，則相與棄之也已。棄之日久，而其說彌下，一旦欲出而責其所能，則勉以可應者為言，而稽於所不信。於是守其抄撮之文，而沒其論議之實。……論、策、四六之文，應乎大科，而難其稱說。若欲挈綱整目，言之有條，則今古之業畢其經營，假之數歲，身度口籌，猶有未至。苟給對而已，則短言瑣記，足以赴便，逮其實而謀之，不周十日之功，皆日可矣。高而為之，其事已僭，末學懼焉。且學者之緩急，必繇於居上之好惡。今之主文者，溺近而忘遠，儘其涉筆之情，及於經義，即以為勞，若無庸焉，矧其他乎？是以科目之出入名傑，然而末場之作忽而不道。此予所以私用憤邑，竊議為當今制舉之格，宜損其兩試並之一日，蓋深悲其無用而費時，上無所取之，而下不必其見答也。」張溥《七錄齋集》文集卷八《論表策說》：「論之有取於倫與議，其說尚已。而高引所本，則先統之述經敘埋。故《論語》記自仲尼之門人，《六韜》亦載有二論。繇是枝流口盛，施乎陳政釋經、辨史銓文矣。蕭統選文，分區為三：首設論、次史論、而後概以論周其數，可云通贍。然學者猶識其未盡，志諸八品，則理論、政論、經論、史論、文論、諷論、寓論、設論昭焉。沿於今俗，有折腰、蜂腰、掉頭、單頭、雙關、三扇、鶴膝、征雁諸體，而抑揚之際，又行以急文、緩文。若是乎彌綸萬端，不離四法。顧言之煩難，作且徑率，又何悖也！夫文章有矩，論之兼焉者眾。昔人嘗參其科於議說、傳注、贊評、敘引、箋解、問對，謂所該廣，凡體各到。故律人物則貴彌來處，不輕是非；究事勢則宜折本實，不虛刺列；綜象名則狀顯而致切；舉理會則情均而節長。蓋非舊練之才，鴻知博采，約以身斷，弗能為也。表以下告上，義在標明。制始西京，止設以陳情，至後則紛縕炳彪矣。其用有論諫、請勸、陳乞、進獻、推薦、慶賀、慰安、辭解、陳謝、訟理、彈劾，施殊而辭亦分道。漢晉散言，唐宋切響，不既雍然球瑝哉！今裁以命格，第存進、謝、賀三體。凡所謂冒語解題、頌聖入事、自序祝上之間，慎長短，節詳略，必尚簡稽。而不頭、犯尾、雙聲、疊韻四病，儆戒密焉。一出一入，固無刻羽為角也。謀定有功而樞紐群物，策其文人之前事者歟！往代以難問疑義，例置案上，在試者意投射取而答，則稱射策。顯問政事經

義，令各敷揚，觀文辭，定高下，則稱對策。又學士大夫私自議政、著策上進曰進策，而辟人或用采策。大抵不務粽細，準於利用。若今並歸大途，所著惟試錄之五問、與廷試制策一道爾。法不可有難而無應，有疑而無正。且無暇臚前人高第，如晁、董、公孫、杜欽、魯丕五家綱領文作，即以國朝所號爲膚大厚重之流：王文成有大儒宗風、發理昭顯；王華州耽意古文、楷刑兩漢；高新鄭、張江陵志在有爲、動言必出於佐據斷截；王弇州史才茂美、造次無尋常；王元馭縱橫愜情，馮臨朐、陸蘭陰曉暢機利，能行其果銳。此皆譽在輿好，變而有檢，近鮮其繼者，何哉？原夫盛衰之際，下之習貫，端因上始。……故詔書章明之日，士盡鞠力典志，恐有放墜；而忽焉不詳，即陵遲衰微也。」

嚴培思、麥而炫同舉崇禎辛未進士。

李調元《制義科瑣記》卷三《洪廟神夢》：「嚴培思，高明縣平步村人。弱冠補博士弟子，意氣傲岸，謂掇科第如拾芥，而久困棘闈，年將四十始舉於鄉。又復自負，謂南宮之捷轉瞬可矣。仍下第歸，由此惘惘若失。或言近村洪聖廟神甚靈，培思即攜衽被夜宿殿廡。恍惚夢神告曰：『汝欲成名，須俟麥而炫同榜乃中耳。』驚喜而寤，遍訪知名之士，並無其人。偶一日自村入城，東門外亦有洪聖廟，見塾師訓課其中，相與談論。忽一童呈書仿於前，視其姓名，則麥而炫也。因細問年歲里居，嘿誌而去，不以告人。是時，炫方髫齡。越十有餘年，炫一舉獲雋，培思欣然資以行李，偕入京師，遂同登崇禎辛未進士。聯舫旋鄉，乃話前夢。」

申佳胤中三甲九十五名進士。刊行其制藝近作《和丸齋新藝》。

申佳胤《申端湣公文集》卷二《和丸齋新藝自序》：「予做秀才僅八月，爲孝廉竟十年。刊《和丸草》，在秀才英發時也，人爭羨之。刊《公車稿》，在孝廉蹭蹬時也，人幾厭之。今春之役，幸捷南宮。偶走長安書肆中，見有懸《和丸草》者，閱之不覺失笑曰：『花樣不新，那堪入眼！三年前之《公車稿》已敝帚矣，又安有十年塵土之《和丸草》哉？』梓人索近稿不已，爰簡奚囊，聊搜數藝，敢云不失故吾，亦曰微翻腐案云爾。羨與厭，又奚暇問世耶？」

明思宗崇禎六年癸酉（西元 1633 年）

正　月

　　黃汝良上《賓興屆期文體宜正敬陳未盡條款》。共八款。從之。

　　《崇禎存實疏抄》卷八下黃汝良《賓興屆期文體宜正敬陳未盡條款》：
「科場年分所有應行事宜，歷年禮臣具有條陳申飭，自萬曆肆拾陸年禮臣何
宗彥等條爲貳拾款頒行中外，至天啓肆年復經禮臣林堯俞等具題，崇禎三年
復經禮臣李騰芳等具題，俱奉旨通行申飭外，其於賓興大典，內簾外簾之約
束，考官士子之防維，可謂至詳至密，無復遺漏矣。今歲又當大比之年，臣
部已於去歲先期將前開《科場條例》刊刻成書，移文兩京十三省，照冊榜示，
著實遵行去後。惟是文體一項，關係最巨，皇上深軫生心害政之慮，功令甚
嚴，而多士久沿謅張爲幻之風，宿習難醒。即前禮臣《科場條例》中間亦言
及，而邇者南禮臣李孫宸等言之尤爲諄切，然必明開條款，著爲章程，如川
行之有堤防，方可遏其橫奔潰決之勢，如車騶之有軌範，方可止其詭遇獲禽
之思，不則泛泛悠悠，轉眼復如庚午往事，即懲創之亦已後矣。臣謹擇其切
要，列爲捌條，乞賜明旨申飭。……壹曰崇經。孔子刪述《六經》，垂訓萬
世。及門之徒，皆身通六藝。漢承秦火之餘，以明經取上，當時人儒，若董
仲舒、劉向、蕭望之、韋賢輩皆兼通數經。我國家雖分經取士，然未嘗不貴
其博涉淹通也。蓋天地間名理畢具《六經》，不惟大事業出其中，即大文章亦
莫能外。乃今士人於本經已多鹵莽，至於他經全不涉眼。朝夕記誦，祇是坊
間俗刻，何所施用？若能分其精神以鑽經味道，文采韞藉必自可觀。從今場
中試卷，首貳三場，有能博涉經書，融會旨趣者，亟收之。其浮華不根，俚
淺無味者，無取也。貳曰依傳。夫傳注爲《六經》羽翼，當日大儒若二程、
朱熹、蔡元定、胡安國、陳澔輩皆精心理解，提要鉤玄，闡前聖之壼奧，惠
後學以梯航。聖祖頒之學宮，以爲程士法式，諸士依其成言，自可發揮妙
義。何乃明棄師說，鑿空求奇，尋曲徑而背周行，忽範型而幾躍冶，悖違祖
制，侮棄前修，無怪其一入仕途，便有不軌不物之事。從今制義，宜一依傳
注，其與傳注故相背違者，不許收錄。三曰切題。夫有題然後有制義。主司
出題試士，正欲其照題發揮，透露眞切，以觀其意識之洞達，性地之靈通
耳。乃近日士子作文，於題目通不照管，別作議論，漫衍浮誇，試使掩題讀
之，不知其所作爲何。夫無儀的而妄射，雖中秋毫不爲巧，無根荄而敷華，

即眩眾目總爲妖，所以服官而不顧職業，營私而不管身名，此亦生心害政之一左驗也。從今試文，必須肖題闡發，其與題全不相蒙者，雖華弗錄。肆曰尚體。《書》曰：詞尚體要。制義之有體，猶人身之有五官。雖貴神俊，而其位置則不可增損移易也。近日士人藐視矩矱，恣意倡狂，或宜先而後，宜後而先，或宜分而合，宜合而分，則顛倒甚也。制義原限字伍佰餘，今或長至千字，甚至千餘，泛濫浮少，有何關切，則胼枝甚也。又題中又有『之』字、『以』字、『而』字，不過語助辭耳，乃舍大義不講，而矻矻於無要緊之一字。餖飣不已，則支離甚也。又往往以案牘之俚語，漏聖賢之微言，不曰『按』則曰『局』，不曰『轉一語』則曰『又一境』。試看經傳中曾有此否？則猥鄙甚也。又於題旨不可析者而強析之，題字不可離者而強離之，則又割裂甚矣。凡此體要之不存，皆士人逾閑蕩枑之先證也。從今取士，須遵隆、萬間法程，如昔年禮臣王弘誨所刊《舉業正式》者爲準，違者不得漏收。伍曰達辭。孔子曰：辭達而已矣。言貴達意也。《易》曰：風行水上渙，天下之至文。言貴自然也。沈約亦云：文章有三易，句易讀，字易解，使事易知也。近日有一種不可解不可讀文字，其實暗澀不通，而耽僻者反喜之，曰須有幾分不通，方爲好文字。試觀自唐、虞三代以及漢、唐、宋諸大家，曾有此文字否？惟殷盤周誥，詰屈聱牙，說者謂出於伏生年老之僞授，其後新莽傚之作《大誥》以欺世。夫學新莽之文字已陋矣，學新莽之心術將若何？此其弊又甚於軋茁矣。自今諸士爲文，惟取達意自然，其暗澀不可方物者，必斥不錄。陸曰讀史。夫天地間名理俱在《六經》，而往古來行實載在列史，士人苟能廣搜博覽，考古知今，則事變糾紛，自能鑒觀其竅會，人材參錯，何難證向於品題，故諸葛亮有云：才須學也。爲學史言也。乃今之人但知塗飾鉛槧，自甘蔽塞聰明，其歷代史書固難責以遍觀盡識，即《通鑒綱目》亦何可不寓目經心！臣居山時，閱邸報章奏，有以漢光武爲漢武帝者，有以燕許大手筆爲太宗時弘文館學士者，傳之四方，寧無失笑！以此居官任職，其冥冥貿貿可知。從今試卷，須遍閱貳三場，必其洞晰今古、博雅成章者方准收錄。若舛錯虛浮，徒取塞白，即首場可觀，勿錄也。柒曰革僞。夫書有眞僞，旨趣自別，在有識者，何難鑒裁。自經書列史外，諸子百家並存。天壤間其可供文人薈撮者盡多，如老、莊、列、荀、楊、王、管、韓、《淮南》、《呂覽》、《武經》、《左傳》、《國語》、《戰國策》、《楚詞》、《說苑》、《新序》、《史通》諸書，意義深長，文詞藻雅，諸士若肯時加搜閱，三冬四餘，盡自足用。乃

近有一種僞書，淺俗猥庸，讀之如嚼蠟，令人厭唾。間所載帝王、周、孔之言，並不見經傳，祇是憑空杜撰。不意有無識之人，津津稱引之，幾以飾詐驚愚，誣民惑世，其於眞正大文字反蔑如也。棄周鼎而寶康瓠，擲隋珠而珍魚目，此詐僞得售之象也，豈盛世所宜有乎？從今士子貳三場有偷竊僞書者必黜。至於竺乾之書，不妨泛涉其趣，不必明徵其詞，若用之首場，亦遵制必斥也。捌曰識務。語云識時務者在乎俊傑。國家以文章取士，正欲於毫穎間覘其經濟，冀得識時務之俊傑而用之耳。近來士子下日全副精神祇用在首場文字，至於二三場不過臨時鋪張塗抹，一切世務何曾經心。主司時日有限，一入彀中，即爲桃李，鮮肯留意眞材。前場取中，方尋後場，前場偶落，後場即有賈、董，眞才何緣物色。士之騖浮華而闊實用，則始進之路然也。合無從今取士，參酌後場，其有練習彝章，通曉時務如天文、地理、兵農、禮樂、屯鹽、鼓鑄、律令、河渠之類，能舉大義而中機宜者，即前場平平，亦亟收之。若慮謬無當，即前場可觀，亦弗錄也。至於文事，必兼武備，在此時尤爲要緊。諸士中有能淹貫《七書》及《白將傳》而發揮中窾者，尤當亟收之，遠可備中樞節鉞之選，近可資郡邑保障之需，在主司於策士遴才時加之意耳。以上捌款，卑卑無甚高論，然因時救弊，盡制曲防，不得不出於此，如農畝之有畔，布帛之有量，使人無越思而有定準，庶文體可祛僞還醇，士風可反邪歸正，於治道未必無小補矣。然要在內外諸臣恪爲遵守。俟試事完日解卷到部，有與條款背違者，容臣部會該科著實摘參，重則黜革，輕則罰科。其考試官與提學官亦照參罰多少，量議處分。功令在上，臣等毋敢瞻徇也。伏乞勅下臣部豫先行文兩京十三省轉行各府縣，刊刻榜示，使知懲後懲前，毋致如往事紛紛，多士幸甚，宇內幸甚！崇禎陸年正月貳拾肆日。三拾日奉聖旨：『致治急需人材，取士宜先德行。近來專尙文詞，已失祖宗初意。乃制義又趨浮詭，士風吏治安得不至窳敝。奏內各款於文體有裨，依議嚴飭行。今後科場較閱，務得純正典雅、宗經據傳、博綜古今、通達治體者亟與收錄。若奇邪險譎、空疎浮誕，其品可知，並從擯斥。如有故違僥倖入彀者，士子、考官一體連坐。』」

三　月

張溥南歸，在蘇州虎丘召開復社大會，與會者數千人。

　　陸世儀《復社紀略》卷二：「癸酉春，溥約社長爲虎丘大會，先期傳單四

出，至日，山左、江右、晉、楚、閩、浙以舟車至者數千餘人。大雄寶殿不能容，生公台、千人石，鱗次布席皆滿，往來絲織，遊於市者爭以復社會命名，刻之碑額，觀者甚眾，無不詫歎，以爲三百年來，從未一有此也。」《復社紀略》卷四：「是時有怨復社者，託名徐懷丹作《十大罪檄》。文曰：復社之主爲張溥，佐爲張采；下亂群情，上搖國是，禍變日深，愚衷哀痛。」參見吳偉業《復社紀事》和杜登春《社事始末》。

八　月

李愫中舉。《欽定四書文》啟禎文卷四錄其《論語》「有民人焉」一節題文。

李愫，字素心，華亭人。崇禎六年鄉舉中式，以被論議革，入清，成順治九年二甲一名進士。《欽定四書文》啓禎文卷四錄其《論語》「有民人焉」一節題文：「即仕之所有，以委學優者可矣。夫學固不盡於書，然人民社稷，豈人人可輕試乎？今夫以獨智先群物者，人之所甚惑也，必其中有所本而不以疑事嘗民，使天下得以信其積累焉而後善耳。是則學之所重，蓋有在矣。子路飾其意而言，以爲經制之隆，未有不形於性術者也；典常之失，未有不拘於載紀者也。昔之得道以安，至今而不可危者，吾知其爲民人；得道以存，至今而不可亡者，吾以其爲社稷。然而一介之夫，族黨而外，莫能齒其生數者有之，非其識窮於週知，身之所繫者微也。問民人之隸我者幾何家，而境俗之通隔、性智之優薄，其所爲義類宏矣。古者天子兆民，諸侯萬民，豈徒綴屬之已哉？殊情詭俗，出於觀記之所不常，均足以參其政教，而後知王公牧長，責分於大小，學亦從可驗也。士庶之家，高曾而上，莫能名其稱謂者有之，非其分絕於追遠，義之所率者近也。問社稷之攸存者幾何事，而功德之著微、姓氏之幽顯，其收爲通識易耳。古者舉盈昭惠，伐鼓示威，豈徒以愚民已哉。體虔意謹，行於眾庶之所共安，實足以悟其典禮，雖極而薦功告類，理務於高深，學必有其據也。善學者，精以著其理，大以規其制，載明潔之衷而行所無事焉，凡治亂幽明持之有其具者，通異世之精神而用之，若乃今之所謂典謨訓誥者，在昔君臣之際，互相詔語而已矣；不善學者，惑則失之精微，辟則隨時揚抑，去自然之性而動稱師古焉，凡民物鬼神罔或知其故者，昧人道之陰陽而反之，不知昔所列爲吉凶悔吝者，在今人心之內候生，占玩而已矣。然則書者，本貞純誠一之見以達其光明俊偉之材，故三代以前，

上自帝王，下及庶民，每寓其言於後世；而讀書者，假囁嚅呫嗶之習以飾其顢愚鄙樸之心，故口耳徒勤，上焉祀典，下而版圖，遂廢其說於師儒也。」評謂：「不能持論，即無異兒童之見，豈復成為伎？此篇乃實有一段精理。」「細膩熨貼，語語皆有含咀。氣體雖不甚高，卻非胸無書籍人可以猝辦。」《烈皇小識》卷四：「癸酉，應天鄉試，論題《聖心如日明水清》，墨卷多用『青山綠水』等句，皆性理中語也。上閱之大駭，又御筆塗出文理紕繆者八卷，以禮部不行糾駁回奏，反行曲庇，尚書李康先閑住，主考庶子丁進降調，舉人李愫、王佩等停革有差。」

明思宗崇禎七年甲戌（西元 1634 年）

二　月

以溫體仁、吳宗達為會試主考。取中李青等三百人。

《崇禎實錄》卷七：崇禎七年二月壬戌，「以大學士溫體仁、吳宗達主試禮闈。禮科給事中吳家周劾體仁越次，上不懌，貶家周。」《國榷》卷九十三：「崇禎七年二月壬戌，大學士溫體仁、吳宗達主禮闈。」李遜之《崇禎朝記事》卷二：「給事中吳家周疏論溫體仁杜門兩月，入闈典試，不先不後，有私壟斷而左右望之跡。臣乃得以朝廷大典禮問之。夫聖壽呼嵩，元旦輯瑞，體仁獨託病不出矣。祫祭太廟、春祀社稷，亦託病不出矣。經筵開講，所以崇聖學，獻俘太廟，所以昭武功，皆託病不出。即皇太子千秋令節，終託病如故。獨至入場主試，則褰裳就之無他。朝賀係臣子恪恭之誼，所關在朝廷，取士有私門桃李之籍，所利在身家也。尤可異者，會場題目，歷來與君德政治有關，未有大臣敢妄自稱比者，今首題以子產自許，不思鄭以衰國屍主有難乎！其擬上者，若救民於水火之中，尤屬不倫。堯、舜在上，雖小醜未靖，何至比吾民於殷喪之季，況取殘吊伐，亦不宜談於今日。奉旨以其詆誣牽引，著降調。先是《易》一房漆嘉祉，首篇末有不敬不義之臣云云。本房文長洲取之，意烏程必見駁，當有一番質辨。及呈卷即批：『允。』比撤棘，烏程於閣中揚言曰：『外人說我們要進場取門生，今日地位也靠不著門生了，況場中即有人罵我。』嘉善曰：『場中如何罵得？』烏程曰：『他文章竟說不敬之臣如何，不義之臣如何，豈不是罵？』嘉善曰：『如何打發他？』烏

程曰：『本房批：伸眉抗手，想見其人。敢不中耶？』是科烏程雖爲主考，力行阻抑榜額，每科三百五十名，止取三百。會元多扶入鼎甲，而李青不得入。每科考館，獨是後兩科不考。至倡議欲令三甲選縣佐貳，眾論以爲不可而止。」

本科會試題。

本科會試題有《論語》：「其行己也恭，其事上也敬，其養民也惠，其使民也義。」《中庸》：「國有道，其言足以興。」《孟子》：「救民於水火之中，取其殘而已矣。」

李青為本科會元。其制義為梁章鉅等所關注。陳際泰名列李青之次。

李調元《制義科瑣記》卷三《婢索命》：「李青，字太青，爲諸生時讀書姑宅。有婢娟媚，李私狎之，許以他日貴，當置偏室。崇禎癸酉，李登賢書，婢以實告姑。姑喜，將資奩具以待。李赴公車有期，來謝姑，復與婢拳拳再訂。比甲戌，冠南宮，與妻謀之。妻大恨，遣人詰責姑，李青不能禁，婢遂自經死。李青官禮曹，當入直，輒私攜妾輩扮家僮入宿禁省。一夕，忽見前婢披髮過其前。青方與所攜妾交歡情濃，忽內傳他旨呼青。青恐，以爲攜妾事泄也，遂脫陽死妾腹上，人以爲婢索命云。」梁章鉅《制義叢話》卷七：「李青，字太青，金壇人。有『古之欲明明德於天下』節文，極爲陳百史所賞異，謂：『文至此可爲千萬人共見，在會元中亦不讓石簣矣。』小講云：『且所謂明明德者，兼新民、止至善而爲言者也，故以無所不明爲量，而以各有所明爲功，則知先要焉。』後結云：『古之人惟知天下國家之明在身，故先修其身，以爲明明德於天下之地；古之人惟知身心意知之明在物，故必格其物，以爲明明德於天下之原。』此眞名元手筆，項水心亦可謂具眼也。」李調元《制義科瑣記》卷三《止逗四行》：「甲戌闈中，文湛特先生得首卷，決爲陳大士，請作元。鄭房項煜亦指一卷爲楊維斗，爭不肯下。文先生曰：『但願眼明耳。果維斗作會元，大士即第二，豈不極盛耶！』遂讓之。及拆號，項卷乃李青也，唱次名，果陳際泰。滿堂闃然，頌文先生法眼，項已極慚。榜後，艾南英千子領卷，適亦落項房者，首篇止逗四行而罷。艾遂序刻其七藝，大意謂：『士子三年之困，不遠數千里走京師，而房官止點四行，棄置不顧，此豈有人心者乎？』刊本四出，京師又爲之闃然。項聲譽頓減，至不得與會推之列，

遂大恚恨。至癸未，項資階已深，不應分房而強謀入簾，陰授名士關節，薦榜首以雪甲戌之恥，是年艾不與試。未幾國變，項與其門人周介生鍾節敗身辱，流離道路，相繼受戮，而艾千子以一老孝廉授命成仁焉。」劉城《嶧桐集》卷三《陳大士易鼎序》：「我明陳大士，治經不名一家，淹通條貫。……即以舉子藝言，國家功令，習一經而已。今上甲戌所賜進士，則兩人特異。顏壯其之闈牘，《五經》畢對，其舉於鄉也亦然。大士則所治諸經，篇成數萬，著書滿家，齊於淵海。蓋自祖宗設科以來，爲舉子藝者篇目之富，未有盛於此者也。然吾因是感歎人才之不相及，豈不太甚矣哉！夫功令取士止一經，使人簡於所事，得以精治而肆力其中。今也不然，方遊里塾時，四子之書，稍取誦說督課，欲中程。及所占經，塾師或非素習，強句讀，多謬誤，則姑漫聽之。先聖至文，聊得記影略間至，足矣。學宮所頒，差有訓注，故庋閣之，不必覩也。又何問諸儒及繩墨之外乎？且夫取士者，固無庸此爲也。郡邑學使之試，無齒及此者。」

顏茂猷以《五經》中式。

《國榷》卷九十三：「崇禎七年二月壬午，溫體仁奏顏茂猷《五經墨義》置乙榜第一，命准廷試。於是會試錄另書茂猷正榜前。談遷曰：永樂九年，仁宗監國。乙榜第一人孔鑰，擢左中允，重聖裔也。今許顏生廷對並變例，而右文惜才，於以鼓窮經之學。後來駸駸有其人矣。」《明史·選舉志》：「（崇禎）七年甲戌，知貢舉禮部侍郎林釬言：舉人顏茂猷文兼《五經》，作二十三義。帝念其該洽，許送內簾。茂猷中副榜，特賜進士，以其名另爲一行，刻於試錄第一名之前。《五經》中式者，自此接跡矣。」查繼佐《罪惟錄》志卷十八《科舉志》「科舉盛事，五經中式三人」：「福建顏茂猷，以二十三義，中崇禎甲戌；江西揭重熙，以二十三義，中崇禎丁丑；嘉興譚貞良，以二十三義，中崇禎壬午、癸未。」李遜之《崇禎朝記事》：「兵部主事賀王盛論烏程私其鄉人考試官丁造，摘癸西南闈黃美中後場『奢闒媟刀、青山綠樹』語爲關節。『青山綠樹』出朱子《心學詩》，人猶易知。『奢闒媟刀』乃荀卿佹詩，云『闒媟子奢，莫之媒己。媟母刀父，是之喜也』，大略是善惡顛倒之意。上欲查究此四字，閣中不能對，委之部、科。大宗伯李騰芳屢費翻尋，嚴旨以其不行糾駁，令閑住去。已而部、科共擬省直黜革舉人七名，又罰科者數人，各考官降調有差。福建顏茂猷會試全作《五經》題，外簾以爲異，知上之屬

意也，置副榜第一。出場亦具疏請之，上命《試錄》中列在第一名之前，准與廷試，拔置第二甲第二名，皆異數也。顏中天啓甲子鄉試，亦全做《五經》，監臨喬承詔以其越格，令止錄本經進內，爲主考顧錫疇、房考祁彪佳所拔。其人故博學篤行，爲士林推重，登第後授禮部主事，不久即故。或傳其爲仙去云。是科場中皆推《易》一房文公震孟所取陳際泰爲第一，同考項煜欲令會元出其門，計誘文公謂渠所取乃楊廷樞也。楊爲同鄉名士，文遂讓之，及拆號則李青也。項向有項黑之稱，一時遂笑傳有『項黑得李青』之號。自後《五經》得雋者又有丁丑揭重熙、癸未馮元颺。」梁章鉅《制義叢話》卷一：「前明科舉，初場試《四書》文三篇，《五經》義四篇，故爾時有七篇出身之目。間有合作《五經》卷以見長者，故又有二十三篇之目。前明以《五經》卷中試者，洪武二十三年，黃文史試南畿，兼作《五經》題，以違式取旨，特賜第一，免其會試，授刑部主事。天啓丁卯鄉試，顏茂猷以兼作《五經》義取中。崇禎甲戌會試，又以《五經》卷成進士，皆吾閩人。而繼此者，丁丑則有江西揭重熙、己卯則有山東宋瑚、癸未則有浙江譚貞良、馮元颺、江南趙天麟。」

三　月

劉理順、吳國華、楊昌祚等三百零二人進士及第、出身有差。

李遜之《崇禎朝紀事》卷二：「又故事：讀卷官擬上卷十六卷，朱圈句讀進呈，御批定一甲三名。今上命再呈十二卷無句讀者，特拔劉理順爲第一（後殉甲申之難），第二（吳國華），而以原擬第二者爲第三（楊昌祚），擬第一者爲二甲第一（李青），第三者爲二甲第三（陳組綬）。御批四卷，皆嘉意造士之睿謨也。」《國榷》卷九十三：「（崇禎七年三月辛丑）策貢士李青等三百人於建極殿。時閣擬策問二道，聽裁。上自手書大半，曰：『所與共治天下者，士大夫也。今士習不端，欲速見小（效）。茲欲正士習以復古道，何術而可？東虜本我屬夷，地窄人寡，一旦稱兵犯順而三韓不守，其故何與？目今三協以及登津等處，各有重兵，防東也。敵不滅，兵不可撤，餉不可減。今欲滅敵恢疆，何策而效？且流寇久蔓，錢糧闕額，言者不體國計，每欲蠲減。民爲邦本，朝廷豈不知之，豈不恤之？但欲恤民又欲贍軍，何道可能兩濟？即屯田鹽法，誠生財之原，屢經條議申飭，不見實效。其故何與？至於漕糧爲三軍續命，馬匹爲戰陣急需，折截挂欠，遂失原額，其道何復？今雖東虜猖

獵，河套有可復之機，邊外盡可作之事。但難於東虜窺伺，朝野匱乏，近降夷繼至，作何安插？插套連合，作何間破？流賊漸逸鄖廣，海寇時擾浙閩，剿滅不速，民難未已。兼之水旱頻仍，省直多故，作何挽回消弭？又唐宋曾以武臣爲中書令、樞密使，文武似不甚分。我太祖高皇帝曾以直廳爲布政，典史爲僉都。今奈何牢不可破？爾多士留心世務久矣，其逐款對答毋諱，朕將親覽焉。』舊進呈十二卷，命再呈十二卷。賜劉理順、楊昌祚、吳國華等進士及第、出身有差，乙榜顏茂猷亦高第。」李調元《制義科瑣記》卷三《十二金》：「劉理順數上公車，不第。讀書清源二郎神廟中，比鄰哭聲，詢之，則商人七年不歸，母老無食，將嫁媳以養。理順即以囊所儲納糧銀十二金與之，姑媳獲全。是科，公會試，廟祝見二郎神親送之，遂中甲戌狀元。」

崇禎七年進士陳際泰，其舉業文字與艾南英等並稱。《欽定四書文》錄陳際泰制義凡 58 篇，數量爲明代第一。

戴名世《戴名世集》卷四《慶曆文讀本序》：「嗚呼，有明一代之文盛矣！當其設科之始，風氣未開，其失也樸遫而無文。至成化、弘治、正德、嘉靖以來，趨於文矣，而其盛猶未極也。迨於天啓、崇禎之間，文風壞亂，雖有一、二巨公竭力搘拄，而文妖疊出，波蕩後生，卒不能禁止。故推有明一代之文，莫盛於隆、萬兩朝，此其大較也。當是時，能文之士相繼而出，各自名家，其體無不具，而其決無不備，後有起者，雖一銖累黍毫髮而莫之能越。在天啓、崇禎中，休寧金氏、臨川陳氏兩家，奮然特興，橫絕一世，而其源流指歸，未有不出於先輩者。」戴名世《戴名世集》卷四《陳大士稿序》：「余評閱有明先輩制舉文章無慮數十家，而迨於天啓、崇禎之間，有兩家並以文顯於天下，曰金正希、曰陳大士。此兩人者皆天授，非人力所可及也。大士生於臨川，與同郡艾千子俱以古文號召天下。當是時，釋、老、諸子之書盛行，學者剽竊饾飣，背義傷道，汩沒其中而不知出，蓋文之敝極矣。千子慨然憫之，取一代之文，丹鉛甲乙，辨其黑白，使天下曉然於邪正，知所去取，如溺者之遇舟而起，病者之得醫而生，其功可謂盛矣。而能出其才力精魄，發古人之未有，以推壓一時之豪傑，則莫如大士。大士之文，雄渾深秀，抉其髓而去其膚，摹其神而盡其變，其意義皆破空而出，人人皆如其所欲言。他人苦心嘔血，累日而不能發其一意、得其半詞者，大士不待思索，伸紙而書，書盡而止，一藝畢，畢乃更作，如是者日數十藝而不竭，誠

哉其非人力之所及也。」阮葵生《茶餘客話》卷十六：「艾東鄉痛天、崇間文風敗壞，高者陽奉孔、孟，陰歸佛、老，其淺陋者又目無一卷之書，放言尚論，謬種流傳。於是，尊程、朱，辟二氏，撰《定》、《待》二書，專主宋儒之學，文之背謬者輒塗乙，不少假借，其用意亦良苦矣。張天如選《五經文字》，鄭崟陽選《四十名家》，韓烏程選《文在》、《文室》、《文閑》，顧九疇選《文傳》，陳溧陽選《名家制義》，昔人多病其未醇，然皆能各立一宗旨，異吾法者，雖佳弗錄，蓋選政之不可苟也如此。」梁章鉅《制義叢話》卷七：「顧麟士曰：大士非字，乃其化身。先生才思敏練，聞有以疑義質先生者，輒口占以示，即未成章，或二股，或四股，每多精義，後逐集爲《四書讀》，稿中往往有前後足成之者。如『齊人伐燕』二章文，直全載《四書讀》中，但無破承耳。蓋先生當日止作口義一通，而其文之出沒縱橫遂至於是。」「徐昭史曰：陳大士先生『充類至義之盡也』文凡五篇，前後諸作鵬騫猊抉，想窮天際，不可端倪。惟第二篇按理揆情，剖析精當，文之最醇者。向誤刻蕭伯玉名，今從藏稿正之。案：王巳山亦云：『筆力瘦硬，自是先生本色，不容混入他家。先生一題數義者盡多，獨此五義，當是同時興到之作，可使讀者細討古人文心不竭，意境如轆轤之相引。家箸林以此爲直接長沙《過秦》三論、柳州《西山》八記，分之則一篇自爲首尾，合之則數篇自爲首尾，而選家分離乖割，後學不覩其全，沒卻前人苦心矣。』」「何太旆曰：時文之快且多，無如陳大士。《四家稿》所錄纔及三四百篇，《五家稿》廣所未逮，亦不滿六百篇。王巳山太史訂天、崇十家，增未刻稿幾十篇。近周君汝和梓未刻稿三百餘篇。余從王介眉覓得明文古文數十種，暨余家所藏若干，逐一檢校，又得三十餘篇，皆天蓋樓及王、周二刻所不載者。蓋大士才如江海，頃刻萬變，又數十年氣運推移，故心思、筆力亦隨之而異。《五家稿》所錄渾脫直到古人，王選則較清微矣，周選或專取乎近矣。計大士稿之見於人間世者，僅及一千餘篇，其蠹爛於梁間者，不知凡幾。然有明執牛耳如震川、思泉諸先生傳世之作，亦不能多於大士，其餘聲華藉甚，不旋踵求其勻瀋不可得。時文世界甚隘，而大士獨得留千餘篇，未可爲不幸矣。」「《明史·文苑傳》云：陳際泰，字大士，臨川人。父流寓汀州武平，生於其地。家貧，不能從師，又無書，時取旁舍兒書，屏人竊誦。從外兄所獲《書經》，四角已漫滅，且無句讀，自以意識別之，遂通其義。十歲於外家藥籠中見《詩經》，取而疾走，父見之怒，督往田，則攜至田所，踞高皋而哦，遂畢生不忘。久之返臨川，

與艾南英輩以時文名天下。其爲文敏甚，一日可二三十首，先後所作至萬首，經生舉業之富，無若際泰者。崇禎三年舉於鄉，又四年成進士，則年六十有八矣。案：陳大士《太乙山房稿》有自序一篇，足以覘大士爲人爲文之概，《明史・文苑傳》語即從此出，不可不讀。而時文家乃罕有知之者，因特錄之。其言云：『先大人西園先生生泰時，年四十三矣，愛泰特甚。及泰受室爲人師，或就浴，猶爲洗背。顧禁泰苦讀，曰：「此間小兒纔讀下《孟》，即走從舉業。三婢顧瘦弱，自勞苦爲。」三婢，泰小字，從女，賤者之稱，以老年得子，故賤之甚、愛之甚也。泰家貧不能師，先生又不時得館，又不忍使其子以讀自苦，泰曰：「恆苦形，可以佐貧，亦可以養心。苦形，兒不苦也。」取薪山中，拾糞道上，與其所教徒角逐爭先，每一人兼兩人之入。暇時取書於無人處偷讀之，而苦於無書。八歲時從姨兄羅汝士得《書經》，四角皆漫滅無棱，而中顧無點，凡不可句者以意看注得之，凡字不可識者以意切聲得之，二者至今用之不謬。十歲，一日侵晨走五六里，至迎峰叔家，從藥籠中搜甘草啖之，而得其《毛詩》本，芒獲大球，然妬其于見奪，因竊藏袖中攜歸，嬸氏呼「三婢吃早粥」，去不顧也。父見袖中物，索得之，大不懌：「兒又怍我矣，大窩口看秧去。」攜之往田所，田左倚叢蔚，右爲高岸，下防飛鳥食穀種也，而顧左防虎，因踞右之高田，坐石上，並其詩遍讀之，從「關關」至「寢成孔安」凡二十遍。十日秧出水，試覆卷暗誦，略皆上口，復日侵晨，至叔家置藥籠底，叔與叔子尚不知也。是年冬月，從族舅鍾濟川借《三國演義》，向牆角曝背觀之，母呼食粥不應，呼午飯又不應，即饑，索粥飯皆冷，母捉襟將與杖，既而釋之。母或飯濟川，問：「舅何故借而甥書，書上載有人馬相殺事，甥耽之大廢眠食。」泰亟應口曰：「兒非看人物，看人物下截字也，已悉之矣。」濟川不信也，試挑之，如流水。十四歲則代父管蒙館，自此遂住館。一日復從濟川借《殘唐傳》，濟川初不知別有《漢書》、《唐書》，以爲《殘唐》即是也，回箚云：「當今天子重文章，足下何須誦漢唐。」時居深山，朋友無有習文章者，問濟川云：「舅，文章何等也？」曰：「墨卷。」歸，問父墨卷何等書也，父爲大言自靳曰：「予無書不讀，未識所謂墨卷者。」問鍾美政，乃得墨卷所由名，授之以郭青螺先生所選八十一篇，諷之如兒女說話。爾後，凡寫家信與尋常客子書皆用八股法，然泛觀之，未嘗知有所謂破承者。一日見郝鹿野《說書序》云：「破承者，行文之冠弁。」因知文有破承，取八十一篇覆之，果然。自以其意爲文，得二寸許，

不自信，又自喜也。二十歲館乾上，丘先生一敬問其主人翁：「是中有可共談者乎？」主人翁曰：「吾家小兒師陳生可使也。」因呼共飲。丘，故上杭諸生推博雅者，而泰聰明之名早已達其耳。以經史諸書試泰，泰輒累幅不休，曰：「子眞異人，然奈何但爲目治，而不手治乎？」蓋譏泰不爲文也，而不知泰固爲文也，因出其篋中所云二寸許者共觀之，丘因舌撟而不能下，約次年共爲社會。次年丘果館洋背，泰亦移館羅坑，相去不二里而近，題至文往，及乎午飯者少矣。然從丘先生諸富兒，以其粟傲予曰：「江西小兒，何足言哉！」偶至其處，則用以試其手搏，仆之地，予故不往，先生亦不以文歸。積數月，先生留之宿，先生就浴，泰從先生席下得先生手錄百餘篇，皆天下名士之文，泰文二十篇在焉，而署其下乃曰程子。以程易陳，諱莫如深，所以殺諸富兒之妬也。歸臨川祖居，本房甚貧，不能具饘粥，而得族侄湛泉公與其二子文學洪謨、洪範。既免饑寒，因得侍聶一輿先生。先生故名宿，凡毛伯、文止登翼，雖爲童子，皆其所指名。謂湛泉曰：「君家癡叔，固應與毛伯諸君子並駕爭先也。」就邑師滄孺袁公試童子，則已冠童子，是歲爲庚子。與毛伯、文止、大力、千子並爲諸生，似逆旅之人，不及溫和，然其業並以贏出，爲道而不相謀。泰文凡數變，然其意皆以一己之精神，透聖賢之義旨爲宗，而所獨得者乃在分股。前人定爲八股者，言之不已而再言之，明爲必如是而後盡也。若每股合掌，則四股可矣，何必八股哉？而病不止此也，將並其一股而忘之，何者？對股與出股一字不同，對股既嚴，而後出股不苟，若二股一概而同之，則出股無論接句，即開頭一句已苟無思矣，此並一股而忘之之說也。然不合掌又非於題外求不合掌也，一字不移，是八寸三分頭巾，隨人可戴也，病又不在世俗合掌下，必明於此，而後文始刻始高，行文之手始快。至於微遠以取致，博奧以取理，所謂加務善之而所要不存焉。凡爲文而使人得傚之，已非立言之本，而傚之在膚與傚之之逾量，又非也。』」「方望溪曰：凡文之暴見於世，愈久而不湮者，必前未有比，後可爲法。理題文，前此多直用先儒語以詁之，至陳、章輩出，乃挹取群言，自出精意與相發明，故能高步一時，終莫之逾也。」「《搜玉集》云：陳大士子孝威、孝逸並有文采，庚子隨父應邑令張采決科，半日各得七義，采貽書張溥，擊賞之，刻大士臨場新藝，以孝威兄弟半日七義附焉。大士旋舉是科鄉試，嘗與友言：『威、逸二兒頗好學能文，俱可一日十餘義，天之遲弟如此，殆將以取償之道寄諸兒，而未敢必也。然而老禿翁所藉以娛暮齒者具是矣。』」甲戌登

第，家報云：『威、逸二兒可勉勵攻苦，兄弟俱有雋才，不宜自滿自弱，失上天所以予之之意，與老父所以望之之心。曲體我懷，好行其德，學做好人，勤儉雅愼，助成老父一個賢鄉紳。決不可大言大語，美衣美食，爲所不當爲也。』孝威有《癡山集》，孝逸有《壺山集》，李石台刻大士《已吾集》，附威、逸集於後。孝逸又搜輯章、羅遺稿以傳。嘗語傅平叔曰：『大力、文止二先生文，若不遇逸爲之拾遺補佚，不幾如王叔度有行無文耶？』」

羅炌成進士。《欽定四書文》啟禎文卷七錄其《孟子》「夫世祿」三節題文。

羅炌，安徽歙人，崇禎七年（1634）進士，歷官嘉興知縣等。《欽定四書文》啓禎文卷七錄其《孟子》「夫世祿」三節題文：「滕有宜並行者，可考古而遞舉焉。夫『助』之法通於周，滕能與『世祿』並行，雖監三代以設『學』，可也。今夫國有與立，一代爲國之法是矣。而迨其後凌夷衰微，因廢相半，猶足增人復古之思，則以舊章具存，前事悉效，而苟且相仍之說不可用於後世也。滕今者疆理就湮，學校具廢，而忽言授田、建學之舊以比跡於殷周，鮮不以爲迂而難行者，而以吾論滕，亦不可謂不能法古之國也。凡滕所宜行，就周所嘗行者而取則焉，則在今日非無稽也；凡滕所未嘗行，就周之先所通行者而參考焉，則在昔者非無驗也。且是『助』與『世祿』豈判然爲二者，而顧令租稅之家，坐享黍與稷翼之盛；薄蔱之農，不實沾雲霪雨祁之潤。君子讀《詩》至《大田》之三章，蓋不勝傷今而思古焉。曰是周詩也而詠公田，明乎維殷行『助』，維周因之；不得謂『徹田爲糧』，周祇修先公之制而不用前代之法也。而當其時，適畝而食力，君知小人之依；祈年以奉公，民惠大君之德。固已與私利之習相遠，與親遜之風漸近矣。然自三代以來，亦未有學宮不飾、師儒不崇而可以致治者也。由周而觀，靈台辟雍，文王之學也；鎬京辟雍，武王之學也。而其義旁通於鄉庠，錯見於校序，具備於夏殷。周凡以教立斯倫明，倫明斯民親。而維茲小民，即非力田急公之農夫乎？農恒爲農，則挾槍刈鎛鑄而從父兄之教；士出於農，則修孝弟忠信而充俊造之選。居今日而言法古，滕宜以『助』爲先云。而自是詔祿之典俱於是焉準矣，《詩》曰『倬彼甫田，歲取十千』，言卿大夫之祿入必皆取諸田也；並設教之義俱於是焉昉矣，《詩》曰『攸介攸止，烝我髦士』，此言秀民之能爲士者必有賴於農也。固不獨《大田》一詩足以證周之行『助』也。」評謂：「縮結有法，波

瀾亦佳。而以視黃蘊生（淳耀）之大氣鼓鑄、自然凝合，陳臥子（子龍）之古光流溢、不假設色者，不可同年語矣，況金（聲）、陳（際泰）之神化乎？存此以著文章之等差。」

袁彭年成進士。《欽定四書文》錄袁彭年《論語》「子路問事君」一節題文。

袁彭年（1592～1655），字述之，又字介眉，別號特邱，湖北公安人。文學家袁宏道之子，與其從兄祈年早立文譽，以制義名家，詩宗前七子，而不取「公安派」。中崇禎七年（1634）進士，官至禮部主事，後仕於弘光、隆武、永曆三朝。彭年早樹聲望，弘光朝尤以伉直為天下想慕風采，入永曆朝後則以隳節貪榮為士大夫所厭憎。著有《土風堂遺稿》等，今俱不傳。《欽定四書文》錄袁彭年《論語》「子路問事君」一節題文。文謂：「求事君之道，亦求事君之心而已矣。夫勇於事君，而強以所不知為事，此之謂犯而欺也，故夫子為由也言之與？且古大臣道足於己，則正色而立於朝，而人主格其非心矣，豈藉諫說哉？故事君而有犯，非其至者也。然其次固莫如能犯，有犯而無隱者，是亦忠臣之道也與？雖然，未易犯也；非犯之難，勿欺之難也。臣善莫如犯，臣罪莫如欺，犯非欺者之所能也，欺非犯者之所有也。而欺與犯常相因者，何也？蓋吾所謂犯之欺，豈為夫不忠不信以沽直聲者哉，豈謂夫不果不強以窺上旨者哉？天下固有忠信之人，恃其志節之美，而不必察於理之致，而蔽於所見而冒焉以其言進；天下固有強果之士，挾其幹理之長，而不必審於事之中，而勇於所好而悍然恥其言之有不行。以未察之理，而必欲正其君之心，更以未審之事，而必欲正其君之政，彼之所謂犯，我之所謂欺也。夫犯之善未著，而欺之罪已深，則是忠信強果之失恒在欺也。故能犯當自勿欺始。本乎忠信之質而致其智，因夫強果之材而生其文。其未事是君也，而先立其勿欺之學，於天下之理，正是正非，無敢強所未明以為明，而內無欺理；其已事是君也，而遂達其勿欺之道，於天下之事，孰先孰後，無敢急所未行以為行，而外無欺事。蓋必使其心大信於道，而後以道自信於心；必使其言大信於心，而後以言求信於君。如是而事君，則亦可以有事無犯也已矣；如是而犯君，則亦可以有犯無隱也已矣。勿欺之犯，是謂以道加尊，以是格非，以賢正不肖，以義繩暴人。故夫犯君而君自格其非，事君而臣並受其福，豈其以忠信獲罪而以強果蒙凶也哉？由斯道也，抑亦可為大臣也已。」評謂：「說

『欺』與『犯』，皆切中仲氏隱微深痼之病，不可移置他處。文氣樸勁，一往無前。啓禎文自金、陳數家而外，得此甚難。」

劉侗成進士。《欽定四書文》啓禎文錄劉侗制藝二篇。

劉侗（1594～1637），字同人，號格菴，湖廣（今湖北）麻城人。崇禎七年（1634）進士，後選任吳縣知縣，赴任途中逝於揚州。爲生員時，嘗以「文奇」被罰。與于奕正合撰之《帝京景物略》爲晚明著名小品。《欽定四書文》啓禎文卷三錄其《論語》「其愚不可及也」題文：「衛大夫之愚，衛大夫之所獨也。夫衛之難，武子以一身靖之，然武子則直愚耳，其誰及之者？且國家多難之日，有道時優容之故習舉無可用，乃武子者獨以其身濟艱難，無恙也。於是人爭羨武子之愚，惟羨武子之愚而武子愈遠矣。何也？愚者，不自知愚也，不自知其邦爲無道也，不自知必能轉無道爲有道、必能全無道之身以見有道之日也。若武子得而知之，人亦得而及之矣；若武子知愚之必全也而用之，而人亦及之，無不可矣。方其打牧圉而從也，何人不籌萬全，在武子祇有一往。然主憂臣辱之謂何？安所得萬全而籌之？夫且容足皆不可測，而動念俱不容己。得返，其偶也；不得返，其常也。不問其返不返，而冒焉以行，功名中無此人也。及其納橐饘而從也，何人不據長理，在武子祇抱孤忠。然無貳、無他之謂何？安所得長理而據之？夫且小國有不擇音，而旅臣實不遑處。直，則曰『君之靈也』；不直，則曰『二三臣之罪也』。不較其直不直，而懵焉以殉，名節中並無此人也。惟愚誠愚信，不以無益而不爲，不以見害而少避，若使利害心明而誠信已薄；惟愚忠愚孝，不以人怒而不控於人，不以天怒而不呼於天，若使天人數晰而忠孝已膚。故微論人不及也，即令武子事過險出，而回思疇昔之樸心，亦自覺渺然而難追，蓋愚者，氣盛情至之所爲，人生平豈能多得？微論人不及也，即令武子委蛇有道，而欲如困阨之肫摰，亦自覺耿然而難渾，蓋愚者，勢窮計迫之所出，人暇豫豈能自生？今試設身處其地，盟主方赫，強臣在國，不見可是而心不亂，不見可懷而志不昏，愈危愈安，彌拙彌巧，武子之愚亦何其夐絕已乎！」評謂：「武子之愚，祇是但知有君，不知有身，並不知有成敗利鈍，竭力致死，無有二心。其後晉怒解，成公歸，其初實未嘗計及此也。向使君臣同盡，亦其所心安理得、略無梗避者。故曰『其愚不可及』，若但以全君於難立論，則曹之侯獳固得而及之矣。文獨無一語不切。」「筆勢軒昂，鋒穎甚銳。原文稍有散緩處，此從舊本刪截。」

卷七錄其《孟子》「然則廢釁鐘與」三句題文：「有駭於驟廢者，可以窮不忍之心焉。夫一釁鐘也，人以廢疑，而王亦有難議廢者矣。然不忍者將何術而處於此？孟子若曰：人君不忍之心與不可之事，兩者常相因也。故有所不忍而舉一事，而事有不可輒舉；有所不忍而廢一事，而事又不可輒廢。保民之主不知幾縈回焉。如胡齕所稱，王不忍牛而思以舍之，王於此時全未遑計夫鐘也；乃牽牛之人固將以『釁鐘也』對，曰王今者舍牛，亦未知夫釁鐘之說乎？樂作而聲之，鐘也者，樂之首事也；鐘成而落之，釁也者，鐘之首事也。然則廢釁鐘與？夫天下破格之殊恩，為庸人所駭，故有目不欲覷、耳不欲聞，一經解釋，未嘗不稱快一時，而延之每數十百年而莫之敢譏者，在有司以奉行為無過，至情至性不得而動之也；國家習舉之彌文，為末世所尊，故有措不關重、置不關輕，偶爾蠲除，豈遂謂隕越典刑，而爭之每數十百言而莫能諭止者，在流俗以汰革為更張，實心實政不得而奪之也。遂令堂下煩稱臆說，據國法而難好生之君；堂上展轉趑趄，違本念而行先王之禮。王於斯時亦無可如何，直漫然應曰『何可廢也』。蓋王中持乎不可竟廢之議，方牽制於人言；孤行其不忍不舍之心，亦徘徊於初念。覺轂觫一見，耿耿難消；而制作當年，寥寥莫問。當斯際也，而權宜出矣。」評謂：「於題縫中發意，小中見大。思議宏闊，仍於題氣不失，故佳。」

本　年

歸莊《自訂時文》所收時文始於今年。

歸莊《歸莊集》卷三《自訂時文序》：「余謝去儒冠，不作時文者十年矣。……此三百餘篇者，自甲戌至乙酉十二年之作，體制不一，亦不盡工。於是去其十之五，僅存一百六十篇，分為《回瀾》、《破浪》、《安流》、《到海》四集。《回瀾》者，丁丑以前，取法先輩，力挽頹風之作也。《破浪》者，戊寅以後，一變其格，大抵議論激昂，氣勢磅礴，縱橫馳驟，不拘繩墨之作也。《安流》者，辛壬之間，意取逢時，酌今古之中，中程式者也。《到海》者，古文之氣，傳注之理，先民之法，兼得之，而舉子之業蔑有加焉者也。握三寸之管，操縱自如，變化不測，以如此之文而不遇，然後知天之愛我之深也。雖然，余方悔之矣。……假令以十餘年之精神心力用之求道，安知不超入於聖賢之域，何至年過四十而尚無聞乎！」

明思宗崇禎八年乙亥（西元 1635 年）

十 月

張自烈作《歷科程式序》。

張自烈《芑山文集》卷三《歷科程式序》：「天子御極之四年，予遊京師，蒿目天下事，思上書論學術是非，條例鄉舉里選法，困而歸。今年冬，僑吳門，錄洪武以來錄文竣，聞朝廷詔復祖宗薦辟，歎曰：『古今治天下，進君子退小人而已，制科兼選舉法甚善。』或曰：『我國家人才放失，儒效闊疎。今士盜虛聲尤甚，率無補當世，它懷材負氣義，黨壘巉出，更相賢聖，其弊不牛、李、朔、蜀，蠱壞宗社不止。繇是觀之，雖勤辟薦奚益？』予曰：否。三代以後，孝廉、辟署、限年、九品、清議、銓選諸科，始得卒失，不數傳，詭謬僞雜，同畿若是者，豈法弊哉？行法非其人耳。今上思致理平，日孳孳籲俊是亟，二三人臣，儆慎簡人望，布列庶寮，兼酌器使久任，采左雄、劉毅、司馬光遺議，與天下更始，一切門品、勞舊、資次黜勿用，四方士之賢者，科目外度可自著見，咸激發磨礪，澡思樹立，諸不肖卒慚沮退。屬是時，數考績累名，嚴黜陟焉，天下幾幾可治，惡在辟薦無益人國哉？然則議者謂選舉之蠹，什佰科目，疑天下乏人，欲概紬令典而廢之。噫！何弗思甚也。明興，專經義設科，糊名謄本，示眾以公。士進退係幸不幸，非古敷納明試意。今科目舊矣，而保任驟復，宜得士比隆古昔，當事塞源濬流，悖古先王官使之道，鰓鰓慮亡以稱上旨，何哉？予謂薦賢責在大臣，與程士責在考官一也。其道存乎辯是非、信罰賞，是非明則罰賞必，罰賞必則勸沮廣，勸沮廣則忠實進。如是而天下不治，未之嘗聞。今學士所傳《昭化典文官錄》、《文職爵名氏》，犁然具在，雖忠邪後先殊轍，其間大臣銜朝命進退多士，蓋與今辟薦表裏。惜上焉者求之不誠，下焉者應之以僞，苟且因循，以趨於弊，求言語文章之盡合於道不可得，識者所繇屢廢書而歎也。予也考文論世，搜十五朝程士之業，差次而是非之，點乙詮注，蔑敢漫易，竊準古辨材定論之義，不阿親黨，不畏強禦，推而之於天下，進賢退不肖，庶有裨乎？覽斯集者，追惟祖宗朝貢士初意，深思古今廢興得失之自，與夫是非、罰賞、勸懲之宜，諸大臣開誠布公，兢兢推賢獎能爲己任，而草莽中淑質貞亮之士，相率黜華競，端學術，藏器待用，貽邦國光，則參用辟薦制科，三代可復。而不然者，中外交蒙，名實乖戾，議論多而成功少，雖日講《周官》之法，如子向所條

例，豈足以治天下哉！崇禎乙亥冬月日。」

明思宗崇禎九年丙子（西元 1636 年）

四 月

滿洲建國，國號大清，改元崇德。（據《明鑑綱目》卷八）

八 月

改順天鄉試九月。（據《國榷》卷九十五）

九 月

順天始鄉試，主考黃景昉、閃仲儼。十月榜出百二十四人，例百五十五人。時真定、保定、永平之士被警不至。（據《國榷》卷九十五）

陳龍正《幾亭全書》卷三十八《分考一回奏》：「臣於崇禎九年九月，充順天府同考試官。臣原習《詩經》，因分房之日，有今考選原任行人司行人胡麒生，以《禮記》孤經，引嫌求改，考試官左諭德黃景昉令臣調閱。臣初以客經辭，景昉謂臣官序居末，例應調《禮記》房，臣遂不敢堅卻。循照近規，題出共商，文繇臣閱。分房之後，披較經義，倍加敬慎。《禮》經卷數甚少，貝字型大小應中式六名，取至五卷，人才已竭。緣係孤經，別無他房可以借才，復遍搜得文理稍明順者七卷，臣與考試官左諭德閃仲儼回環比勘，欲就中擬定其一。商確再四，謂（胡）維孚卷力量雖淺，詞氣差清，勉取充額。臣原批有『嫩稚』二字，又有『學力未足，惟在自充』之句，所以姑置末名，止爲卷少才乏，而額不可缺。……明詔謂維孚『學力未充』，此實維孚定評，亦臣與典試二臣意中成案。」

明思宗崇禎十年丁丑（西元 1637 年）

二 月

原蘇州通判周之夔密告張溥、張采且反，詞連陳子龍、黃道周、夏允

彝、吳偉業等。又有託名徐懷丹者，檄復社十大罪。

陳子龍《陳子龍自撰年譜》卷上：「崇禎十年丁丑……會吳中奸民張漢儒訐奏錢牧齋、瞿稼軒以媚政府，有旨逮治。而奸民陸文聲又以復社事上書，齮齕張受先、天如，報聞。一時無賴惡少年，蜂起飆發，縱橫長安中，俱以附會時宰相矜誇，且夕得大官矣。閩人周之夔者，舊司李於吳，險人也。有宿嫌於二張，以病去官。尋喪母家居，揣時宰意，繦経走七千里，入都門告密，云『二張且反』，天子疑之，下其事撫按……而之夔既上書，因石齋師比之人梟，憾甚，又疑予輩爲二張地道，則以黃紙大書石齋師及予與彝仲、吳駿公數人之名，云：『二張輦金數萬，數人者爲之囊橐。』投之東廠，又負書於背，蹩踥行長安街，見貴人輿馬過，則舉以訴之。蜚聲且上聞，人皆爲予危之。」

太子太保文淵閣大學士張至發、孔貞運主禮闈。取中吳貞啟等三百人。（據《國榷》卷九十六）

本科會試題。

本科會試題有《大學》：「民之所好好之，民之所惡惡之，此之謂民之父母。」《論語》：「君子欲訥於言而敏於行。」《孟子》：「賢者在位，能者在職。國家閒暇，及是時明其政刑。」

丁丑科會元為吳貞啟。

談遷《棗林雜俎·聖集》：「丁丑會元吳貞啟對策亦誤筆，同年包爾庚戲之曰：『兄又不辨字狀元矣。』」

三 月

劉同升（？～1646）、陳之遴（1605～1666）、趙士春等進士及第、出身有差。

《崇禎實錄》卷十：崇禎十年三月，「甲寅，賜進士劉同升等三百人及第、出身有差。」劉城《嶧桐集》卷首蔣臣《徵劉公伯宗行略》：「往者崇禎間，天子下明詔，徵海內賢良詣公車，試補守令，不稱，坐舉者，懲吏治之日偷、黎元之日困也。所司輒庋閣，不時行。會有妄男子上書，詆斥在位橫婪朋比

狀甚悉，且言皆資格之弊、科目之趨日下也。上覽之心動，遽拜夕郎。朝貴咸憤嫉無所發攄，謬意徵辟得人，則科目且罷，以故尼沮萬端。丁丑禮闈策出，至用為譏訕。賴上意弗移，督趣之，旨屢下，始漫然以應，然應之者不以實也。上焉者，裁取譽望素聞、雅意獨善，度其終不復出也，則薦之，次或徇其所親暱，下焉者不復可問矣。其間名與實稱，蓋可僂指焉。大江南北，則余與伯宗、沈眉生咸在舉中。余屢書致辭，幾於誚讓；伯宗則以讓友人吳次尾，既不獲讓，復辭者再。及授官，又皆不拜。若眉生則試亦不復就，僅上書論時宰，徑拂衣去。當是時，天下事已萬不可為矣。局殘且盡，無下子處，更命弈秋，能無斂手？」

丁丑科進士陳子龍作有《丁丑二三場干祿集序》。

陳子龍《安雅堂稿》卷五《丁丑二三場干祿集序》：「今天子制詔春官，以取士必重實學、徵材用，故崇二、三場所試論、表、策者，雖《書》、經義不佳，論、表、策佳者取之。詔書甚著，自宜遵行。然兩京十三藩及舉於南宮者三百人，有人以論、表、策得雋乎？曰：無有也。然則明天子赫然之命，而何以弁髦為？曰：今之取士者，其初固未嘗以論、表、策得仕也，則奈何以我所不習者而繩人也？即取一二異等之才，能薦於朝而破格用之乎？不能也。舉者有進賢之賞乎？無有也。即勘校甚嚴，不過摘其字句之訛以應上命，其荒陋剿襲，或每篇不滿一二百字者，無患也。夫人惟利害得失之所在，而後肯用心以求之。匪是，則主司何苦而搜揚，士子何利而研習耶？乃知方今所謂重論、表、策者，固有名而無其實也。」

陳子龍、夏允彝中進士，俱在三甲，當就外吏。

陳子龍《陳子龍自撰年譜》卷上：「崇禎十年丁丑。榜發，予與彝仲俱得雋，素稱同心，而予又出於漳浦黃石齋先生之門，生平所君宗也。時人多舉廬陵、眉山之事相譽，予深幸得良師友之助，而廷對則予與彝仲俱在丙科，當就外吏。」《雲間科甲錄》：「崇禎十年會試考官：張至發，山東淄川人；孔貞運，南直建德人。」梁章鉅《制義叢話》卷七：「俞桐川曰：包宜墼爾庚於幾社中，文最平實，陳、夏諸君屢譏之，乃刻苦砥礪，格遂一變。蓋幾社七子好讀《文選》，然多用於駢儷，惟宜墼有峭拔之筆、搖曳之致耳。世人朗誦宜墼文數過，竟不能解，所謂過門大嚼之夫，與之烹清茗、食橄欖，徒覺煩

苦厭人，知味之難，自古歎之。惟韓慕盧海內宗匠，生平最賞宜壑文，可以定宜壑矣。」「（俞桐川）又曰：幾社名士首推陳臥子，臥子天才迅發，好上下古今，切合時務而敷以藻豓，《國風》好色，《小雅》怨誹，可謂兼之。艾東鄉至雲間，抗顏南面，惟臥子以少年與之爭。東鄉主理學，臥子主議論，東鄉主秦漢，臥子主晉魏，互持不相下，至於攘臂。要其獨主所見，不肯雷同，誠藝林盛事也。壯而力學，悔其少作，則東鄉亦爲稱道勿置。申酉兵起，臥子致命，東鄉亦殉難入閩。千甲契合，故曰君子同歸而殊途，　致而百慮也。」「徐存菴曰：陳臥子之文，深於先秦、兩漢，其爲氣也雄健實勝。『伐柯』一節題文，清腴雋永，溫恂孺以釋氏桃花、莊生秋水喻其妙諦。予讀其文，畢竟是雄健本色。」

夏允彝成進士。《欽定四書文》啟禎文錄夏允彝制義三篇。

夏允彝（1596～1645），字彝仲，號瑗公，松江人。弱冠舉於鄉，好古博學，工屬文。是時東林講席盛，蘇州高才生張溥、楊廷樞等慕之，結復社。允彝與同邑陳子龍、徐孚遠、王光承等亦結幾社相應和。崇禎十年（1640），與子龍同成進士，授長樂知縣，善決疑獄。後北京陷，福王立於南京，擢允彝爲吏部考功司主事，不赴。未幾，南京陷，欲結義民抗清，聞友人侯峒曾、黃淳耀等皆死，乃以八月中賦絕命詞，自投深淵以死。後二年，子完淳亦死。著有《夏文忠公集》、《幸存錄》等。《欽定四書文》啟禎文卷二錄其《論語》「夏禮吾能言之」一節題文：「聖人有志二代之禮而惜空言之不足以傳也。夫夏、殷亡而其禮不亡，然至使能言之士無所據以成一代之書，是可重歎也。且王者受命，必變易前世之禮，以明己之得統，示天下有所尊也；至於勝國之守，不敢有所改焉，而爲之立其後嗣、備其典文，使子孫無忘其所自始。然始未嘗有所闕遺，而後稍夷，至於微而失傳，亦勢使然矣。何者？制度不便於當今，自非賢者，能無遷於時好而變祖宗之舊？耳目易專於所習，苟非博學，安能搜討故聞以遺同志之求？若乃夏、殷之禮，我嘗學之而能言其意矣。蓋其大者載於《周禮》，周公之所採取，有其源流，不可沒也，至其細無所考，有非左右史之所記，而守爲國故、相沿至今者，入其國而問其傳，蓋往往而有也；即其大者散於列國，學士之所講頌，無有異詞，其明徵也，至於時之軼事，有他國之聞見所不及，而垂爲家乘、可資當今者，見其人而考其得失，或不乏於時也。然而觀於杞、宋，亦安能有足徵者哉？以杞之爲夏

餘也，而蕩廢典章，不存其世業，不足怪也，至於宋爲秉禮之國，其餘文不無詳焉者，觀於戴公之時而猶得《商頌》以祀先王，則其他可知也，然即而徵其文，文安在也，非無風物之遺，而質之先世之故實，其爲率由典常者，大抵闕如矣；以杞之即東夷也，其人物樸陋，不齒於諸夏，是固然也，至於宋爲春秋之望，其大夫猶有顯焉者，觀於微子入朝而周人歎其從者以爲絕盛，則其後可知也，然即而徵其獻，獻安在也，非無賢哲之士，而與之上下其議論，其爲耆老傳識者，蓋亦已寡矣。又安所折衷而使論者以我言爲不誣哉？不然而上述史記，旁采舊聞，始於神禹，下及商辛，包括二代，勒成一書，盛衰興廢之跡燦然也，不亦善乎？而惜其不足徵。何也？夫周之於二代，蓋亦至矣。取其重典，以裨當世，而至於車服之秩，猶得使之修其故事；崇其支蘖，以備三恪，而至於考獻之遺，亦皆使之歸其故國。蓋文獻若斯之盛也，而猶浸以不章，況後世之事哉？然後之正一統者，謂國雖可滅而史不可廢。是以朝之大政，必有記注；而勝國遺事，必立史官。雖作者不必其人，然猶與《春秋》並存也。」評謂：「前幅實發所以能言之故，最爲有識。通體寬博雅贍，雖語尚文藻，而皆有義意以爲質幹，故不可廢。」

卷五錄其《論語》「微子去之」一章題文：「聖人有感於殷臣，而發其不忍之微焉。夫微、箕、比干，何益於殷哉？而子以爲仁，蓋感於不忍之極思也。且天爲斯世而生聖賢，則用世其本懷也。而或處無用之世，於是一往深情，既屈折而難伸，又徘徊而不已，遂至計彌迂、事彌慘，而衷亦彌曲，顧亦非聖賢不足以知之矣。在昔殷之末，有三人焉，曰微子、箕子、比干，而一去、一奴、一死。夫茫茫殷土，去將何之？假爲宗祀地也，不有武庚之嫡系存乎？而且曰以奴諫耳，父師不畏，況乃因伍；端言不入，況乃佯狂？至於繼以死諫，是又徒斃其身而重君過也。然則此三人者，乃世所謂大愚矣。孔子曰：嗟乎！乃其所以爲仁乎？惟宗臣之苦衷難已，故雖事不如意，猶甘心而爲無益之謀；惟志士之直節難回，故當計無復之，遂激憤而成痛心之事。即如處殷之時，而非有大不忍者乎？則濁世自可以浮沈，驕君亦易於將順。即不然，而南海北海俱得以肆志焉，而三人固非其情也。情至則憂，憂至則憤，拯溺之志既殷，呼天之路又絕；宗社之痛固無可解，精忠之氣更不可遏。此際此情，真有耳不忍聞、目不忍覩而身不忍與之周旋者。坐視不忍，幾欲逃於宇宙之外；共事不忍，遂自匿於奴隸之流；生存不忍，因下避於重泉之隔。彼其一去、一奴、一死，豈不知於殷無濟哉？惟知其無濟而不忍不去、

不忍不奴、不忍不死，乃所以爲仁耳。故曰『殷有三仁焉』。噫！此不止爲三仁論定也。滔滔皆是而棲棲不已，孔子之所感激也，故記者於《微子》之篇，而歷敘轍環之事。」評謂：「言『三仁』而言悟主、言圖存，皆迂儒也。此『仁』字當與『求仁得仁』同看，總之，全其心之不忍而已。彝仲此作，先輩亦未見及此。」「幾社之文，多務怪奇、矜藻思，用此爲西江所詆排。惟陳、夏二稿，時有清古雄直、永不刊滅之作，良由至性所鬱，精光不能自掩。」

卷六錄其《中庸》「宗廟之禮」二句題文：「宗廟之所首序，將率祖以行孝也。夫昭穆不紊，則親親隆而祖宗悅，宗廟之禮首此，有以哉！且人本乎祖，雖支屬蕃昌，極於千億，而原其初則一人也。故王者每樂於祖宗之前，聚族姓之眾，要使其彬彬有秩，則在天之所悅懌矣。吾觀於宗廟，而知武周之制禮重也。太祖居正東以受生氣，而南向以求陽者爲昭，北向以求陰者爲穆，一望厥宇而開承之德可考也，由是以上序祖宗，下治子孫，殆不煩而可久矣。帝嚳稱始祖以明無偶，而厥猷翼翼者爲穆主，會朝清明者爲昭考，一稱厥號而作述之次可知也，由是而明彰既往者，式序將來，殆永遵而無惑矣。然則禮在宗廟，斯序在昭穆。推厥所以，不已重與？一祧一祔，無恒矣，而來者總虔列於太祖之旁，故廟不踰七而可以百世。祖宗且然，而後有干之者乎？觀夫昭穆代襲，有祖孫而無父子。蓋祖孫世隔，隔則欲其有親；父子世親，親則欲其有別。序之，所以嚴也。或左或右，有列矣，而久之必不亂於祫食之後，故子雖齊聖而不先厥考。祖宗如是，而後有越之者乎？觀夫昭穆班分，論世次而不論長幼。蓋年者所自受於天，下之不敢上抗；世者所同受於祖，承之不敢下夷。序之，所以定也。故王者或當耄老之時，則下有幼子童孫，而上猶有伯兄伯父，其人且難於辨貌，而一入廟中，則左昭右穆，秩如也，乃知尊祖之昭其名分爲最隆；宗支當繁衍之餘，則或同姓別爲異氏，同氏別爲異族，其人且窮於紀名，而一與廟祭，則群昭群穆，畫如也，乃知報本之庇其枝葉爲最厚。上以觀德，而私不掩公；下以明倫，而遠不忘孝。斯禮也，抑何其弘以遠也！」評謂：「引證疏通，自能發明禮意，所以詳覈而不病於填實也。」

陳子龍成進士。《欽定四書文》啟禎文錄陳子龍制義十一篇。

陳子龍（1608～1647），初名介，字臥子、懋中、人中，號大樽、海士、軼符等，松江華亭（今上海）人。生有異才，工舉子業，兼治詩賦古文，取

法魏、晉，駢體尤精妙。崇禎十年進士，選紹興推官，擢兵科給事中。命甫下而京師陷，乃事福王於南京，上江防等策，悉不聽，明年二月乞終養去。南京陷，遯爲僧。尋受魯王部院職銜，結太湖兵，欲舉事，事露被獲，乘間投水死。清乾隆中，諡忠裕。輯有《皇明經世文編》五百餘卷，自著有《陳忠裕全集》。於制義編有《程墨隆運稿》，自作有《陳臥子稿》，《制義叢話》引徐存菴語：「陳臥子之文，深於先秦、兩漢，其爲氣也雄健」，引俞長城謂：「幾社名士，首推陳臥子。臥子天才迅發，好上下古今，切合時務，而敷以藻豔，《國風》好色，《小雅》怨誹，可謂兼之」。《欽定四書文》啓禎文卷二錄其《論語》「子謂魯太師樂曰」一節題文：「樂必驗之於聲，知古法之可傳也。夫樂自始作以至於成，其和與否，皆以音驗而知。豈古法之難傳哉？且樂者，所以宣盛德、歌成功。迨其後也，中和或爽其度，而有司未失其傳。如魯備六代之樂，列國賢士聘問以求觀者徘徊而不能去。吾夫子歎其盛而傷其音也，慨然有正樂之思。而師摯又賢者，一旦語之曰：有虞教胄子於典樂，而太常之屬乃下比於優伶；我周統司樂於春官，而守府以還或僅存其節度。士大夫好窮其理而不知所用，師工能按其聲而不知所本。若然，則樂遂不可知耶？非然也，樂固以音爲主，以數爲驗者也。今試窮其數，如鐘呂之長短尺寸，可謂精矣，按而奏之，則不和；又試治其器，如金石之清濁大小，可謂密矣，按而奏之，又不和。於是取《大章》以下、《大武》以上，依其節次、習其笙歌。其始作也，六律畢舉，高下咸適，則以爲翕如；其從之也，既平而無戾，亦明而不奸，又累累而不可絕，則以爲純如、皦如、繹如。樂既闋，告成事矣。夫辨於理義，不若驗於聲音。太師亦知其故乎？古人量衡測驗之法尚在，則其數足恃也；鐘鼓敔磬之屬尚存，則其器足恃也。備器與數，而成於音也不難。雖然，數本於天，而天有盈縮；器寄於物，而物久弊壞。假令後有聖人焉，聲爲律，身爲度，何難於絪桑吹管之始而更定母音；假令後無聖人焉，百家異說，俗雅爭鳴，猶得於審聲知音之餘而復還大雅。則今日者，幸生宗國而如見先王，子固當不失其官，而予亦將論次其事，使後世有述也。自暴秦之興，古器湮沒，後之學者搜曲阜之宮，破河洛之塚，如玉尺玉磬之屬，得一二而足彷彿其意，此非音亡，數與器亡也。夫子蓋傷之久矣。」評謂：「夫子所言翕如、純如、皦如，不但古樂有此音節，即末世俗樂亦斷不能出此。此所以謂『可知也』。古樂之亡，亡於器數，其聲音之理終不亡，所見甚的。文情洋溢，具風人之致。」「審聲知音，審音知樂，是『可知』本旨。

作者因唐宋以來諸儒考校律管中聲，異同紛互，故兼器、數言之，而斷以器、數亡而音不亡。二語洵不刊之論，而於聖人語太師本旨，亦未見有闕，故可卓然名世。」

卷四錄其《論語》「孟公綽」一節題文：「論魯大夫之才，而知春秋家國之事矣。夫春秋之時，政將在家，而小國方困，即夫子之論公綽可覩也。且天下多故，事變日生，列國之臣非才無以自見。以爲盛德寡營之士，無地可以置之，而不知其非也。公室患其才少，私門患其才多，此當今之大患矣，而人與地往往相違，故得其宜者寡耳。吾觀魯大夫孟公綽之爲人也，寬平而有守，恬淡而不欲，其在魯之事，我不暇論。或以爲名高鮮實，使之守職足以墮事；或以爲德隆譽盛，登之朝右可以顯君。我以二者皆非也，彼固有所優，而亦有所劣也。其所優，則爲趙魏老矣。夫家臣之長也而曰『老』者何？無所爲之名也，謹持筦鑰而已；無所事之意也，以德輔導而已。此家不干政、陪臣不執國之義也。夫晉伯衰矣而政將在趙魏，位名爲世卿，而權實爲盟主，則才略輻輳之人進矣；入謀於私室，而出行於諸侯，則智術傾危之士來矣。然而其始也借權以削其國，而既也乘間以圖其家。如是者往往而有，故巨室大家每樂其才而畏其害也。誠以公綽爲之，雅量足以坐鎮，競端可以潛奪，豈不家國俱榮哉？若夫滕薛之爲國也微矣，勢不如大國之卿，而名爲列國；地不餘一邑之廣，而交於四鄰，此其勢必無可以自存者。庶幾有一二人焉，具應變之才，懷無方之智；振紀綱以內治其臣民，挾禮義以馳辨於盟主，然後可以強自支屬、遷延歲月耳。若云以靜守之、以德化之，此事之不然者，而公綽所長者在此，是以知其不可爲滕薛大夫也。嗟乎！當此之時，化家爲國之兆成矣，故才智之士不以仕於私朝爲恥，而分裂篡竊之事將作，誠得清靜之人不助其成謀，則大國可以不滅；當此之時，並弱兼小之勢見矣，故衰微之國常以降爲皀隸爲憂，而盟會討伐之風將息，苟非敏略之臣力扶其衰緒，則小國何以救亡？夫大國未篡而小國未亡，則霸者之風可以復見，而惜乎不能也，此春秋將爲戰國之勢也。夫子固知之而寄慨於公綽耶？」評謂：「從春秋大勢立義，雖似別生枝節，然聖人之言無不包蘊。凡有關世道之論，因題以發之，皆可以開拓後學之心胸也。」

卷五錄其《論語》「君子疾沒世而名不稱焉」題文：「無後世之名，聖人之所憂也。夫一時之名不必有也，後世之名不可無也，故君子不求名，而又不得不疾乎此。夫子若曰：好名者，人之恒情也，故下士求名，人亦不得以

為躁，但我恨其急一時之名而非千秋萬世之名耳。若君子則知所以審處於此矣。以為一時之名，自我為之，而其權在人，苟我之聰明才力注乎名，則有名，而皆倚人以為重，盛與衰我不得而知之，此名而名者也；千秋萬世之名，自人為之，而其權在我，苟我之聰明才力注乎名，未必有名，而常修己以自立，高與下我將得而定之，此名而實者也。名而名者無之，在於未沒世之前，君子豈可以徒疾乎？名而實者無之，在於既沒世之後，君子豈得而不疾乎？人之生也，有愛有憎，故有幸而有名者，有不幸而無名者，至於身沒之後，與其人不相接，則不可曰愛憎之所為也，而寂寂者竟如斯，則將何以自異於里巷之子耶？人之生也，有失勢有得勢，故有幸而無名者，又有不幸而有名者，至於身沒之後，與其時不相及，則又有非得勢失勢之可論矣，而泯泯者遂如斯，則又何以自別於草木之儔耶？人之貴乎榮名者，貴其有益生之樂也；君子之貴榮名者，貴其有不死之業也。死而無聞，則其死可悲矣；死而可悲，則其生更可悲矣。是以君子抗節礪行，惟恐不及耳。人之以為沒世之名者，是我身後之計也；君子以為沒世之名者，是我大生之事也。死而無聞，則其死不及憂矣；死不及憂，則其生大可憂矣。是以君子趨事赴功，惟日不足耳。人但見君子之為人也，譽之而不喜，毀之而不懼，以為君子之忘名也如此，而不知有所其不忘也；不大言以欺人，不奇行以駭俗，以為君子之遠名也如此，而不知有所甚不遠也。蓋有大於此者而已，有久於此者而已。若夫營營於旦夕之間，是求速盡者也，好名者豈如是乎？」評謂：「聖人不是教人求名，起手提出『在人』、『在我』，已透『疾』字根源。讀至『死而無聞』數語，鞭辟痛快，作者庶幾不負斯言。」

　　卷五錄其「吾猶及史之闕文也」一節題文：「即二事而有今昔之殊，此春秋之衰也。夫史之闕文，良史也；有馬借人，賢士大夫之事也。春秋既衰，而此風邈矣。若曰：風俗之變因乎時勢，歲月之間，先後異觀者亦已多矣。若夫記言之臣，後世之所考也；當塗之子，天下之所望也。而不能參鏡列國之書，廣揚諸侯之譽，此二大事也，而變可勝言哉？吾聞周之盛時，司典之官，彙於王府，君子之馬，以徠奔馳，此王者之風也，而吾不及見矣；至於齊晉主盟，赴告之策，交於友邦，車馬之富，以惠失國，此伯者之盛也，而吾亦不及見矣。若夫吾生之初，伯國之業衰矣，然同盟之邦，不廢聘問，執簡之士，因得以詳稽其事焉，而未詳者，則闕而不書，若所稱老聃、南史、倚相之流，文章簡直，尚可風也；執政亦少鄙矣，然境外之交，固多賢者，

文辭之會，或得以私致其情焉，而有馬者，則借人乘之，若所見晏嬰、子產、叔向之徒，言論綢繆，亦可懷也。當是之時，史官有徵信之書，而善惡易知；士大夫有忼慨之情，而交遊及遠。數十年以來，而天下之事漸異矣。至於今者，盟會之事既稀，而諸侯之使不以情相告，國安得有信史乎，於是作史之人，恣其胸臆以示博綜而失於誣矣，豈如向者之史，後世得以考其得失哉？弱小之國益貧，而世卿之貴大率以賄聞，士安從所取資乎，彼其鈞駟之家，厚自封殖以相侈大而不假借矣，豈如向者之馬，儕輩得以通其有無哉？嗟夫，此固吾之所及見也，而竟不可復得耶？且夫國史之重也，惟其慎，而邪說之是非不得搖之；士大夫之尊也，惟其有德於人，而匹夫之權勢不得奪之。今國史既不足信，則放言橫議之流，皆思著書立說以自見，堯舜爲虐，桀紂爲仁，而天下之禍在於文章矣；上人夫既不好施，則邪奇詭俠之士，皆能輕財廣交以自立，小者卻贈，大者借軀，而天下之權將在布衣矣。嗚呼，此春秋將變之勢也！」評謂：「感歎今昔，原其從來，極其流弊。以二者爲大事，雖非的義，而風骨超邁，紅餘卓犖，自非襟抱過人、沈酣古籍者不能作。」

卷五錄其「長幼之節」四句題文：「隱士有不廢之節，賢者明難廢之義。夫君子之告人也，乘其所明而入。君臣之義可廢乎？抑何其躬行於家也。且聖人之明義也，因乎人之所不安，而成乎人之所甚安；始乎至近，而卒乎至遠。惟其不安於近也，乃其能甚安於遠也，而人始不敢曰『舉其一而外者，我有所不知也』。夫不仕無義，安歸乎？歸於不可廢也。丈人未嘗登君之朝，我則嘗入丈人之室矣。入其家，胡然秩秩爾，以此知非無意經世者也，務爲馴謹之行，草野而有儒者之風，夫亦知所本矣；觀其儀容，胡然雍雍爾，以此知非自外名教者也，立身中庸之間，子弟而敦長老之習，夫亦知所學矣。豈非以長幼之節不可廢哉？雖然，嚴而不可踰者節也，廣而莫可逃者義也，節歸長幼，義則君臣。夫君臣亦大矣，世有求之，聖人不以爲諂，而獨不許其廢，以爲吾有以推之也，今有人未嘗不明其類而或異焉，我求其故而不得矣；君臣之義亦廣矣，世有怨之，聖人不以爲罪，而獨不許其廢，以爲吾有所素由也，今有人已力行見其效而獨去焉，我思其心而不測矣。苟出而圖吾君也，即家庭之所爲而有餘，與其爲善於家也，夫寧爲善於國，若斯人之不出，其謂之何？能起而懷此都也，則父兄之所教爲有素，其爲長幼也父，則亦將爲君也臣，若斯人之偏舉，不可解矣。夫節也，義也，不敢與不忍之心，

一而已。禮踰於難犯，而儀謹於易侵；行遺於當世，而情深於一家，未之有也，其何以長有此長幼哉？假令丈人之家，少凌長、小加大，則丈人猶將惡之；使推而至於君臣之間，即當世之賢人君子皆以爲弗及也。」評謂：「意無殊絕，頓宕雍容，前後回抱，數虛字神情俱出。」

卷五錄其「不知命」一節題文：「知命之不可強，所以堅君子之心也。夫人欲爲君子而不知命，則疑畏兼至矣，是以貴於達天之學耳。且夫人所遇之境，不能邎於天之外，而今人勢去則以爲己之拙，時乘則以爲己之巧，此其大惑者一也；人所行之事，天無所與其間，而今人謂直遂多以遇禍，規避每以蒙福，此其大惑者二也。如是，則何恃而泰然爲君子哉？蓋是非者，君子與小人分焉者也；而禍福者，君子與小人共焉者也。自世之人不察，或狃於迪吉之說，以爲修德者必有崇高之位，澤厚者必流子孫之祥，如是，雖當爲善之時，方忻忻然重有所望，君子豈若是哉，而況乎其不可問也；或狃於道消之會，以爲嚴氣正性多亢節之虞，植節顯名有淪濡之患，如是，雖當爲善之時，方惴惴然大有所憂，君子豈若是哉，而況乎其未可知也？凡此皆不知命之故耳。蓋天下之患不勝防，故聖人履順違逆之旨，與小人趨利避害之心，相似而實有相反；名教之寄不可屈，故天道報施靡常之事，與賢人見義必赴之道，相背而適以相成。且夫論命之所由然，則有莫能易者存焉，而聰明之士遂有爲先覺之說者，大固有一定而細亦有一定，則人無可自勉矣，夫彼既莫能易，我何用詳其莫易乎，但通其大略而知其不必憂也，我自爲君子而已；論命之所以然，則有至不通者存焉，而放達之流遂有爲任運之說者，惡固不可爲而善亦不必爲，則人無所用心矣，夫彼雖至不通，我安可同其不通乎，但識其無據而知其不足論也，我自爲君子而已。苟非知命，幾何而可以自決哉？夫命者，英人志士之所厭而不道者也，然惟知之而後可以棄而事我之所爲耳。天方富淫，而善人無祿，究爲有激之論，而造化卒本於無心；既有令名，而復求壽考，豈非難兼之期，而死生當置之度外。此所以爲君子也。」評謂：「雲間、江右，徑塗各別。而此篇明快刻著，頗類陳大士筆意。蓋理本無二，而浸潤於古籍亦同，故轍跡有時而合也。『命』字專指死生禍福，不夾入造命，較章作（案：指此書本卷所錄章世純同題文）更有把握。」

卷六錄其《中庸》「齊明盛服」三句題文：「詳修身之事，而知人主無不敬也。夫非內外交嚴而動必以禮，則人主之身可動者多矣，所以貴敬與？且

夫小人之事君也，我知之矣，曰人君不可使其有間，有間則省庶事，故狗馬聲色之具不絕於前，所以傷其身者無所不至矣；君子之事君也，我亦知之矣，曰人君不可使其有間，有間則生邪僻，故鬼神師保之論時戒於側，所以愛其身者無所不至矣。若夫子之告哀公以修身者，曰天生蒸民而立之君，非將以樂之也，爲百神之主，統萬民之尊，其身蓋巍巍矣；君居五位而享其奉，非可以自便也，思祖宗之付托，念臣民之瞻依，其身蓋凜凜矣。如是安可以不務修身乎哉？而身何以修之也？我聞人主處深宮之中，偶有醉飽之志，而史臣已記、民間已傳，是以古之王者懍『上帝臨汝』之懷，而清靜以守之，齋祓以將之，蓋齋明而無不一之心矣；人主當燕私之會，或有不衷之服，而上應元象、下成風俗，是以古之王者愼『下民侮予』之戒，而旎纊以飾之，珩璜以節之，蓋盛服而無不肅之度矣。雖然，翼翼昭事之忱，非在吉蠲之日也；穆穆淵默之容，非在尊嚴之表也。然而有賴於此者，蓋以人主之身不可少違於禮。而禮之於人也，束縛而易於猒苦。故簡易之流必至輕脫，輕脫之甚必至縱逸，而不動於非禮也難矣；繁重之久可以服習，服習之安至於自然，而動於非禮也亦難矣。於是諧律中度而身鮮非辟，宦官宮妾無所投隙，而當之者見英明不惑之風；金聲玉振而身履中和，蓋臣拂士相與成就，而過此者皆純粹以精之事。非所以修身哉？昔我文武，撫有區夏，惟以祗畏爲懷，故幽而臨保，顯而靈承，一人有祈天永命之理；及我文公，保明孺子，亦以荒寧可誡，故口絕戲言，身無觀逸，大臣有詠歌告諭之文。自一人極欲，後世不知爲君難，而正心無聞，夷吾乃云『不害伯』，於是修身之事寡矣。」評謂：「丰姿超駿，鎔冶經史而挹其菁英，與世俗所爲金華殿中語自隔霄壤。」

卷六錄其「日省月試」三句題文：「詳於考工，知古者藝事之精也。夫百工之事，古者以詳密爲務，豈可以徒致哉？且制器尙象，聖人以前民用，而度材考工，先王以盡民力，似乎末業猶加詳焉。器用日繁，民以益巧，故唐虞有共工之官，而周制備六官之一，其事實重也。夫技巧之事，賤者執之，此其業隔於上矣，知者不可治，治者不能知，何緣而辨之哉？王者審能而任官，故準繩藏於府，制度領乎吏，先以齊天下之物而不亂；造作之能，巧者趨之，此其人異於農矣，自食者日勞，食於人者日逸，何由而制之哉？王者準本而償末，故上者進於官，下者同於民，期以平天下之財而不偏。於是乎有日省月試之法焉。器不成於一朝而功難廢於一日，不之省焉，則勤惰不一

而工奸其力矣；物或精於一時而人難勤於終月，不之試焉，則規矩不齊而工滋其偽矣。若夫量功給食，事又何可略也？有通名於吏人，論道藝諫，能制作以資用，是養於王國，所當資以厚糈也；有比能於廝養，胥靡版築，僅力作以餬口，是食於民間，所當令其代耕者也。如此則人獻其能，工拙相安，百工豈不勸哉？乃知王者以疏闊治其大，而以周密治其小，吾觀後世百工之事，有聽之民者矣，其始似乎簡便，然所作者必緩急無紀，貴賤無制，或積而不用，或求而不給，至於工民相怨而輕重之勢不均，國遂以病，惟王者總群方而計之，則百工服而天下無所偏困矣；又必爲久遠之思，而不屑於一時之利，吾觀後世百工之事，有掌之官者矣，其意存乎裕己，故所作者多寬其時日，厚其資糧，匠人作奇器，女工滋人蠱，至於上下相欺而淫巧之技日進，俗由以壞，惟王者量大利而衡之，則百工安而上下無所爭勝矣。故古之聖王，取隨取坎，極制作之奇而不爲無用，使述之者不虛其歲月而已；周之哲相，多藝多才，盡文章之美而不以技名，使守官者不失其姓氏而已。嗟乎！一百工耳，或以生財，或以傷財，王者於勸之中又致愼焉。」評謂：「事列『九經』之一，應須此崇論閎議，亦何嘗闊略題面以爲博也。」

　　卷六錄其「能盡人之性」二句題文：「物性雜而難盡，以人通之而已。夫物之性不可測矣，而聖人能盡之，然使人性之未盡，又何暇及此乎？且夫天下之人雖疏，其實一而已，而物之爲類無算也，要而論之，受人之命、給人之欲耳。是以古之聖人以人爲主，而萬類紛紜，可以綱紀而理之矣。夫至誠之盡性以及人也，寧有既乎？形在蠢動者，道之所哀矜也，聖王在上，雖匹夫孺子皆得各言其傷，而萬物獨無以自鳴，豈宜以異體而遺之？生於微末者，禮之所收錄也，明盛之朝，惟麟遊鳳舞始能先應其瑞，而他物皆無以自見，豈宜以賤質而棄之？然而至誠不別圖其事、更計其安也，能盡人之性，則物之性自盡矣。蓋物莫貴於適用，而當草昧之日，則人智未開，不能辨物之良否而制之，吾觀上古之聖人，使民知所以自養之具，既已樂得其欲矣，於是樹黍稷以爲食，羈牛馬以致遠，物始無失用之憂也，假令萬民之血氣未和，則與共強弱於宇宙之間矣，何由盡其性哉？物又貴於得時，而當衰亂之際，則人欲無等，不能因物之品令而取之，吾觀後世之聖人，使民知所以自節之旨，既已不過乎理矣，於是林木無當長之伐，牲魚無犯禁之取，物始免非時之賊也，假令百姓之禮制未明，則將分多寡於貧富之事矣，何由盡其性哉？間嘗讀《禹貢》而知聖人之奇也，夫銀鏤砮磬產於華陽之山，蠙珠暨魚

生於淮泗之水，而鑿山沈淵以求之，似於違物之性者，然不曰大難之既夷乎，萬物莫不以見用於人爲悅，而世方昇平，人民和樂，相與雕飾珍異，此王者有文章之觀也，而物不敢辭矣；又嘗讀《周禮》而知聖人之大也，夫蟲豸鼠豕不得已而有其形，梟鳥破鏡不自知而產其類，而設官迎神以除之，似於傷物之性者，然不曰驅凶以衛良乎，萬物莫不以有害於人爲罪，而群生茂育，嘉祥疊見，相與芟夷醜俗，此王者有刑罰之用也，而物不敢怨矣。是故物有欲則可制，聖人設飲食以盡人之情，而推之神明，乃可以馴龍蛇之性；物有聲則可通，聖人制律呂以和人之氣，而極其微妙，乃可以通鳥獸之音。事之至奇而實至庸者也，顧不先盡人之性，豈能臻此乎？」評謂：「雜引而不病於複。中有浩氣行乎其間，故英詞奧理，皆爲我馭。」「不獨浩氣足以行之，於聖人知明處當意，卻無一處不貫串也。此種在昔人本非上乘，聊使空疏者知不可無學耳。若不求理之足、氣之充，而但競富有，未有不入於昏浮滯塞者。」

卷七錄其《孟子》「詩云雨我公田」一節題文：「周世之用『助』，誦於《詩》而可見也。夫『徹』者，通於助之中耳。然既有公田，雖謂之『助』可也。《大田》之詩不足觀乎？孟子謂夫一代規模，多取法於近世；先王遺制，常散見於詩書。是以有爲之君志復先烈者，蓋嘗網羅舊聞，訪問故老，苟有幾微之合者，未嘗不用心焉，而況乎其有明徵者乎？今夫井田、世祿，相爲表裏。然世祿不廢而井田廢者，世祿者臣下之所利，而井田者百姓之所利。百姓之所利者，利其徹之徹也，而實利其助之徹也；以助爲徹之所利者，利其有私田也，而小利其有公田也。然而法度既衰也，謀利之人必有厭其徒有『徹』之名而實無『助』之實，故欲去『徹』者必先去其『助』，去其『助』而民不得引『徹』以自便，則我可以盡取之矣；又必厭其既有公田之名則不得大斂私田之入，故欲征私田者必先去公田，去其公而皆縱民所自私，則我可以擅賦之矣。然而版籍可亡，《大田》之詩不可去也；公田可廢，公田之名至今傳也。我想其時，天子知稼穡之艱難，而群公卿士嘗親至於畎畝；小民知事上之恭敬，而婦子耆老咸致頌乎曾孫。於是風雨順時，公私交暢；上無專利，下無競私。所云『雨我公田，遂及我私』者是也。夫公田之事，今不可得而見矣，然從其始而論之，可謂非『助』法之所有乎？周家既不能守其徹，又何能守其助矣，然由是《詩》而觀之，可不謂周家之猶助乎？蓋徹與助名異而實同，但助者觀公私於耕耘之日，而徹者通公私於收穫之時，故助不能兼

徹，而徹則已兼助也；徹與助小異而大同，但商則合八家之私奉中央之公而其義尊，周則屈中央之公從八家之私而其事親，是商已開徹之先，而周益精助之意也。助之分也，公者自公，私者自私，所以立其限；助之合也，私者為私，公者為公，所以通其情。周之盛也，神明代興，蓋多創制之事矣，而於此無所大更者，豈非知其法之可以久而無弊乎？」評謂：「辨析『公』、『私』原委，『助』、『徹』同條共貫處，如指諸掌。循次按節，紆餘委蛇，稿中極周密之文。」

　　卷七錄其「樹藝五穀」二句題文：「任土以植嘉穀，而天下有養矣。夫五穀備而土宜盡矣，人民由是育焉，非王者之首急者乎？且四民莫眾於農，而八政莫急於食，蓋帝王所以聚人守位、養成群生之本也。況大難始夷，民有去害之樂而無求利之能，不為之計長久，則雖太平無事，而其民不可一日以事其上。若后稷之教民稼穡是已。橫流之日，民以力飽，故陵居則射麋鹿，濕居則漁魚鼈，此與禽獸相角耳，食植物以淡其欲，人之常道也；成平之初，上有大奉，故海物適於嘉旨，橘柚承於籩豆，此惟方土所貢耳，治厥壤而饗其利，民之正職也。於是棄也事由帝命，既天貽以來牟；官以稷名，本性勤於樹藝。爰分五穀之宜以盡三農之用，蓋時氣和正，而水旱不能必之於天，故多其醜類，或捷收於春夏，或緩成於秋冬，則一時雖遇災傷，而無終年荐饑之患；水泉疏衍，而上下不能反之於地，故察其陰陽，雍冀授高燥之產，荊揚植卑濕之禾，則萬方各有宜便，而無賦斂偏重之憂。當是時也，神明所別，萬物各遂其生；志氣所開，百穀自成其歲。粒我蒸民，何生不育，豈非萬世所永賴哉？且夫民之所以不育者，疾病夭札之患在其內，而憂困爭奪之患在其外也。嘉禾之始，榮落同於草木，聖人辨其味之良正，以為可以常食也而專治之，食物既定，則民無疵癘之災，後乃益之以雞豚、和之以酒醴，而養生之物終以此為本；貢供之初，菽黍齊於珠磬，聖人識其用之周廣，以為可以立制也而獨權之，制度以立，則民絕攘暴之凶，於是取之為賦稅，列之為祿糈，而同然之嗜實準以為平。至今內以養萬民，而外以衡百貨，故守其教者，黜胥商之籍而獎力田之科；幽以事鬼神，明以奉公上，故思其功者，遷烈山之子而崇思文之祀。是則茂矣渥矣，然而后稷非勤勤於百畝之間者也。」評謂：「精義遞出，確是平成肇造時物性民情。既服其奇博，尤須知其精純處也。」

四　月

祁彪佳、孟稱舜等參與楓社活動。

　　祁彪佳《祁忠敏公日記‧山居拙錄》於「四月十三日」下記云：「同汪照鄰至山，候楓社諸友。午間，謝窹雲、詹無咎、趙孟遷、孟子塞、張毅儒……至，舉酌於四負堂。」

十二月

中書舍人陳龍正鐫二級，降南京國子監丞。

　　去年龍正分考北場，借行人胡江擬題一帙。後貢士胡維孚磨勘除名，副考閃仲儼降右贊善。又陳啓新劾解元馬之驦，土考□□黃起有奏辨。吏科無衡文之責，啓新非能文之人。上塗吏科句，謂核字不雅，罰馬之驦四科。（據《國榷》卷九十六）陳龍正《幾亭全書》卷二十八《分考再回奏》：「臣原以《詩經》調閱《禮記》房，緣係客經，京省近科出過經題，未能週知。慮犯重複，商之考試官左諭德黃景昉、閃仲儼。二臣皆習《詩經》，亦如臣慮。臣因於彙經堂質問（胡）麒生，麒生出經題一紙，謂皆近科所未出者，約計百餘。臣從中記取斟酌，比登聚奎堂，臣錄正副八題，呈送景昉。景昉點用二題，即今之三經、四經是也。麒生亦擬四題，景昉就中亦點用其二，即今之首經、次經是也。致詳致謹，惟恐或違題格，臣與景昉實共一心。此闈中出題之始末也。《易》、《書》、《詩》各房，皆五百餘卷，每五十而中一。《禮記》合皿、貝字各號，共二百六十二卷。內除皿字一百八卷，貝字僅一百五十四卷。而二、三場不到者，復不下二十卷。是從一百三十卷中，額取六名，才二十而中一，視各經卷倍少，則取才亦倍難，其事理然也。貝字型大小取至五卷，已難入目。因將各備卷並送副考閃仲儼，求其自定。仲儼留置一日，報云『無甚高下，原卷發回』。臣取視其間一卷，第二篇密圈兩行，其文云：『雖未施仁於天下，而仁天下之道已萃於此，我聞周道親親，此之謂也。』又提股批『沁入』二字。第七篇亦點數句，餘卷則概無批點。臣因細加覆閱，置維孚卷於末名，亦萬不得已，短中存長，非敢以為真優也。此闈中取卷之始末也。至十月十七日夜，登堂寫榜將竟，總查各房，尚缺宣府生員且字型大小一名。臣房有一備卷，景昉令臣更換維孚。臣即從燈下覆閱，見其第六篇邊幅甚短。臣原批云『疑有脫落』，及拆對墨卷，實止數行，難以入額。而

論中引用佛經『色空空色』數語，功令所禁，臣亦原加批抹。臣因並持兩卷詣景昉、仲儼及提調、監試各官之前，比勘疵漏。景昉、仲儼乃從別經補取且字型大小一名，而《禮記》房則仍用維孚，其宣生安朝彥填入副榜。蓋因兩卷皆歉，朝彥又覺多疵，不得已而置彼存此。勉取充額之意，臣與考試官實同之，提調、監試及各房考官共見之矣。此場中定榜之始末也。榜既出，物議或謂維孚改經未久，何能通曉？必緣場前預擬經題，宿構而成。仲儼聞之即以告臣，臣即以告景昉。景昉謂此事雖係風聞，不可不慎，令臣呼維孚面詰之。臣遂立呼維孚，公同本房所取各生、今中式第三甲進士黃國琦、朱允鱗、及今回籍舉人蕭琯、馬國銓等，似出無意，從容共問何年改經，場前曾擬經題、預構數篇，或與場中所出偶符一二否？維孚聲色俱厲，謂改經已近十年，何云未久？庚午科即以《禮記》入場，順天府糾舉案見存可證。若言預擬經題，則場中經文宜獨稍優，豈至與《四書》同其讕弱，奄然僅居本房之末乎？國琦、允鱗等，皆首肯其言。臣亦見其亢壯，且翻閱四經，果多戛戛詹詹之態，遂爾坦然，置不復問。然細念士子致議，豈無自來？爲之訪覈經旬，則緣維孚平日詞氣矜張，交遊欠慎，不能潛心篤舉之所致爾。臣因素數訓誨，或面戒，或手書，令其砥行讀書，勿妄尤人。此亦長安士大夫共聞共見。今維孚發回肄業，固謭學之本分。而臣於閱卷時，不能拔士於驪黃之外，仰光菁莪棫樸之盛，又不能因維孚闈牘以辨其習氣性情。生平自盟知言知人之學，臨幾瞀眩，實切疚懼，負罪莫容。」陳龍正《幾亭全書》五十二《投吏部堂呈》：「崇禎十年二月間，龍正因部科磨勘本房取中舉人束朝綱策語傷時，降職二級照舊。繼因胡維孚事，五番回奏，始得竣局。當年此案，陸續奉旨處分者四人，情緣各殊，衙門迥別。其下刑部究擬者：本生維孚先經覆試，自以學力未充黜革；隔房考官胡麒生，自以平日交遊比匪、與維孚狎邪不端同配。二人卷案，具在刑曹。其下吏部議處者：副考閃仲儼自以密圈加批，降二級用；龍正則以本房漫無主持，再鐫二級。蓋闈中乏卷，不能充額，原以七備卷並呈副考，求其裁定。副考於六卷概不署筆，而批圈維孚，於是龍正遂因而用之。」陳龍正《幾亭全書》卷三十八《分考五回奏》附錄：「崇禎十年……十二月初四日奉聖旨：『胡維孚、胡麒生各配贖，陳龍正著吏部議處，欽此。』欽遵。抄到部送司案呈到部，該臣等看得：『闈中取士，以文爲準。而胡維孚學問荒疎，豈堪入彀？中書舍人陳龍正，已失藻鑒之明矣。且其素行淺薄，不厭人望，又失國家取士之意。及知其非類，乃作《省迷記》

以誨之，晚矣。就中情節雖無弊端，而文與人皆非，龍正其何辭於冒昧乎？查本官以此事降過二級，相應再降二級照舊。恭候命下，遵奉施行。……』二十六日，奉聖旨：『陳龍正著降二級照舊。』」

明思宗崇禎十一年戊寅（西元 1638 年）

十 月

張自烈作《四書程墨序下》。

張自烈《芑山文集》卷三《四書程墨序下》：「文章之道與德業表裏，古賢人君子潸時悼事、微文喻志，非空言而已。《易》曰：『修辭立其誠。』孔子曰：『有德必有言。』孟軻知言，惴惴生心害政是懼，皆惡其僞也。儒者放越躬修，竊孔、孟、程、朱之言以欺世，勢不至率天下趨於僞不止。以予度今天下上，惟黜遠浮誇，懋勉古誼，出處皆可法。專以議論角勝，居恒習爲古序傳詩歌賦頌之文，緣飾矜炫，自謂賈、馬、李、杜、韓、歐復出。它應科目，用括帖取時榮，與古立言之道不盡合。或又取制業褒刺而進退之，雖考據宋諸儒詁傳，衡以先輩大家自然之法度，使後學有所折衷，去古德業尤遠甚。時輩群相北面，自同資敬，而其人亦謬自以爲得程、朱、孔、孟之傳，揆厥疇向，率叛道拂經，後先所論著，非必一軌於正，如是而謂可以匹程、朱，法孔、孟，抑何視孔、孟、程、朱若是其淺且膚邪？且今天下維棘矣，天子仄席下士，士日誦孔、孟、程、朱，言天下事若指掌。迨其出，逡巡錯愕，一切空名具文應之。嗟乎！天下又奚取如是之匹程、朱，法孔、孟者哉？昔眞德秀語楊長孺曰：『近世如夏竦謂王欽若非無文章，然君子不道者，以其心不正也。』惠卿嘗與安石論經義，安石與定交，且言於朝曰：『學先王之道而能用，獨惠卿耳。』然惠卿辯給刻薄，假經術以文奸言，卒阿新法。劉秉忠史稱其於書無不讀，尤邃於《易》，卒以不遇，備蒙古顧問，君子恥之。繇斯以推，古今議論文章聲聞之無足恃，明矣。而世貿貿不察輕重，何哉？予也固陋鮮學識，恥德業不著於世間，因論次見志，表揚抉摘，微益規補，識者不以爲非。卒觀古人植身抗行，匡國砥俗之務，有進乎是者，乃益歉後先論次之不足傳也。然則向之辯，贅矣。是選無聚訟與，矧予去取，猶諸家去取爾。雖洪、永、成、弘、嘉、隆先正之義，濂、洛、關、閩諸大

儒之說，各有擇別於其間，而瑣猥紛雜，大道不存，非古立德修辭之旨，深用悔且愧。然私以德業文章，惟日其邁，服膺程、朱、孔、孟，令非僻無自入、無苟且頹惰，退則予所俯焉弗違者。蓋將合質文言行而一之，將屑屑辭章爲也，舍是將安適乎？朱晦菴有言：『古人之學不止於科舉。』蘇洵曰：『文日工而道將散，懼實喪也。』荀淑遇黃憲逆旅，與之語，終日不能去，稱爲師表，能受善也。本朝王文莊曰：『濟天下者，惟誠實優爲之，趨名者亦趨利，無益也。』世稱其格言。今之儒者，競虛譽而侈空言，日湛溺聲利，終其身，德與業胥失，而卒自以爲孔、孟、程、朱之徒，豈非惑哉？予故刪定程墨，既竊慨制科之法之弊，謂後世教育陞貢之道，宜準諸隆古，而尤冀天下士深觀出處治亂之際，雖習比偶，工文詞，務共敦古學，以求適於用，庶幾不爲聖賢之罪人而已矣。嗚呼，可不慎歟！崇禎戊寅冬月日。」張自烈所論議題，可參考下列文獻。李開先《李開先集・閒居集》之五《唐荊川批選名賢策論序》：「舉業者，進士所由發身者也。以舉業而取進士，譬諸擊門戶而拾瓦礫，飲醇醪而藉糟粕，求魚兔而用筌蹄。進士取而舉業棄，門戶闢而瓦礫擲，醇醪竭而糟粕黜，魚兔得而筌蹄置之無用矣。廷試、會試，有中魁元者，乃他長或無可稱述，以其專工舉業云耳。漸漸習詩文，講時務，究心道德性命之學，輕視舉業，不復爲之。惟爲同考及主考閱士卷，作程文，則有不容已者。」林應麒《介山稿略》卷十三《恒陽葉貞士墓誌銘》：「貞士姓葉氏，名愼，字允修。……比長，補邑博士弟子員。見昔所爲舉業，大都蕪爛破碎，與《六經》指要離畔不合；又見諸以舉業發身者，往往營殖自私，甚至決敗檢法亡忌，心醜鄙之。爰書座右自儆曰：莊生以讀書不悟者爲糟粕，劉君亮以舉業爲犬豕食、糟粕之糟粕。若然，亡怪其射利苟竊，甚於穿窬也。棄去，從陽明先生於會稽，得聞良知之旨。」劉城《嶧桐集》卷首陳弘緒《易選序》：「今帖括家往往以全力用之書藝，而以餘力及其所治之經，故經藝恒減書藝之半。《易》於諸經，廣大精微，學者不能究其要歸，惟以剽襲剟竊爲務，苟取功名而已，故《易》藝又恒減於諸經之藝之半。嗟乎！聖如尼父，其於辭占象變也，不免韋編三絕，鐵擿三折，漆書三滅，他若周、邵、程、朱諸大儒，窮年皓首於其中，然後太極先天與夫傳義之學，足以印義、文而質周、孔。聖賢之於《易》，無一不以全力注之如此。夫京房之卦氣、焦贛之繇詞、王弼之義理，彼其聰明才智既已處乎大過之分矣，然且以全力注之，而竟無當。況於未嘗用力而剽襲剟竊之云乎？然則《易》之亡

也，帖括爲之也。」張元忭《張陽和文選》卷三《重修山陰縣儒學記》：「今夫章縫之士，扼腕而太息，抵掌而巷議，孰不曰：鄉舉里選之制不行，故好修者無以自效而氣益沮；科目之所取，詞章已耳，故士徒鶩於記誦剽掇而學益浮。是又不然。夫選舉之制廢久矣，然士不患時之不我求，患無以應時之求。藉令國家舉行故典，一旦下徵辟之令，諸士試自審，其可以當德行、藝術之選者誰歟？其可以應孝廉、賢良方正之科者誰歟？語曰：羨魚莫若結網。蓋言豫也。諸生豈將有所待，而始卒辦襲取以應之耶？科目之設，固止於詞章矣，然經史所陳，皆操行之楷模、師古之龜鑒，國家以此造士，固將使之目擊而心維、口誦而身蹈之，處以飭躬，出以經世，斯取士於學之初意也。吾邑往哲奮自科目者，磊磊可指數。無論古昔，且以近者言之：忠烈若陳公性善，儉素若司馬公恂，剛方若王公鑒之，恬退若陳公壯，清峻若費公愚，力學若蔡公宗兗，耿介若汪公應軫，之數公者，即以當前代德行之選、賢良方正之科，無愧矣。若是，則科目豈能壞人耶？士自壞耳。故士誠自砥礪，即科目猶之乎選舉也。不然，選舉行而徑竇開，其弊不有甚於科目者乎？」孫應鰲《孫山甫督學文集》卷一《世用錄序》：「以經義造士，欲人知正學，意良厚善。其流弊，使業茲術者挾持浮說，因以逃去本質。未用則如承蜩，已售則如弁髦，烏在所謂知正學也！古者，師所爲教與士所爲學，無不畢志道德，曰俊曰秀，各不自枉其才。……此意既失，上之人不知素養，士之知以古自待益寡，多急於自用，眩目熏心皆貴富之途。於是掇拾經義之學，若語意，若規格，擇已售者之糟粕，敝精神以求相肖，冀以僥倖。洎一得志於時，上焉者猶稍稍顧畏名檢、自全徽譽，以古之孳孳者，爲文字緒餘所及。反是者，視昔所誦讀且不啻冰炭，遂甘心貴富而陸沈之，至喪敗天下國家不之恤。古之人務力行，而文莫不舉，則兩得之。後之學文者已非古之文，既以文得志，遂不復顧其他，則兩失之。」錢謙益《牧齋有學集》卷三十八《復徐巨源書》：「竊觀古人之文章，銜華佩實，畫然不朽，或源或委，咸有根底。……去古日遠，學法蕪廢。自少及壯，舉甚聰明猛利、朝氣方盈之歲年，耗磨於始科帖括之中。年運而往，交臂非故，顧欲以餘景殘曷，奄有古人分年程課之功力，雖上哲亦有所不能。」錢謙益《牧齋有學集》卷四十五《家塾論舉業雜說》：「馮祭酒開之好作經義，紫柏大師遺書誨之曰：『時義不做亦可。即相知求教者，稱心現量，打發足矣，何必苦心自作？昔李伯時畫馬，秀鐵面訶之，以必墮馬腹而入地獄。今之留心時義者，心術純良，

一旦出身做好官，則亦有益。如心術不佳，藉此出身，爲大盜而劫人，則先生之罪較李伯時尤甚。』」

本　年

諸名士在蘇州虎丘為千英之會。

彭師度《彭省廬先生文集》卷首載其子彭士超序：「崇禎戊寅歲，諸名士爲千英之會，畢集文人於虎丘。時先君年甫十五，即席立成《虎丘夜宴同人序》，高華典贍。吳梅村先生於千人石上撫掌稱絕，諸名士爭爲識荊，以故梅村先生有江左三鳳凰之目，蓋謂先君與吳先生漢槎、陳先生其年也。」

南浙十餘郡文士創澄社。

孫爽《容菴文集》卷下《呂季臣文稿序》：「戊寅歲，兩浙始有創澄社之舉。惟時季臣呂子實稱首功。」呂季臣即呂留良之兄呂願良。呂留良《呂晚村先生文集》卷七《孫子度墓誌銘》：「崇禎十一年戊寅，余兄季臣會南浙十餘郡爲澄社。雜遝千餘人中，重志節，能文章，好古負奇者，僅得數人焉。孫君子度，其一也。」孫爽（1614～1652），字子度，號容菴，浙江石門人。工詩，師事程嘉燧。著有《容菴詩集》十卷《文集》二卷。

明思宗崇禎十二年己卯（西元 1639 年）

八　月

陳紹顏、陳參兩舉鄉試。

陳舜系《亂離見聞錄》卷上：「是年（崇禎十二年），大院陳紹顏、幹塘陳參兩中式。先是，縣主王泰徵（湖廣人，鄉試七名，連捷進士）禮遇士類，月課每賞。廩生蕭元登秋奉調往省，不入闈場。後諸生錄文呈閱，是科題『若臧武仲之知』四句。公方朝飯，閱元登作畢，再閱參兩作。後閱紹顏作，至『前帝堯而後帝舜，君則武而相則周』四句，以箸密圈。出見諸生曰：『紹顏文佳甚，落蕭同考房必魁，他則否。異日揭榜，五名處，不必看也。參兩文房房俱中，但散榜耳。元登平日文字好，今萎苶如是，恐明經尙難必，矧科

第乎？』後紹顏卷果落蕭房，薦之主考，閱『前帝堯而後帝舜』四句，欲塗之，蕭以手按卷，請曰：『大人再想。』如是數次。主考曰：『吾固不解。』蕭曰：『此正古之成人者。』主考頷之，取第四，魁《易》卷。參兩亦《易》房中三十七名。元登不數年未貢卒。人咸服王精鑒云。」

曾異撰中舉。《欽定四書文》啟禎文卷九錄其《孟子》「強恕而行」二句題文。

曾異撰（1591～1643？），字弗人，福建晉江人，家侯官。異撰起孤童，事母至孝。久為諸生，究心經世學，所為詩，有奇氣。崇禎十二年（1639）舉鄉試，年四十有九矣，再赴會試還，遂卒。有《紡授堂集》二十七卷。《欽定四書文》啟禎文卷九錄其《孟子》「強恕而行」二句題文：「物可以強求而備，唯其我有之也。夫備物之謂仁，然惟物之有於我，故可以恕而求之耳。嘗謂萬物皆備於我者，不求之而自備者也，亦求之而無不備者也。是故自然求之而物備，勉強求之而物小備，是以謂之皆備也。今夫物而非其中之所固有，則雖白譬之而不肖，夫其譬之而能肖者，彼其中原有是物者也；天下事而非行其中之所固有，則雖曲推之而不可行，夫其推之而能行者，彼其中原有所以行於足物者也。大所謂仁，則豈非其萬物一體之謂哉？然而求之於萬物焉遠矣，第求之我焉近矣；即求之我而取必於誠身之樂焉又遠矣，而第求之於強行之恕焉莫近矣。今夫人莫不欲人之我愛，而我亦有不愛人之時，非恕也，然此欲人我愛之心，謂非我備愛人之理不可也，則強而行愛於人焉，始第行於一人，而人人復然，則夫所謂保四海、馴頑傲之至仁，亦可近而取之矣；今夫人莫不惡夫物之不能相愛，而我亦有不愛物之時，非恕也，然此不欲物有不相愛之心，謂非我備愛物之理不可也，則強而行愛於物焉，始猶行於一物，而物物復然，則夫所謂格鳥獸、孚豚魚之深仁，又可近而取之矣。而且適適然而譬之、而推之，不亦不誠之甚乎，然與其不誠而為仁也，不猶愈乎誠於為不仁也哉，且人而非其心之所誠然，則何以委曲取譬之若是，又況乎漸譬漸推則漸誠也，亦姑就其未誠者求之，仁近而誠亦近耳；而且規規然強而譬之、強而推之，不亦不樂之甚乎，然其勉強為仁而不樂也，則使其勉強而為不仁其不樂不更甚乎哉，且人而非其意之所樂為，又何以宛轉推行之若是，又況乎愈推愈譬則愈樂也，亦姑就其未樂者求之，仁近而樂亦近耳。故曰萬物皆備於我者，勉強求之而亦備也。」評謂：「就白文看得血脈貫通，

率胸懷說去，極平極淺，自然通透灑落。今人祇為滿腹貯許多講章，白文反自糊塗。臨文雖用盡猛將酷吏氣力，終於題目痛癢無關。宋儒之書，苟不能貫穿，不如但用本色，況講章原以講明此書也。講題目不能了了，又何取乎？歸震川文或直寫語錄，亦當年風氣如此。看嘉靖各科墨卷，自見隆慶以後便不復然。不知者乃從而仿傚，徒見其惑也。」

秋

陳貞慧、吳應箕等在南京結國門廣業社。

黃宗羲《陳定生先生墓誌銘》：「崇禎己卯，金陵解試，先生、次尾舉國門廣業之社，大略《留都防亂揭》中人也。昆山張爾公、歸德侯朝宗、宛上梅朗三、蕪湖沈昆銅、如皋冒辟疆及余數人，無日不連輿接席，酒酣耳熱，多咀嚼大鍼以為笑樂。」

十一月

方以智、吳應箕、錢禧等復社同仁集於南京，請有司刊行張自烈《刪定四書大全》。錢禧時文為時所重。

張自烈《芑山文集》卷三《旅記‧四》：「（己卯）十一月朔日，四方同學楊廷樞、劉城、吳應箕、陳梁、方以智、周岐、孫臨、余垣、余維樞、錢禧、方其義，凡三百四十人，合辭白國子何公楷、周公鳳翔，請以予《刪定四書大全》咨部，檄江右學使者鐫版袁州。」梁章鉅《制義叢話》卷七：「孟瓶庵師曰：前輩言錢吉士禧『臨大節而不可奪』文專為張江陵而作。當時神宗不念顧命之勳，而剝其裔，反其政，國勢大壞，疆圉日棘，故吉士借此題痛切言之，云：『一人之權，一國之所眈眈也，慷慨任事而以為樹功，婉轉用幾而以為避謗，一人攬其權而人人揣一用權之路，於是有小臣者，無端而痛哭，無端而太息，思奪其顧命之權，而若臣不顧也。彼不以為攬權之日，而以為臨大節之日，其精誠且不必籲先君，而寧奪於旁觀之彈射。一人之意，一國之所惴惴也，政在圖新而以為紛更，人惟求舊而以為朋黨，一人行其意而人人據一用意之私，於是有大臣者，忽焉而中忌，忽焉而旁撓，思阻其行權之意，而若臣不顧也。彼不以為行意之時，而以為臨大節之時，其斡旋亦不必傍成格，而寧奪於同列之調停。』案：其時有作江陵詩者曰：『門戶盡時公論

定，封疆危日相才難。』持平之論，當與此文參觀，所謂知人論世也，不然且不知是題何以作是語矣。」「錢吉士曰：有作『君子胡不慥慥爾』篇，中比用『爾』字煞尾，以為文章神韻全在中比押字，此陋識也。聖賢之言摘為題目，不過欲使學者究心義理耳，故題止一句，文衍八股，取其能發聖賢之意，非欲其摩擬字句也，若徒泥字句，則八股何為者耶？果如所言，則題止一『爾』字，中股何用兩『爾』字乎？況『爾』字之下又有後股、束股，是亦不可以已乎？如丁未『君子之仕也，行其義也』元魁文，中股亦用兩『也』字煞，為主司所擊節，選家所大賞。今試閱之，文中兩『也』字與題中兩『也』字果相合否？倡此言者，似是而非，又不幸襲之而效，誤人久矣。不知文貴明理，理既明，則於聖賢語氣自無不合，儻必之還之、乎還乎、者也還者也，彼題之無虛字結尾者，又將用何字貼合哉？」

《欽定四書文》啟禎文錄錢禧制義四篇。

錢禧，字吉士，蘇州人，順治初年死於兵。明末復社名士，亦為八股名家，有《錢古士稿》，且精於選義，嘗與楊廷樞合選《同文錄》。《欽定四書文》啟禎文卷二錄其《論語》「惟仁者能好人能惡人」題義：「聖人定好惡之準，而獨予仁人也。蓋仁者之好惡人也公而當，故其事不出於恒情，而獨謂之曰能也。苟非其人，可輕予哉？且天下眾人能為之事，而待主持於一人，非一人之足勝眾人也，合眾心之至公而獨出之以至當，是以天下稱能焉，而莫如好惡為難矣。夫好惡，加諸人者也，而先慎其好之、惡之之人；好人、惡人，見諸事者也，而先正其行好、行惡之本。惟仁者內有以養其心，不至有所牽繫也，廓然無我，發之而必協於天則；外有以善其用，不至有所偏徇也，因物付物，施之而必順乎人心：能好人焉，能惡人焉。見善而好，夫人亦有然者，而惟心統萬善，則投之也甚融，而應之也甚速，從而獎借之，又從而詠歌嗟歎之，所以樂其始而勗其終，意無窮也，仁者好人而天下益力於為善，人之賴其好者何如也？見不善而惡，夫人亦有然者，而惟心無纖慝，則嫉之也甚嚴，而痛之也甚切，從而聖殄之，又從而哀矜懲創之，所以棄其舊而作其新，意無窮也，仁者惡人而天下咸恥於為惡，人之賴其惡者何如也莝功專於克己，彰癉亦存遏之餘，故自人受之，則戒用休而董用威，而仁者之心，止求慊其無欲無畏之量；念主於愛人，刑賞皆忠厚之至，故自初觀之，則直見舉而枉見錯，而仁者之用，終必全其有愛無惡之天。《書》不云乎？『無有

作好，遵王之道；無有作惡，遵王之路』。言仁人建好惡之極，而天下不能外也，自非仁人而妄言好惡，即爲作好作惡之私矣。愼之哉！」評謂：「從『仁』字發出能好、能惡，又將能好、能惡攝入『仁』字內。理解眞切，詞亦警湛相稱。」

卷五錄其《論語》「丘也聞有國有家者」一節題文：「國家有無患之道，以憂爲辭者非也。夫均、安則國家長治矣，傾且無有，奚貧、寡之足患哉？夫子疾冉有以『子孫憂』爲辭，故責之。曰：謀人之事，誠不可忘所患也。患生於有欲，則鄙瑣難以告人，而計利者其害必巨；患生於無欲，則訏謨可以垂訓，而遠禍者其福必長。求果爲後世憂也，即奈何不如丘所聞也。昔者先王以天下之人民命有德，以天下之土田賚有功。樹君公於國，置大夫於家，名位截然，罔敢踰越，至均也；國下逮於家，家上承於國，恩義相接，歡若一體，至安也。誰見爲寡而患之？見有寡即不均也，不均，患有甚於寡者；誰見爲貧而患之？見有貧即不安也，不安，患有甚於貧者。不患寡而患不均，不患貧而患不安，丘所聞於有國有家者如此。蓋嘗熟計而身處之：王者善建不拔，莫嚴乎定君臣之分，使爲之臣者覬覦絕而忠愛生；聖人制治保邦，莫大乎一上下之情，使居其下者君父先而子孫後。是故均則無貧而和矣，和則無寡而安矣，安則不獨無貧、寡，而直無傾矣。國家之榮懷，以和爲極，而均固所以開其始；國家之歷年，以無傾爲極，而安固所以厚其終。是以我所聞患在此不在彼也。由此言之，先王封建之權，出之至公，故垂之永久，人臣以道事君，當詳明祖宗大法，不可以僭踰之妄舉，壞我典章；古人持盈之道，可以養心，亦可以保世，君子學古入官，當敷求前哲格言，不得以富強之私圖，託爲善後。求也，患其所不當患，不患其所當患，何不聞丘之所聞焉？」評謂：「不煩經營，而準平繩直。從容安頓，舉止大方。」

卷六錄其《中庸》「必有禎祥」題文：「興機之先見者，惟至誠知其然也。夫以禎祥卜興，此必待興而後指爲禎祥也，惟至誠必之於未見之先，故能前知其興耳。且夫有必昌之運，則有必昌之幾。既事而安之者，天下之人也；將事而示之者，鬼神之用也；未事而信之者，至誠之所以爲至誠也。如國家無禎祥不興，理則然矣，於其未有禎祥之際而信其必有禎祥之理，此豈人之所能與乎？天性聰明，見一人之不自棄而勉強力行者，則示之禎以正告之，若曰天下之大，未有爲其事而無其應者，亦視其力行何如耳；天心仁愛，見一人之能力行而初終不怠者，則示之祥以詳告之，若曰諸福之物，未有有其

人而惜其報者，亦視其有終與否耳。國而既故矣，燕皇天而昌厥後，則命爲之一新也，覘其國上下憂勤，朝夕之不暇，民人愷樂，耕鑿之不驚，何所期於符瑞而侈言其事，然而景命方來則志氣自動，王者無心於符瑞而符瑞之有焉，必也；家而既世矣，貽孫謀而燕翼子，則業爲之益大也，視其家子孫賢才，聰聽祖考之彝訓，世祿由禮，深知稼穡之艱難，何取徵於美應而詠歌其盛，然而大業漸隆則精神先見，君子無心於美應而美應之有焉，必也。此非獨其理也，實有其事也，鳥獸草木，各有性情，爲側身屬行之君臣而特發其秀；此非獨報也，實有其致之者也，山川社稷，豈知諂媚，當吉人精氣之鬱勃而不敢自愛其誠。帝王之興，皆由人事而不由天命，人事即天命也，鳳至圖出，皆耳目間事耳；《詩》《書》所記，皆頌其後而未覩其先，事後而幾先也，化家爲國、化國爲天下，皆在不聞不覩中耳。若待既興而知興，既有禎祥而知禎祥，此天下之人也，非至誠如神之學也。」評謂：「此方是『必有禎祥』，他作皆『禎祥考』耳。」「於天人相應之理，實能洞燭本原。詞旨豐美，氣質光昌。」

卷七錄其《孟子》「段干木……非由之所知也」題文：「不見之義，稽古聖賢而得焉。蓋已甚聖人不爲，而善學聖人者皆嚴不見之義者也，述其事、聞其言，可以風矣。且士與臣之不同也，當其爲臣，則東西南北之役，唯君所命，而何有於一見？當其爲士，則禮義廉恥之身，惟士所主，而何敢輕於見？雖然，有異焉。可以見而不見者，高士也；見而無害其爲不見者，聖人也；不可以見而不見者，賢人也。三代之隆，巖穴不聞有峭直自高之士；小雅之廢，君子多混跡於執篲秉翟之中。徵隱節者，唯春秋爲盛矣。孔子以大聖不得在位，天亦多生隱才以輔翼之，及乎孔子既沒，而鄒魯晉魏間守志不汙之士往往而有也。踰垣而避，今有其人乎，是段干木之高風也；閉門不納，今有其人乎，是泄柳之高風也。然有說焉。昔之聖人與其徒皇皇道路中，以庶幾一遇，豈有所貶志哉，畏天命而憂人窮也。迫而不見，毋乃已甚乎？二子學於聖人之徒者也，何不聞孔子之見陽貨焉？孔子居魯，則居然士也；陽貨，陪臣也。陪臣假大夫之禮，而以下交乎士；士當終守士之義，而且以正其爲非大夫。已甚者所必然矣，況貨又大奸，非有中心之好如魏文侯也，又非有緇衣之雅如魯繆公也。彼以饋豚，我以往拜；彼以矙亡，我亦以矙亡。何爲若是其紛紛者哉？曰禮也。貨猶惡無禮，孔子乃不能曲全禮乎？且孔子見貨，非見諸侯者比也。當時學於孔子而得其正者，無如曾子、子路

矣。親老則仕，沒則已焉，曾參之行也，不爲臣而可見乎，故其言曰『脅肩諂笑，病於夏畦』；啜菽飲水，盡歡以事親，仲由之行也，不爲臣而可見乎，故其言曰『未同而言，觀其色赧赧然，非由之所知也』。二子之重言笑而惡苟合，其嚴毅有如此者，豈段干木、泄柳所不屑而二子願爲之哉？聖人正大之道，可經可權；變化之用，能大能小。淑諸人者，學其正大而流爲峻刻；遊於門者，遜其變化而極乎高明。合而稽焉，其爲不見諸侯之意則一也，而孔子深遠矣。」評謂：「隨題起止，而溫古秀折之氣宛轉相赴，有不知所以然而然之妙。」「遊行自如處，不及陳、黃之縱橫滿志。而映帶串插、理得詞順，非時手所易到。」

本　年

李御史設立粵東科舉文會約。

康熙《平遠縣志》卷二《文會田紀略》：「崇禎十二年己卯，李御史設立文會。謂粵東文獻之邦，士子家弦戶誦，以文會友，務集思廣益。但貧士苦於釀金，粗澤之資維艱，殊非廣勵之意。本院觀風茲土，興起斯文，與有責焉。合行府、州、縣印官，各捐贖鍰，設立科舉文會約，上庠肆百，中庠三百，下庠貳百爲式。每庠擇一二富厚謹飭諸生收掌輪，故每歲量收息貳分，凡課生會課卷紙飲食之費取諸此。每月二課，教官與諸生操觚對作，以文會呈學道，或郡邑守令，以定諸生等第云云。本年春，何督學三省牌行各郡。時邑令胡有英集紳士鼓議，本邑訟簡鍰希，無從捐措。但上臺銳意作人，相應遵行，自出俸金貳拾兩，餘則分派在城與十五鄉，各出銀壹拾貳兩，湊二百金，令各處諸生立虛券領之。如遇會課，隨數取辦應急。議定申文，上臺謂：「紳士如檄捐輸，崇文盛典，蔚然興起。但平遠僻在萬山，道里曠闊，會文難以同堂。請照十六處各設會所，著該處諸生德行殷實二人，領銀壹拾貳兩，吐息供費。」諸生已有領，本縣已立案。越明年，學憲牌行各郡，奉巡按批駁，文會捐金屬之虛券，殊難經久，著盡行置產。時司謝長文牒呈署縣陳燕翼、新令王聘臣，覈實前銀，置田若干，征租若干，著於籍。此文會田之始末也。……案：文會田先經巡撫李公檄府、州、縣，各捐贖鍰置產，爲諸生每月二次課文之費。平邑以訟簡鍰希無從捐，令各鄉諸生釀金貳百兩，湊置文會田。此上臺作興造士，崇文盛典也。而後乃以課文爲迂闊，歲征租稅則有之，而操觚對作之令竟束高閣，詎上臺作人意耶？」

侯方域、賈開宗創雪苑社，與社者吳伯裔、吳伯胤、徐作霖、劉伯愚。
（見侯方域《壯悔堂集》卷五《徐作霖張渭傳》）

海寧查繼佐合觀社、曉社為旦社。

沈起《查東山先生年譜》：「己卯，先生三十九歲。海昌諸君子稍稍有異
同。在邑則范文白、朱近修選觀社，龍山則徐邈思、沈聞大亦有曉社之選。
先生自吳門歸，欲平意見，乃合諸公之文而歸於一，名旦社，而兩社之刻遂
止。」

明思宗崇禎十三年庚辰（西元 1640 年）

二 月

少保兼太子太保吏部尚書武英殿大學士薛國觀、蔡國用主禮闈。錄取
楊瓊芳等三百人。（據《國榷》卷九十七）

本科會試題。

本科會試題有《論語》：「博學而篤志，切問而近思。」《中庸》：「知斯三
者，則知所以修身；知所以修身，則知所以治人；知所以治人，則知所以治
天下國家矣。」《孟子》：「有安社稷臣者，以安社稷為悅者也。有天民者，達
可行於天下而後行之者也。有大人者，正己而物正者也。」

《奏雅世業》收有來集之庚辰會墨《聖人之德無以加於孝論》。

來集之《聖人之德無以加於孝論》：「有可以致於一身而推於天下，作則
於一時而垂憲於無窮者，則以為聖人之德之最尊且美者矣。其實孩依孺抱，
得展其誠，無難盡之心，蔬衣布裳，得修其養，無難備之物。庶人而耕田服
賈，洗典羞籩，卿大夫而勇戰敬官，鼎牲祿奉，皆足以明其分之無逃，而意
之無已，亦無難完之職業也。然必聰明間出，乃擅盡美之稱。神哲挺生，始
歸無間之號。則是人人可到，而人人未之能到，人人可以無憾，而人人未必
能無憾者，不得不推而高之以屬於聖人，何也？天下之事，君子皆可行其
才，轉恐性分之間，多才靡用；天下之物，儒者皆得將其文，更疑一氣之

合，文過則傷。觀夫於田之涕淚，鹿豕與遊，致勤四嶽之薦；世子之問寢，雞鳴而興，遂感三齡之夢。積石之功，與河雒俱遠，而夏貢雖繁，祇以消黃熊之恨；升陑之業，見長發之祥，而《商頌》有作，僅以揚虯降之芳。豈非聖人之德，豎之而天地，橫之而四海，幽之而鬼神，顯之而民物，莫不均以孝感通之而立之極哉！鳥之有烏也，養老之義所以起也，鸞鳳不得矜以彩矣；獸之有羔也，曲踞之禮所繇出也，彪虎不得傲以氣矣。喬梓之木，彼何情兮，而自深其俯仰；葛藟之蔓，亦何力也，而能庇其本根。聖人因乎自然，而功莫與並，道莫與隆。血肉體髮，非以自愛也，念及所以從來者，而登高臨深之懼，不啻淵冰；昆蟲喙息，非以自私也，念及所以光被者，而剖胎殺妖之傷，凜於臨汝。彼從於匪彝，即於惉淫之眾，可無容憫惻矣，若曰此先王所養之黎庶也，而草菅之，奚其忍？貢於九州，賦於萬方之財，可無容吝嗇矣，若曰此先王所撙節之物力也，而泥沙之，奚其忍？於是麟鳳龜龍，四靈協也，郊祀烝嘗，天神格也。制禮作樂，致其中和，傳之無斁也。象鞮譯寄，服其德威，被之無外也。道無隆汙，自叔末追於上古；物有本末，繇天子達於庶人。噫，至矣！蔑以加矣！而吾切有感於春秋之際也，城潁置而黃泉誓，徒深爾有母遺之唏。寤生之殘也，既不愛其弟，胡以有其親？艾豭歌而陽速進，釀成子弄父兵之慘。蒯聵之忍也，已有不可言於其親，而後子亦無所不可加於其父。二子乘泛泛之舟，益播新台之穢，四矢美射候之鵠，愈興敝笱之慚。申生之畏讒也，死非其正矣，而猶諡之以『恭』，念不忘乎父也；許止之不嘗藥也，身既能死矣，而猶加之以弒，志不存乎親也。此夫子之所以志在《春秋》，而行在《孝經》乎！《孝經》之義，蓋乎《春秋》之先矣，故著之者麟吐其篆，贊之者烏萃其冠。誦之而逆賊有退銷之氣，講之而羽林有效聽之誠，天經地義，夫亦可以不朽矣！」房座師李筠圃先生評：「元氣磅礴，炳蔚之光，昭回雲漢。」房座師孫碩膚先生評：「義蘊無窮，發言不匱，弘通廣肆之文。」

《奏雅世業》收有來集之庚辰會墨《策士習文體》。

　　來集之《策士習文體》：「今夫天下之人，皆可為聖賢之言，則亦皆可為聖賢之人。為聖賢之言而弗能為聖賢之人，則自欺之過也。欲為聖賢之人，而弗能為聖賢之言，則亦欺人之過也。聖賢之言不可聞，讀《六經》之書而聞之，聖賢之人不可見，讀《六經》之書而見之。天下之文皆尚奇，而《六

經》尚平，天下之文僅能爲平，而《六經》尤能爲奇。《易》之履虎載鬼，其意奇而其言亦奇。《詩》之鳧鳥生民，其語奇而其事亦奇。《周禮》亡《冬官》以存疑，然奇與疑矣，故考功補之，而無句不奇。《春秋》之記夏五以存信，然奇與信矣，故三《傳》合之而無章不奇。然而聱牙之句，大理斯彰，怨哀之詞，至性彌出，《六經》之文所以不見奇而祇見正也。韓、柳分之以爲碑碣，而碑碣傳於來茲，歐、蘇分之以爲制策，而制策高於後學。方今之文益勝，而爲士者將有不可知。楊花柳葉之詞，傳於士女；巴猿隴水之曲，矜於管弦。筆之興酣，則使灌夫之酒而罵坐；墨之途窮，乃惜大阮之慟而回車。雜貨利於學術，殺身而及其子孫；逞詭異於倫綱，生心而害於政事。宜執事有士習文體之憂，而思有以正之也。愚生伏處草茅，沐二祖列宗之澤，以誦法孔、孟，有慨於中久矣。然所爲土習者，既就習之一字而可以正之也。所爲文體者，既就體之一字而可以正之也。川谷異勢，南北殊音。宋冠無當於越髮，齊傅難移於楚咻。斯朝歌之地，聞其名而不入；素絲之染，考其終而深悲。今誠使坊肆之中，不列非聖之書；薦紳先生，共服先民之學。士即欲不正，其如習之已正何？肩高於項，則奚以高視而望遠？尻以代踵，則不可安步而徐行。舍粟帛而談神鬼，是廢耳目而用夢寐也；棄忠孝而傳怪力，是去飲食而爭山海也。今誠使考聲於鐘鼓者，不雜兜離之樂；繪彩於日月者，共懋龍虎之義。而文即有不正，其如體之已正何？今者懸《孝經》以返《六經》之始，頒《小學》以端《六經》之終。天下之士，將學海而不阻於潢流，爲山而不阻於九仞。菁菁者莪，愚生載賡以觀作人之盛。」房座師李筠圃先生評：「洞悉文習病根，可爲今時針砭。」房座師孫碩膚先生評：「《六經》尚平而能爲奇，奇論亦正論也。折衷群言，自抒心得，文章關乎世運，得此而卜中天矣。」

《奏雅世業》收有來集之庚辰會墨《策理財》、《策漕運》、《策戰守》、《擬上諭兵部將欽定修練儲備四事刊書頒佈省直文武等官務共圖實遵依限報竣昭朝廷保民至意群臣謝表》、《越城判》、《祭享判》、《錢法判》、《信牌判》、《河防判》。

張自烈作《四書大全辯序》。

張自烈《芑山文集》卷二《四書大全辯序》：「今天下士學不適用，諸畔

棄聖經，蕩越古訓，何其紛紛與？揆所自，讀書不審去從，錮往說，溺文辭，去道滋遠耳。《四書大全》，本朝文皇帝詔諭諄悉，務極精備，冀學者明理弼治，意甚盛哉。諸儒臣纂修，值國多故，鮮克覃思竭智，折衷大道，以故去取頗謬於聖人。學者弗察，輒無敢是正，曰以奉王制，以宗程、朱，墨守《大全》足矣。予究觀其書，程、朱而外，橫渠、安定、南軒暨龜山諸家，有足采者，它天台、溫陵、仁山、玉溪、東陽，繁複者眾。甚則牴牾經傳，安得概取而傅會之？況《大全》闡繹傳注，屬輯自諸儒臣，非四子之書之莫可易也。其間義理無盡，俟後人賡續發明，非《祖訓》、《大誥》、律令之無可議也。又況聖賢立言，以救時為急，不悖道為正，既不無異同。孟子願學孔子，其論斷子產、管仲與孔子異；朱子師事李延平，迨權衡格物致知，有時輕延平而軒程氏。至於程氏之說，疑而不足信者，朱子尤有所不取。夫程、朱一代大儒，程子生平論著，間嘗自以為未當。朱子《集注》初本改本，更定至易簀，不能無憾。它書屬程、朱門人問答、雜記類，皆失真而滋訛謬。由此推之，非斷之以不易之理，未有不為往說文辭所惑者。然則學者以程、朱未定之論，與國初諸儒臣未精未備之書，從風以靡，罕所釐正，則是名為尊王，舍其匡救將順之大者，而曲阿儒臣一隅之見，口宗程、朱，不能得其微言大義，而卒以乖亂孔、孟立言之旨，如是而欲其明道以適用，不亦難乎？予生也晚，竊有志於道，不幸不與程、朱同時，又不幸不親見文貞、文敏諸人，與論定是非，助《大全》所未及。今也不得已，私有折衷，雖宋諸儒世所共宗，亦罔敢傅會，不知者且怪以為妄，可歎也已！然予猶幸遭今上聖明，講學求治，匹休二祖，中外雖孔棘，孳孳論誠正，頒《孝經》，以風屬學官，惜夫諸大臣未有以釐正《大全》之說進者。夫《大全》，理學忠孝所自出，昧此則亂，明此則治。今士習其讀，遺其意，或庸鄙而登腆仕，或佛老而竄聖經，其先皆始於不明是非，不深求《學》、《庸》、《語》、《孟》之義。當是時而靡然不為之辯，可乎哉？予不揣固陋，偕家仲、季，定著《四書大全辯》行世，蓋將使天下知孔、孟、程、朱雖嘗異同而同歸於道如此，《大全》諸說之雜見諸儒臣編纂之疵漏如此，讀《大全》不可不審去從如此，非敢謂論辯證據有功經傳。學者苟推予辯，以求其常，庶知所取正，不為往說文辭所惑，雖以適用匡治無難，則道在是矣。故予惟懼辯之未詳，辯之雖詳而行弗逮，不能漸幾於聖賢之道，是則可憂也。彼異己者之議，惡是恤哉！崇禎十三年仲春月既望。」張自烈《芑山文集》卷一《重定四書大全第一疏》：「臣某為致治

首明理學，黜邪先正人心，懇乞勅訂《四書大全》，闡繹聖經，光昭祖制事。臣按《四書大全》，荷成祖特命纂修，功在萬世；自坊本承訛，彼纂此刪，與原本頓異。後學文辭失眞，義理浸晦，悖孔、孟而崇佛老，棄忠孝而尚權奸，甚乖纂修初意。此世道人心之患，非獨是書闕略而已。臣少遵祖父庭訓，偕臣弟自熙、自勳講貫是書，見坊本脫誤，心甚痛之。因歎諸儒臣承命纂修，召集學徒，成書太速，各章小注，不可不釐正。又永樂後名儒論議，宜別擇增入。或詰臣曰：先儒說具在，何增定爲？臣謂本朝洪武二十三年，詔徵錢宰等正定《書傳》，凡蔡氏得者存之，失者正之。又集諸說，足所未備，書成，賜名《書傳會選》。今臣增修《大全》，蓋推本太祖足《書傳》之意，雖微分軒輊，不至離經叛聖，同罪可知。尤幸四方博學洽聞之士，覽臣義例，不以臣言爲非，見呈南京國子監咨部鈔行。崇禎十四年，江西學臣侯峒曾據兩直十三省以呈轉詳按臣徐養心請旨重訂。學臣行文袁州，取臣《四書大全辯》寫本到道，驗實進御。臣以前此未經具題，寫本先出，互相傳鈔，妄有去取，與臣初稿相背。即臣寫木塗乙，義例雖明，倫次未定，故未屬送學臣。然又恐臣馬齒日長，天下多故，不自卒業，坐視刪纂紛紛，亂後世學術，臣學不終，臣罪滋甚，此臣所以終不能已於言也。伏乞特詔有司，許加較定，假臣編摩數月，於國家無少勞費，在是書粗有發明。書成繕寫呈進，恭請皇上御製序文，賜名《四書大全辯》，頒佈學校。庶學者知所取正，義理自著，經術徐興，久安長治，實基於此，豈惟不負二祖建學興教至意，天下曉然知皇上明理學、正人心，雖時方孔棘，不廢講求，播諸中外，收諸史冊，尤足爲萬世聖子神孫法。臣雖寡昧，竭管窺萬一，使坊本不終淆亂，亦可無罪於孔、孟、程、朱矣。它如臣所論定《程朱遺書語類》、《古今理學辯似錄》、《史辯》、《大學衍義辯》、《歷代名臣奏議辯》、《古詩文辯）、《宦寺賢奸錄》、《先冢臣余懋衡古方略》等書，篇卷浩繁，剖厥有待，擬次第上進，仰取聖裁。至時政得失利弊，諸大臣所不能言、不及言者，臣居恒非無芻議，然身伏草野，就《大全》言《大全》，不敢越次而有條例也。所擬重定《四書大全序例》一卷、《辯略》十卷、《與友人論大全書》一卷，謹隨本奉進以聞。臣無任悚切待命之至。」張自烈《芑山文集》卷一《進四書大全辯疏》：「臣某爲修輯聖經，恭請御序，以明正學，以佐時難事。臣愚竊謂今天下事有似緩而實急，有似迂而實巨，莫如當干戈俶擾之日，宗法孔、孟，折衷眾論，熄一時亂賊之邪說，而肇億萬年治平之丕基者也。歷稽前代講道右文之主，孜孜訪名儒，

購經籍，後世稱之。自秦燔《詩》、《書》，漢興遺書稍稍著，光武還洛，所載經牒秘書頗眾。唐開元迄五代後唐，或募民獻書，或鏤版行世。迨宋太宗建崇文書院，後先搜補書籍特盛。我太祖安內攘外，首求遺書，既克婺州，命王顯宗開郡學，延宋濂等為經師，又嘗用御史袁凱議，勑臺省聘儒士與諸將說書。永樂中，購書官四出，成祖又命儒臣編纂經書《性理大全》頒佈學校。由是觀之，書籍之在天下，猶天地之有日月，無日月則天道乖，無書籍則彝倫墜。古今治亂文武，皆不可廢書。況宗社淪陷以來，館閣卷帙，蕩無復存，又況《四書大全》雖先儒覃力讎正，鋟流日久，其間阿程、朱而叛孔、孟者為多。臣後先論《大全》書疏具在，人心世道，可為流涕。欣遇我皇上光宅函寓，什倍創垂，方近踵二祖闡道崇儒之盛，遠駕漢、唐、宋而過之。臣伏讀明詔，急求者三事，自求賢、聞過外，其一則在古書，又慎選督學以明傳注，恪遵祖訓以策多士，此皆天下萬世斯文之幸。臣民宜服膺恐後，而臣偕臣弟自熙、自勳增定《四書大全辯》，奉崇禎、弘光兩朝明旨頒行。今年春，臣及門饒州德興縣生員臣金城、臣余檣、太學生臣笪三開等，協心襄梓將竣，諸所辯正皆與祖訓傳注相發明，兢兢冀無負皇上急求古書至意，尤不可不急請御序表章，揭日月而行霄壤者也。昔陳公輔推究宋亂，獨歸罪王安石學術，李忠定銳圖恢復，惓惓以變士風為急。其言曰：用兵與士風似不相及，實相表裏，士風厚則議論正而是非明，賞罰當而人心服。然則今日購求書史、講悉經傳皆所以正士風，皆所以修政事，既不可視為闊迂無當。而《四書大全》，臣與臣弟借史學以翼經術，引程、朱以歸孔、孟，輯寶訓以示來茲，去近代拘儒曲學遠甚。前任江西學臣侯峒曾、按臣徐養心、臣周燦、南京國子監祭酒今殉難周鳳翔、臣師今輔臣姜曰廣、臣友臣今督師楊廷麟，皆不謂臣謬，欲急取臣書進御，蓋皆本四方紳衿心同理同之論。欽承國初二祖列宗降師儒頒學校之制，以上慰孔、孟在天之靈，仰副我皇上翼傳明經求治之意，使後學知所折中而不敢違悖，非苟阿所好可知也。臣謹裝潢如干卷，署曰《增定四書大全辯》，冒進經筵，伏乞皇上萬幾之暇詳賜省覽，寵錫御序，特詔禮部頒行，勑付史館，將見二祖所未刪輯，崇禎、弘光兩朝所未鋟布，賴皇上補其闕漏，集其大成。因訪兩朝儲書之舊，增翰林典籍之員，自《四書》、《五經》外，討求掌故，實見諸行，使古聖賢垂世立教之言，載道為治之具，燦然復明於世，學校幸甚，宗社幸甚。臣某不勝惶切待命之至。」張自烈《芑山文集》卷一《復請頒行四書大全辯第二疏》：「臣某為芻言可采，聖學宜明，

復懇頒佈《四書大全》，以佐儲講，以裨盛治事。臣竊見坊刻《大全》，訛謬日滋，謂宜釐正增定，推廣成祖纂修初意。臣於本年某月日具疏，恭錄舊所撰《序例》、《辯略》、《與友人論大全書》呈進，仰候聖裁。適閱邸抄，見江西按臣徐養心據南京國子監咨文，特疏具題，請頒行臣重定《四書大全辯》，隨奉『既係倡明理學，該部速覆』之旨，識者舉手加額，謂理學丕振，人文蔚興，起衰濟溺，端在今日。不謂部覆延緩至今，臣不勝惶懼。雖然，臣言非迂謬無當也。臣自少迄壯，反覆是書，多所發明，即臣生平不附流俗，不背經傳，概見於此。臣先是竊從諸儒，臣聞文華殿額曰：『學二帝三王治天下大經大法。』因念祖宗朝治天下之道，莫不繇學，大經大法，莫著於《四書》，獨士子割綴為文，冀倖進取，空習句讀，罕裨實用，臣甚惜之。我皇上法祖勤治，講求帝王大經大法甚悉，臣嘗伏讀明綸『誠正功疎，治平罔效』等語，仰見皇上服膺聖經至意，然則《四書》為治平綱要明甚；士子宜覃力《四書》，求所為治平之道明甚；《四書》既治平所自出，不可不釐正增修又明甚。況今儲講方新，諸儒臣宜先明大經大法，宜先求諸《四書》。今《大全》舛訛者，不思釐正，闕漏者，不亟增補，理學不明，實效不著，皆由是始。非所以端治本，光祖制也。臣又伏念當日纂修《大全》，太祖未暇而有待於成祖，今增定《大全》，成祖、列宗未暇，而又有待於皇上。皇上如謂是書不必增定，則是太祖所未暇舉，成祖不必創為纂修，成祖既可纂修，皇上豈難增定。若法祖翼聖，世異道同，不可以字句增修，為悖祖、為叛經也。況增訂釐正，臣身任之，既無築舍道謀之嫌，兼省開局辟屬之費。事苟合道，不行何待？臣前疏論列甚明，儻荷曲垂省覽，慨賜施行，將《大全》一書，如日再旦，皇上闡繹聖經，光照前緒，豈惟學校收賴，所裨助儲講，且億萬世無疆矣。伏惟聖明採擇，臣不勝激切待命之至。」張自烈《芑山文集》卷一《回奏鋟行四書五經大全辯疏》：「臣某為遵旨鋟行書籍、謬陳管見、仰候聖裁事。臣舊增定《四書大全辯》，崇禎十六年具疏恭請先帝御序，鐫布學校，疏成未上。前任按臣徐養心特疏題請頒行。既奉先帝『倡明理學、該部速覆』之旨，前任學臣侯峒曾牌行袁州，酌議動支本縣官銀授梓。臣今四方多故，公帑告匱，不忍刻書擾民，事寢不行。十六年十二月，寇陷袁州，臣一門罹禍獨慘，先人見背、仲弟淪謝，臣出入兵燹中，身被重創，僅存喘息，東西奔播。十七年正月，臣扶老母挈季弟流寓廣信興安縣，旅魂少定，方卒業是書。未幾，驚聞國變，日夕崩慟，不遑輯次。十七年十月內，臣閱邸抄，見按臣周燦據

江西府屬舉、貢監生連名公呈，續題前事，奉旨：『《四書五經大全辯》每錄十部進覽，欽此。』欽遵。臣亟圖鏤版裝潢呈進。竊疑者按臣前後疏具在，皆專言《四書大全》，《五經》尚有待明旨。驟及《五經》，果《五經》、《四書》一時並錄乎？抑先《四書》，次《五經》乎？所錄者果孰助工價，孰董剞劂乎？臣僅能增定讎正，力不能自錄，果孰錄此《四書五經大全》，遽令進呈乎？本年四月內，管袁州府事臣廖文英，奉撫臣曠昭、按臣王孫蕃、學臣吳炳各衙門照會，專差星馳至興安，督臣錄就進御。臣且惶且懼，蓋緣篇卷浩繁，刻費莫措，未能功成不日。因念國初諸儒臣承命纂修，時方承平，費出內帑，今臣偕臣弟自勳，是正諸家，補儒臣未逮，適當中原鼎沸，一切繕寫刊較，或俟諸同學，或委諸梓人。蚤暮淹速，臣難逆覩，伏乞皇上展限暮年，俟書成捧進睿覽，特詔禮部頒行。近以紹先帝未竟之志，遠以昭二祖列宗崇文闡道之緒。則聖經粗明，承學攸賴，而臣亦不至延緩獲戾矣。抑臣愚尤有進焉。王言綸綍，宜詳且慎，按臣既專言《四書大全》，明旨宜曰增刪《四書大全辯》著進覽，《五經大全》並令增定頒行。如此，則部臣灼見次第，臣亦知所適從。若之何並《五經》、《四書》而遽錄之也。按臣止言《四書》，而明旨遽及《五經》，又不明示以錄行之故與進呈之期，臣愚不能無惑。況臣於《四書大全》，折衷群言，權衡史事，皆發明古聖賢帝王大經大法，私冀我皇上因文求實，稽古濟時，或痛戒沈湎，或嚴抑權奸，或擇輔弼而釋黨禁，或戒聚斂而汰冗費，或綏邊靖患而光復土宇，或復讎雪恥而祗紹丕基。諸如此類，微寓諷勸，皆有裨初政之萬一。皇上勵精勤治，本之以清心寡欲，推之於設誠致行，孳孳與諸大臣求撥亂反治之道，中興盛業，取諸《四書》、《五經》而裕，此臣區區弋獲之見，為新朝涓埃之助，非特補輯訓詁而已。惟皇上鑒臣之心，思臣之言，不以為闊迂而忽之，則學校幸甚，宗社幸甚。」

三　月

丙申，策貢士楊瓊芳等三百人於建極殿。（據《國榷》卷九十七）

　　魏藻德（1605～1614）、葛世振、高爾儼（？～1655）等進士及第、出身有差。李遜之《崇禎朝記事》卷三：「（崇禎）十三年庚辰三月十五日，上御皇極殿策諸進士。上乘步輦降殿階，從容周視，距諸生几案咫尺。上親諭試策，諭禮部傳臚展期。十九日傳旨，召進士楊瓊芳等至會極門，中使執名冊，傳呼某人等四十人至文華門外序立。上御殿，諸進士行一拜三叩頭禮畢。上

諭曰：『爾等前日所對的策，切實的固有，浮縱者亦多，特召爾等四十人來問報仇雪恥一事。爾等學問之功既久，時勢之感又深，各將胸中所見明白奏來，如切實，可不拘常格用。』諸士承旨起，過東偏立，中使奉一黃綾函傳御題十幅，即面諭每四人共閱。閱畢，以次跪報姓名對，上注聽甚殷，執御筆書錄數語，或有名注圈點者。分十班對畢，行禮出。二十日傳臚，賜魏藻德、葛世振、高爾儼及第。又傳聖諭：『昨召諸士奏對，明爽者趙玉森、姚宗衡、劉瑞、孫一脈、嚴似祖，著授翰林。黃雲師、周正儒、宣國柱、周鼎、李如璧授科員。馮垣登、陳純德、陳羽白、魏景琦、吳邦臣授御史。稍明者董國祥、顏渾、張朝綖、葛奇祚、錢志驦、張經、呂陽、盧若騰、蔡肱明、田有年，授吏、兵二部司務，即行察缺填補。』初，閣中照例進十二卷，上命取餘卷再三，皆以十二卷進，共至四十餘卷，皆一一召對，親拔數人。藻德，北通州人，自言三次守城功，上心識之，遂拔第一。壬午冬，復以面對稱旨，超拜詹事入閣，旋正首揆。甲申之變，不能盡節，為賊夾辱而死，負恩甚矣。上以考選不列舉貢，傳諭吏部將廷試就教舉人。貢生二百六十二人吳康侯等，悉照進上選授部、寺司屬、推、知等，語此係特用，後不為例。於是與選者遂豎黃旗竿，稱御進士，此一奇也，然卒無一人可用，可副破格特恩者。」李調元《制義科瑣記》卷三《四十八人》：「崇禎庚辰殿試，帝思得人，復召四十八人於文華殿，問：『今內外交訌，何以報仇雪恥？』魏藻德對曰：『以臣所見，使諸大臣皆知所恥，則才能自生，功業自建。故孔子論政曰：「知恥近乎勇。」論士曰：「行己有恥。」孟子亦曰：「一人橫行於天下，武王恥之。」如勾踐券鳥以治吳，燕昭式蛙以滅齊，皆知恥之效也。』又自敘十一年守通州功。帝善之，親擢第一，且意其有抱負，從修撰超拜大學士。一無建白，惟倡議令百姓捐助而已。闖賊至京，即首同陳演開門迎降，為賊考贓獻萬金，賊以為少，酷刑五日夜，腦裂而死，時四月初二也。」楊士聰《玉堂薈記》卷下：「（崇禎）庚辰殿試，照例進呈十二卷，上取餘卷至再三，皆以十二卷進，遂至三十餘卷，因而召對，問『綏邊靖患報仇雪恥』之策，諸人各有所對。獨通州魏藻德對曰：『以臣所見，不離明問之中』，因以『恥』字立論，累數百言，朗朗可聽。上為傾耳久之。時朝臣在列者，皆謂且為狀元，已而果然。《中庸》曰：『知恥近乎勇。』魏之立論，亦奏疏體，單拈一字，易於見奇。謂內外文武諸臣皆知所恥，則才能自生，功業自建，論誠高矣！其所以生才能建功業者，未之及也。一段利口，不惟將狀元騙去，其後來柄用，

實原於此。夫能言未必能行，周勃重厚少文，然安劉氏者必勃也。一旦爰立，吾恐海內拭目俟之矣。」

吳韓起成進士。《欽定四書文》啟禎文錄吳韓起制義 2 篇。

吳韓起，字宣伯，福建晉江人。爲文古雅深雋，海內傳誦，稱青岳先生。崇禎十三年（1640）成進士，授當塗令，有惠政，擢禮部主事，卒於官，著有四書、易經說。《欽定四書文》啟禎文卷三錄其《論語》「弗如也」一節題文：「恐賢者自忘所弗如，正其辭以堅之焉。夫賜亦偶而見弗如耳，既正告之，又嘉予之，庶幾其勿忘也已。夫子以爲：入學問之中，而能不好勝者，古今無一二人；即此一二人之心，其實實不好勝者，畢生無一二念。伺其念之所存而提，使勿忘以幾於大道，師友之功，不可誣已。賜乎，而今乃知弗如回乎？此吾初意之所不及料也，豈惟吾不及料，恐亦賜初意之所不自料也。人情有所制於天之分，既以其在天而失之；有所歉於人之量，又以其在人而忘之。迨一旦無心觸發，了了如見，旁觀者代爲之諱而無從，亦姑聽之耳，無如子弗如者何哉？雖然，賜而自以爲如，吾之所大憂也；賜而自以爲弗如，吾之所大喜也。吾見夫質性謙謹之士，無論其學識之所及與否，動以『弗如』之念居之，居之誠是也，其以爲谿谷之法不得不爾，雖奪其驕僻傲人之習，而驚顧難安之情則未動矣，若賜之弗如，則眞弗如也，下士猶望以爲的，而賜則恤恤如有失者；吾見夫父兄嚴切之際，無論其子弟之所優與否，動以『弗如』之實責之，責之誠是也，其以爲貶損之方不得不爾，日聞乎譴呵無已之聲，而鼓舞不倦之氣亦少衰矣，若賜之弗如，則自弗如也，使賜而不覺其然，誰則能強之使然者？吾向者亦嘗從事於斯矣。學何有，誨何有，無一如人；聖豈敢，仁豈敢，無一如人。然而或物我之參觀，或歲月之考求，乃幾幾不容自誣，而賜直以片刻露之也。惜也，猶多吾『孰愈』之一諮也，賜已欲然善下，而吾之所以度賜則已淺也；惜也，猶多吾『與回孰愈』之一叩也，賜已達人能屈，而吾之所以形賜則已膠也。然則賜之所得力與其所受病，自此皆不足深論，而吾祇欲常留女『弗如』之一念於胸中也。弗如也，吾與女弗如也！」評謂：「筆筆生動，其刻入題理處頗似正希（金聲）。」「中二股意極淺近，拈出遂成妙緒。可見名理自在人耳目間，正不必鈎深致遠始足矜奇也。」

卷三錄其「奢則不孫」一節題文：「聖人之意在建極，權之以其弊而益切

也。蓋奢、儉等弊也，而姑爲『寧固』之說，聖人豈眞欲以『固』治天下者哉！其意以爲：君子將有所立於當世，甚無樂乎已甚之說也。夫已甚之說，矯之而已，未足以勝之；勝之而已，未足以善之。惟夫宛轉圖維，使知我特不得已而出於此，雖欲不更化善治、粹然復出於正而不可得。今天下言儉者詘奢，言奢者亦復詘儉，其大旨歸於苟安耳，不則亦偏護耳。夫苟安則無以酌物理之極，偏護則無以服天下之心。吾且以奢與儉兩衡之。謂奢無弊，奢則何能無弊？古者弓矢錫，諸侯始征，徇奢之所至，誰不可以弓矢者；圭瓚錫，諸侯始鬯，徇奢之所至，誰不可以圭瓚者？奢則不孫，斷斷如也。謂儉無弊，儉亦何能無弊？古者衣冠濯浣，大夫以朝，徇儉之所至，並去其衣冠而可耳；豚不掩豆，大夫以祭，徇儉之所至，並去其祭豆而可耳。儉則固，斷斷如也。夫以奢若彼，以儉若此，當此之時，苟神聖大有爲之君，必將深求乎至德要道之總，建中和以斂福，敷蕩平以宜民，陰用其權於奢與儉之外而人不覺；而二三賢達有智略之臣，亦不敢爲因陋就簡之論，陰陽變理贊乎天子，休明鼓吹被乎庶人，天下之固者、不孫者惟其所轉移而人不知。自非然者，兩利相形則取其重，兩害相形則取其輕，與其不孫也，寧固而已矣。嗟夫，『固』豈君子所忍言？然而有志於風俗人心者，太上變化之，其次愧厲之。變化之道，數百年而一見，天造草昧，王統開闢，生於其間者，各虛志慮以觀朝廷之制作，而善美未盡，即無以自解於雜霸小補之譏；愧厲之法，數十年而一用，世數衰晚，人事驕淫，適於其會者，各挾好尙以敗祖宗之典則，而悔悟稍開，即可陰用爲損過就中之始。不然，唐虞三代之隆風，不可坐聽其衰息久矣。」評謂：「奢、儉祇是未能得禮之中，推到不孫與固，而流弊大矣。故此處『與其』、『寧』字，商量《注》中著個『不得已』也。步步推上一層，立論極當。但詞氣近於濃縟，不可不辨。」

方以智成進士。《欽定四書文》啟禎文卷七錄其「何謂知言」一節題文。

方以智（1611～1671年），字密之，號鹿起、浮山愚者等，安徽桐城人。崇禎十三年（1640）進士，任翰林院檢討，後任職南明政權，復輾轉流落嶺南、兩廣，易服爲僧。早歲與陳貞慧、吳應箕、侯方域等主盟復社，裁量人物，諷議朝局，人稱「四公子」，以文章譽望動天下，又精天文曆算諸學。一生著述一百餘種，有《浮山文集》、《方密之詩鈔》等。《欽定四書文》啓禎文

卷七錄其「何謂知言」一節題文：「知言者知其害，所以有功於聖人也。夫害始於心，及於政事，如此而人不知焉。使人皆知其害，而聖人之道著矣。且聖人以言傳天下後世，而亂天下後世者即以言。聖人之言所以爲教，而彼亦自成其教；聖人之言所以爲治，而彼亦曰可以治。不知之，而其害豈小哉！此孟子所以獨任知言也。其答公孫丑曰：言之亂也非一矣，而害之起也甚隱矣。道德之意，自彼稱之而其指更深，故令聽者皆可悅焉；名義之重，自彼舉之而其法更詳，故令從者易爲效焉。有所爲詖辭者，偏出而持之有故，吾知其心之蔽而有不見也；有所爲淫辭者，放言而若不可窮，吾知其心之陷而不可救也。至於顯畔乎道者，則爲邪辭，不知其非而妄逞焉，其離可知也；至於自失所據者，則爲遁辭，巧以相避而更端焉，其窮可知也。則甚矣夫自壞其心以壞人心也，而人猶不知其害之生也；甚矣其大壞人心以壞及政事也，而人猶不知其害之發也。一時皆喜爲新論，而將來遂傳爲異書，一人倡而百家並起，其心亡，其發不覺也；學士多驚慕以爲美談，國家動尊信以爲要術，大綱失而凡事皆謬，其害甚，其言愈熾也。甚或明知其有害而附和之，且駕言聖人爲不足道焉，吾恐天下後世有敢以邪說爲經者矣；甚且明知其非聖而好尚之，又借言聖人本與之同焉，吾恐天下後世有群以異端爲師者矣。斯時亦安得聖人復起而與吾言乎？吾言豈可易乎？能好能惡，今日必當誅其心；而大是大非，後代必有重吾言者。」評謂：「括盡周末秦漢以後法家異學之害，不失一意，不贅一詞，亦有關世教之文。」

王紹美成進士。《欽定四書文》啟禎文卷六錄其《中庸》「時使薄斂」二句題文。

王紹美，會稽人，崇禎十三年（1640）進士，官肇慶府推官。南都陷，在鄉起兵抗清。《欽定四書文》啟禎文卷六錄其《中庸》「時使薄斂」二句題文：「用民而存不忍之意，勸民之經也。蓋上果有不忍之意，雖用民焉，民猶諒之。時使薄斂，豈非勸百姓之經哉？且有民而立之君，民之無不愛君者，天定之也。然而民雖愛君，不如自愛其力與財，必不能以財力既盡之身奉吾君而不倦，故百姓甚可畏也。先王之於百姓，非曰畏之，蓋曰此吾子也，而謀所以勸之，則亦惟財與力加之意已矣。天下雖有罷民，不能使吾君之有公而無私，然或以公役民而民怨，或以私役民而民不怨者，則遲速之數異也，而烏知遲之之乃爲速乎？天下雖有頑民，不能使朝廷之有緩而無急，然或急

於求民而民不應，或緩以聽民而民莫不應者，則多少之額殊也，而烏知少之之反爲多乎？求所以勸百姓，則『時使』其一，『薄斂』又其一矣。凡『使』與『斂』皆係乎分之當然，但此見爲當然之意，出乎民則甚順，出乎上則又甚殘矣，是故權其勞逸、制其重輕，若以爲爾小民之所必不堪而重以相累也者，則誠百姓之所鼓舞勿懈者爾；凡『使』與『斂』亦緣乎勢之不得已，但此見爲不得已之意，存乎民則爲勉強，存乎上則又爲忠厚矣，是故勿亟期而病農、寧損上以益下，若以爲予一人之所甚不安而無由相助也者，則誠百姓之所竭蹶不皇者爾。蓋陰驅民力而故辭之，實腴民膏而故寬之，其勸百姓以術，術則多敗，夫此鼖鼓勿勝之氣，擔負恐後之誼，自仁人君子視之，亦其所惻怛者也，苟可以因循，何必龍火之爲期，苟可以節省，何必什一之爲準，吾有子而拊循之，而安得隱用其術哉？抑寬歲月以責終事，去浮冒以收實課，其勸百姓也以法，法亦易衰，夫此主伯亞旅群而瘁於公，錙銖累積集而獻諸府，使上人易地而處之，亦甚有艱難者也，雖不傷田功，猶恐民業之易荒，雖不議加賦，尚虞民財之多竭，吾有子而護惜之，而安俟嚴明其法哉？子民之經，所謂百世不可易者也。」評謂：「此等題，易於搬運古籍。故能者即陳言而新之，遂覺姿韻出群。」

沈宸荃成進士。《欽定四書文》啟禎文卷二錄其《論語》「子釣而不綱」一節題文。

沈宸荃（1615～1652），字友蓀，號彤菴，浙江慈溪人。崇禎十三年（1640）進士，授行人，奉使旋里。福王立，復命，擢御史。南京陷，宸荃舉兵邑中。魯王監國，宸荃棄家從王於海上，擢至大學士。後遭風，沒於海，魯王諡爲節滑，清乾隆間追諡爲忠節。《欽定四書文》啟禎文卷二錄其《論語》「子釣而不綱」一節題文：「聖人取物而寓不取之意焉。夫釣弋，非聖人意也，而況重之以綱與射宿乎？今觀聖人之於物，除其害而已，非能爲之盡之也；不辭其來而已，非能多爲之往之也。夫魚潛在淵，不知其有否也，垂綸而釣，人據其高，魚據其深，兩者相隱於不見，君子所爲，卜諸幽也，幽者易匿，君子所寧寬之匿也。乃或者謂終日持竿，百不獲一，不若其綱也。聚其族而殲之，糾紛雜遝，率以俘見，豈魚亦有數存乎其間耶？夫相彼流泉，以游以泳，有頒其首，有莘其尾，不謂密綱相連，靡有遺類。若此君子曰未及尺矣，先王之所禁也。惜也，罪罟之禍，盡殺乃止，魚之生意安在哉？夫有鳥高飛，

不知其來否也，張弧而待，人目在鳥，鳥目在人，兩者相示於相見，君子所為，謀諸明也，明者易避，君子所寧縱之避也。乃或者謂終日挾矢，亦百不獲一，不若其射宿也。乘其冥而擊之，毀室探卵，卒殞其軀，豈鳥亦有數存乎其間耶？夫去其扶疏，巢於林木，歲不能風，民不能侮，不謂祍席是處，亦有戈矛。若此君子日日之夕矣，百動之所息也。惜也，弓矢之毒，晦乃不免，鳥之藏身何所哉？蓋物不虔劉，則物過盈，盈則物自相賊，君子之所惡也，故來而必誅，所為草薙而禽獮，可以御賓，可以酌醴；物太虔劉，則物易盡，盡則人將敗物，君子之所傷也，故往而多赦，所為長胤而滋族，可樂深靜，可慕廣閑。噫，釣而不綱，弋不射宿，夫子為此，蓋即所以教矣，於是群弟子遂謹志之。」評謂：「直拈『仁』字，則無筆；著一點二氏氣，更不可向邇矣。破除俗說，標新領異，詞高者以言妙為工，作者有之。」「題蘊甚淺，不可強作深微語。斟酌得宜，不獨雅辭可誦。」

庚辰科進士方以智、孫自一，其時文所關甚大。

梁章鉅《制義叢話》卷七：「徐存菴曰：方密之以智『何謂知言』一節題文，後四比云：『一時皆喜為新論，而將來遂傳為異書，一人倡而百家並起，其心亡，其發不覺也；學士驚慕以為美談，國家動信以為要術，大綱失而凡事皆謬，其害甚，其言愈熾也。甚或明知其有害而附和之，且駕言聖人為不足道焉，吾恐天下後世，有敢以邪說為經者矣；甚且明知其非聖而好尚之，又借言聖人本與之同焉，吾恐天下後世，有群以異端為師者矣。』案：康熙間，湖廣有朱方旦者，聚徒橫議，造《中說補》，謂中道在兩眉之間、山根之上，自詡前知，出入軍營以決人休咎，大江南北多所蠱惑。華亭王鴻緒得其所著《中質秘書》，乃上疏劾其誣罔君上、悖逆聖道、搖惑人心三大罪，始逮治伏法。當方密之作文時，此孽早已萌芽，後二比切中陷溺一輩之隱，文字所關詎不大哉？」「又曰『飯蔬食』三句，非若清曠飄渺，害馬去而世事捐，如一部《南華經》也。『不義而富且貴』二句，非若大丈夫得意之餘，回頭寂寞，如半枕黃粱夢也。拈此等題，當尋聖賢真正學問，看先輩實落揣摩。崇禎庚辰，孫淡一自一文起句云：『今夫貧賤豈易處哉？千古惟宜富貴之人而後可以處貧賤也。即富貴豈易處哉？千古惟能貧賤之人而後可以處富貴也。』數句便是格言。萬曆狀元張君一以誠破題云：「聖心有真樂，自可以輕天下之遇矣。」二語便是題解。」

明思宗崇禎十四年辛巳（西元 1641 年）

本　年

浙江石門（崇德）文士孫爽等十餘人創徵書社。

　　呂留良《呂晚村先生文集》卷七《孫子度墓誌銘》：「崇禎十一年戊寅，余兄季臣會南浙十餘郡為澄社……越三年子度擇同邑十餘人為徵書社。時余年十三，子度見其文，輒大驚曰：『非吾畏友乎！』社中曰：『稚子耳！』子度曰：『此豈以年論耶？』竟拉與同席。」

浙江石門（崇德）曹序等立蘭皋社。

　　呂留良《呂晚村先生續集》卷三《質亡集小序》：「曹序射侯（同邑）：崇禎時，射侯叔則為蘭皋社，與余社友不相契。余兄弟與射侯兄弟，獨相得於麈塕之外，不以藩籬間也。」

明思宗崇禎十五年壬午（西元 1642 年）

春

鄭元勳、李雯等復社社友大會於蘇州虎丘。

　　杜登春《社事本末》：「復社自己巳至辛巳，十三年中凡三大會……壬午春，又大集虎丘，維揚鄭朝宗先生元勳、吾松李舒章先生雯為主盟，桐城方密之先生以智、直之先生其義……皆與焉。」

八　月

壬午鄉試，黃淳耀、戚價人之作傳誦一時。時有章雲李者，亦不愧名家。章金牧字雲李。

　　梁章鉅《制義叢話》卷三：「俞桐川曰：裁六經題以為制義，獨重於科目者，為其明義理、切倫常，實可見諸行事，非若策論之功利、辭賦之浮華而已。有宋家法遠勝於歷朝，至於光宗失其紀矣，間於讒謗而父子忤，奪於嬖寵而夫婦乖。陳君舉先生傅良以儒生爭之，雖所陳不盡見用，而義理、倫常

賴以不墜矣。先生工於制義，所傳幾三十首，於宋文最富，讀之足以見先生
所爭不負所學。而有明以來，壬午、甲申之忠義，四璫、三案之氣節，削藩、
監國之權變，大禮、國本之議論，皆能原本經術，見諸施行，而亦君舉諸公
有以倡之也。制義所關顧不重耶？」梁章鉅《制義叢話》卷七：「徐存菴曰：
崇禎壬午南闈『臣事君以忠』題文，純是商聲，自係氣運使然。所異者盧幼
哲、陸集生，詞稍和平，便無意味，至采臣玉驅，竟多不祥語矣。惟陶菴此
篇文，前幅光明古峻，全無臣道忠言格套，入後則直書所學，束句云：『正本
清源以養其學，致命遂志以盡其才，昊天上帝以矢其誠，日星河嶽以達其氣。』
更不殊文山之《正氣歌》矣。案：文中有云：『未有一日之報，而先以百年養
之；未有手足之勞，而先以心脅待之。』尤為痛心之言，恐戚價人當望而卻
步也。」「俞桐川曰：干將鑄劍，其妻莫邪自投爐中而劍成。夫劍，小技也，
夫殺其妻，妻乃自殺，不惜其生以精其藝，古人之專也如是。聞戚價人於壬
午闈中，漏下數刻，嘔血數升，僅成首藝，故其墨直駕陶菴而上，閱其全稿，
率皆性命以之。故予謂價人之文，亦莫邪之於劍而已。」「徐存菴曰：戚價人
作『學而時習』全章，文末云：『若此者終身終古為之，其詣不必竟也，一人
一日為之，其候即有驗也。未至不能舉似，已至又難名言，學者自得之而自
信之而已。』如此數言，非實有體認人不能道，似又不專從刻苦中來者。」「孟
瓶菴師曰：戚價人文促音急節，未改幾社遺規，惟『臣事君以忠』篇切響堅
光，實足以式浮振靡。此篇為崇禎壬午闈藝，相傳在矮簷中苦思結構，至於
咯紅滿壁而不自知，果為房師來元成所賞，作者、識者一時爭歎服焉。案：
徐存菴謂戚價人此題文中有云：『禹、皐、伊、旦，中晚即無此數人，此道自
在天壤。』對比云：『誠意正心，今日即不列王庭，此事自盟學問。』初讀之
警拔非常，細加研審，遂見語病。夫聖賢何代不生，朝廷之上豈不講學？即
如春秋之末有孔子，戰國之際有孟子，何得直斷之曰『無此數人』，又曰『不
列王庭』乎？存菴此論，似刻而未可重非，操觚者能加慎重，至此自不敢輕
易下筆，亦精益求精之法也。」「林暢園師曰：德清章雲李金牧之文，驚才絕
豔，而不為時輩所推，乃抱其文稿入空山，對叢塚骷髏誦之，既不能應，則
痛哭曰：『已矣乎！吾文微但人不知，即鬼亦不識也。』後俞長城選入《百二
十名家》，而雲李之名始顯。至乾隆間而盛行，操觚家無有不讀其文者。自金
壇之派行而雲李遂微，幾於煙消燼滅，然間取而誦之，光焰自萬丈也。檀吉
甫嘗言：『時文家習熟陳腐之理語，幾於撐腸拄腹，雲李之文一入，定有蠲破

茱園之夢，宜其爲人所吐棄。然推倒一世之智勇，拓開萬古之心胸，終不可廢也。』斯持平之論矣。」「鄭蘇年師曰：『臨事而懼，好謀而成』二語，時文家多能切實發揮，亦時有名理，而最驚心駴目者，無過章雲李數行，如云：『何道不本聖賢，我心敢不兢惕；何事不因君父，我心敢不靖共。鬼神伏於人心，不召之則不至；陰陽雜於血氣，不聚之則不神。』似此設想，皆從周秦諸子分來，非耳目近玩也。後來望溪文似尚說未到此。」

徐孚遠舉於鄉。《欽定四書文》啟禎文卷五錄其《論語》「祿之去公室」一節題文。

徐孚遠（1599～1665），字闇公，號復齋，松江（今上海）人。與夏允彝、陳子龍等人爲友，結幾社，爲幾社六子之一，以道義文章名。崇禎十五年（1642）舉於鄉，明亡後，起兵抗清，佐魯王監國，後隨鄭成功至臺灣，老死海島。著有《釣璜堂存稿》二十卷等。《欽定四書文》啟禎文卷五錄其《論語》「祿之去公室」一節題文：「聖人深論魯事，而知專國者之不終也。夫公室久衰，大夫久強，此三桓之盛也。而夫子曰其後必微，是蓋有理耶？抑勢耶？且我觀三家之專魯，魯君弗堪，亦嘗深計以圖之，而識者曰『舍民數世，不可以動』，至於昭、哀之事，而知果不可以動也。果不可以動，則其事將成也。然事固有難料者，更數世而公室依然，向之專政者竟不知所往。此後人之所深論，而聖人固已前知之矣。嘗試計之，自襄公之時而魯作三軍，祿去公室自此也，而君子推其本，則必曰宣公自此以下爲五世；自季友來歸而三家繼興，政逮大夫自此也，而君子論其志，則必曰武子自此以下爲四世。公室之世進而益二，示懲也，君子以此戒其君，若謂國柄不可假人，大夫雖賢，專制在下，猶夫失之耳；私家之世退而減二，示勸也，君子以此勵其臣，若謂事君在乎盡節，文子以後，唯私是圖，可正名爲竊耳。夫以私逼公，不可下之勢也；枝大披根，不可久之計也。然則三桓之子孫，將無與魯代興哉？而孔子曰其後浸微矣，則何也？蓋嘗論其勢而知之。以魯之褊小也，裂而爲三，則不可以立國，此與晉三卿之事異矣，故三卿終分晉，而三家不能也；以三家之參耦也，並而爲一，則又莫敢先動，此與齊田常之事異矣，故田常能取齊，而三家不能也。然則其在定、哀之時能自立，而其後微者，何也？定、哀之時，齊晉之卿皆未成爲諸侯，未成爲諸侯，故獎其同惡而保持之，魯之君無如之何也；定、哀以後，齊晉之卿皆已成爲諸侯，已成爲諸侯，故惡其無等

而夷滅之，三家亦無如之何也。我觀諸史策，自悼公之末，而三家之事無聞焉，未知其歸政於公耶？委而出亡耶？絕而無後耶？蓋不勞力而去之，故曰微也。此蓋斷以人事，而或且曰聖人之智，過於蓍龜也。」評謂：「知人論世，鑿然有據，蓋自《史記・魯世家》得之。故有正嘉啓禎名手推闡經傳之文，則天下不敢目時文爲末技矣。通篇斷制，不入口氣，固非體，而精論自屬不磨。」

本　年

　　壬午科試，山西學使李芳聯掄才失真太甚。

　　　李中馥《原李耳載》卷上「恃才昏鑒」：「晉學使李公芳聯，蜀人也，少負異質，有神童名，十七領鄉薦，又數科發甲，而年未三旬也。負才任氣，無所不至。督學時值壬午科試，所屬名宿，如魏伯陽輩，置劣等者甚眾。文水拔貢郭鵬霄名震久矣，不惟不錄，乃別寫一榜，書取五等拔貢郭某。試文隨榜揭示，閱者歎其蒼古典贍，不愧作手，抄刻傳頌。郭生計尚不誤北闈期，遂北詣成均，兩闈聯捷。又高平畢振姬試列四等，邑令求免不可，澤州牧求免不可，冀南宗觀察箚懇亦不可。畢生直指觀風首也，知學道有心相抑，恐抑而得雋，於己不光耳，乃徑送藩司入冊預試，畢竟發元，遂有『五魁三落卷，一榜半遺才』之謠。從來掄才，失真者有矣，未有若此公之甚者，蓋矜愎太過，造物故爲之昏其鑒也。」

明思宗崇禎十六年癸未（西元 1643 年）

四　月

　　乙丑，改會試期至八月。（據《崇禎實錄》卷十六）

　　　《國榷》卷九十九：「崇禎十六年四月乙丑，改禮闈八月。」

八　月

　　太子少保戶部尚書武英殿大學士陳演、少詹事兼東閣大學士魏藻德主禮闈。錄取陳名夏等四百人。故事，內閣首次主試，時推四人：陳演、

蔣德璟、黃景昉、魏藻德。上命演、藻德，皆有成心。故不數日景昉
予告。（據《國榷》卷九十九）

歸莊《歸莊集》卷三《送兄爾復會試序》：「崇禎十六年，改會試於八月。」
葉夢珠《閱世編》卷二《科舉》二：「舊制：以辰、戌、丑、未年二月八日設
科會試。獨崇禎十六年癸未，以流寇充斥河南，已停壬午鄉試。各省計偕舉
子道阻難集，改至八月會試。故事：會元大概非鼎甲即館選。惟崇禎庚辰會
元楊瓊芳年邁中式，不得入詞林，皆會試之變局也。」談遷《棗林雜俎·聖
集》：「永樂癸未，以靖難渡江，會試改八月。天順癸未，貢院災，改八月。
明年廷試。崇禎癸未，以邊患改八月會試，九月廷試。」永樂癸未，即永樂
元年（1403）。天順癸未，即天順七年（1463）。李調元《制義科瑣記》卷三
《癸未》：「永樂癸未，初即位，天順癸未，南省火，皆改於明年會試。至崇
禎朝六會試，竟以癸未終，此亦數也。」李調元《制義科瑣記》卷三《癸未
榜》：「崇正癸未一榜，結有明全代之局。然是科殊多盛事。子先登第，則南
豐湯紹中。子來賀，庚辰進士。壬午紹中鄉薦，來賀以揚州司理分校南闈，
所取徐徵麟與紹中同榜，登會榜而門生乃為年伯。父子同科，則常熟王曰俞，
丁卯孝廉，六上春官，至是與子澧偕捷。而榜中復有一王曰俞，陽城人。兄
弟同科，則全洲吳國鼎、國龍，並為《詩》魁。四代進士，則武進吳剛思，
而剛思母丨氏，乃觀察亮之媵，三子並貴，柔思，壬戌進士；簡思，辛未進
士。《五經》中式，則嘉興譚貞良，慈溪馮元颺。」顧炎武《日知錄》卷十六
《進士得人》：「明初薦辟之法既廢，而科舉之中尤重進士。神宗以來，遂有
定例，州縣印官，以上中為進士缺，中下為舉人缺，最下乃為貢生缺。舉貢
歷官，雖至方面，非廣西、雲貴不以處之，以此為銓曹一定之格。間有一二
舉貢受知於上，拔為卿貳大僚，則必盡力攻之，使至於得罪譴逐且殺之而復
已。於是不由進士出身之人，遂不得不投門戶以自庇。資格與朋黨二者牢不
可破，而國事大壞矣。至於翰林之官，又以清華自處，而鄙夷外曹。崇禎中，
天子忽用推知考授編檢，而眾口交嘩，有『適從何來，遽集於此』之誚。嗚
呼！科第不與資格期，而資格之局成，資格不與朋黨期，而朋黨之形立。防
微慮始，有國者其為變通之計乎！」朱之瑜《朱舜水集》卷十《答源光國問
十一條》：「夫以明朝之制，狀元初授為修撰，十二年考滿為諭德。若或九載
陞遷，僅得中允。又三年而為諭德、贊善，又三年而為庶子，又三年而學士，
前後已二十年矣。狀元擢英俊之巍科，翰林學士為清華之首選，而人士之冠

冕,其舉動繫天下觀望,豈敢一毫自輕!」查繼佐《罪惟錄》志卷十八《科舉志‧科舉盛事》:「論曰:明取士,初本薦辟(如賢良方正、聰明正直、孝弟力田、通經、孝廉等科)。改由科目,後偶徵召,不果實授。自進士、鄉貢士而外,又有歲貢、恩貢、選貢、官生、監生積分、吏員三考。蓋先之以明理,而程事次之。其欽天監、太醫院,不由出身,則以其習之也。至於世降恩例不等,傳陞無額,如洪尚觀以櫛工至太常卿,蔡春以皂隸至布政使,常中孚以煮金從巡檢忽擢吏部,許紳以醫至尚書,蔡信以匠役歷侍郎,其副亦驟貴,則非夫開國、靖難時破格用人比。最甚義子孌人,非常寵倖,附錄借名,竟列勳勞,內監戚屬,在褓名封,乳母夫男,沒身優眷,以視徐曦、萬祺以吏員,李希安以樂舞生,張苗以承差,或至尚書,間邀宮保,諸不足駭聽矣。幸理學倡明,內外競尊科目,雜途雖處要便,情所不歆。然乙榜不及公孤‧貢途止臻副貳,則分別或太甚耳。迨其末祀,仗節死義,由科目者獨多,豈非聖賢學問之持世者最大哉!」

本科會試題。

本科會試題有《論語》:「有德者必有言,有言者不必有德;仁者必有勇,勇者不必有仁。」《中庸》:「中也者,天下之大本也。」《孟子》:「大舜有大焉,善與人同。舍己從人,樂取於人以為善。」

清太宗皇太極(1592～1643)卒。福臨即位,是為清世祖,以明年為順治元年。(據《明鑒綱目》卷八)

九　月

楊廷鑑(1613～?)、宋之繩、陳名夏(1601～1655)等進士及第、出身有差。

《國榷》卷九十九:「崇禎十六年九月丙午,策貢士陳名夏等四百人於皇極殿,賜楊廷鑑、宋之繩、陳名夏等進士及第、出身有差。」

據《明清進士題名碑錄索引》,崇禎十六年癸未科第一甲三名(楊廷鑑、宋之繩、陳名夏),第二甲七十八名,第三甲三百一十四名。未殿試一十一人。

癸未一科，制義名家如林，而黃淳耀（陶菴）以行踐言，堪稱完人。

梁章鉅《制義叢話》卷二：「唐翼修曰：文有一意分出兩層者，如黃陶菴『敬事而信』題文，『推此心以敬國家之大事，推此心敬國家之小事』；吳國華『在下位不援上』題文，『上援我而我援之，上不援我而我援之』之類是也。有一意翻出兩層者，如魏光國『孰能一之』題文，以『無論諸侯王實競且爭，無間諸敵國實應且憎』；宋學顯『丹之治水也愈於禹』題文，以『禹治難而丹治易，禹治遠而丹治隘』，分股作翻之類是也。有一層襯出兩層者，如蕭士瑋『鄒人與楚人戰』題文，後幅『臣見今人之所欲類此，臣見今人所求似此』，分股襯貼之類是也。知此三法，則凡題到手自不患窘縮矣。」梁章鉅《制義叢話》卷七：「俞桐川曰：黃陶菴先生館錢牧齋家，日閱邸報，見朝政得失、時事廢興，作為文章，皆本經濟。既成進士，猶嗜學不衰，國步既移，即以身殉，遂成一代完人。故吾謂有制義以來，他人可言者未必可行，惟陶菴可行；他人能言者未必能行，惟陶菴能行。癸未一科，名士如林，而皆出於浮飾，大節既墮，文亦鮮傳。惟陶菴發於至情，體於實踐，故身名並烈。昔人云：『舉業不患妨功，惟患奪志。』若盡如陶菴先生者，則勵志莫如文，又何患乎？」「于耕漁評黃陶菴文云：『世之詬病時文者，謂其氣體之非古耳。若得左、馬之筆，發孔、孟之理，豈不所托尤尊，而其傳當更遠乎？愚故謂有明制義，實直接《史》、《漢》以來文章正統，得先生文懸之為鵠，其亦可以無疑也夫。』」「林暢園師曰：陶菴館於錢東澗家，為錢所重，然心非其所為，故作『見義不為』及『鄙夫事君』兩文以刺之，所云：『異儒出於性生，則雖學問經術本異庸流，而舉半日之所知所能，盡以佐其浮沈之具；畏葸積於閱歷，則雖醇謹老成不無可取，而因此日之一前一卻，遂以釀乎篡弒之階。』當時以此文為酷肖東澗之為人。時東澗名正盛，而先生預知其晚敗，醇儒之遠鑒如此。」「方望溪曰：黃蘊生文，較金、陳、章、羅氣質略粗，而指事類情，肝膽呈露，精神自不可磨滅。又曰：金、黃二家之文，言及世道人心，便能使讀者義理之心勃然而生，故知言者心之聲，不可以偽為也。如『見義不為無勇也』篇與『人而無信』章篇，皆膾炙人口，而『見義』篇尤卓煉。先生致命遂志與陳、夏諸公同，而平日立品尤過之，不依門戶，不逐聲氣，蓋方正恬淡之性，自天授也。是文大抵感甲申陷賊諸人作，卻皆題所應有，故非霸才。」「閻百詩曰：余初晤陸元輔翼王，語其師黃陶菴『曲肱而枕』之文，余曰：『凡字有體有用，如枕上聲，體也、實也；去聲，用也、虛也。此

題《集注》云枕去聲，奈何通篇俱作實物解乎？』翼王曰：『題雖去聲之枕，而文以上聲之枕伴說，似亦無礙。』余曰：『祇緣承題云「至曲肱以爲之枕」，點題云「稱此而爲枕，則枕必以曲肱矣」，知其通篇俱錯認此字耳。』朱蘭坡珵曰：閻百詩議陶菴以『枕』字即爲薦首之物，至謂其不識字。竊謂一字分兩音，一虛一實，乃後人所爲，豈孔子時已有周、沈四聲之別耶？況實字原可作虛用，如戴《記》喪國之社屋之，《史記·伯夷傳》左右欲兵之，揚子《法言》言子胥抉目東門曰眼之，正與此枕之文法相同。其餘經史中，實字虛用者甚多，百詩通人，似不應爲此語也。」「（閻百詩）又曰：黃陶菴『以防求爲後於魯』一節文，起講云：『昔之臣，有得罪以死而仍爲之立後者，叔牙是也；有得罪以奔而亦爲之立後者，臧紇是也。是兩者皆成於季氏，而武仲之事則尤有可論焉。』可謂能自斷案。然按公叔敖以淫奔，而魯人立文伯，文伯者名穀，敖之長子也，猶可解曰此成之於襄仲也。若叔孫僑如出奔，齊召叔孫豹於齊而立之，非季文子乎？臧昭伯從公伐季氏不克而出奔，乃立臧會，非季平子乎？只緣起講尺幅太狹，不容多說，如《春秋》之屬詞比事，可以歷歷陳之，故僅取上二事。有黃陶菴『郊社之禮』二句文，中比云：『郊之禮有二，正月行之爲祈穀，十一月行之爲報本。』案：仲夏之月，大雩帝，非又一祈乎；季秋之月，大饗帝，非又一報乎，不皆於郊行之乎？參以陳用之言，古歲祭天者四，《詩序》云：『夏祈穀於上帝。』又曰：『豐年，秋冬報。』春祈穀，《左傳》所謂『啓蟄而郊』是；夏祈穀，所謂『龍見而雩』是；秋報，《月令》所謂『季秋大饗帝』是；冬報，《周禮》所謂『冬日至，於地上之圜丘』是。凡此正祭也，二爲陶菴之所及，二爲余之所補。對比云：『社之禮亦有二，后土之祭在北郊，社稷之祭在國中。』案：王爲群姓立社曰大社，王自爲立社爲王社。王社所在，先儒或謂在大社之西，或謂在籍田，參以陳用之言，王與諸侯之社皆三，其二社所以盡祈報之誠，其勝國之社所以示鑒戒之理，是社亦有四，二爲陶菴所遺。想當日陶菴博雅，豈反不記憶及此？祇緣中比尺幅有限，故祇得各以二事立義，亦其體使之然也。善乎，魏冰叔之言曰：『八股之法，病在於排比有定式。夫一題之義理，有博衍數十端，然後足以盡之者；有舉其一端，扼要而無遺者。今必勒爲排比，則是多端者不可盡而得，其一說而畢者，必將強爲一說以對之，又必摹其出比之語，斤斤然句櫛字比而不敢或亂。以之而譯聖經賢傳，其陋可知矣。』」「（徐存菴）又曰：黃陶菴『守望相助』文中二比云：『凡守者聚而處，望者散而布，聚之則苦其

多也，散之又苦其寡也。今即平日之什伍聯綴者，彎弧擊柝而互生其形勢。此爲彼守，不必仰食於所守之家，故不厭多；彼爲此望，不必身踐其所望之處，故不嫌寡。是擾鋤棘荊之間，而儼然有旗鼓之節矣。凡守者來而距，望者往而伺，彼來則恐其力不敵也，我往則恐其情不得也。今即平日之耦俱無猜者，獻禽餽獸而訓習於險阻。以八家爲一家守，而實則自爲守，故其力悉敵；以八家爲一家望，而實則自爲望，故其情悉得。是芋蒲襏襫之下，而森然有部勒之風矣。』評者謂其指畫精詳，有實實經濟在，可以保甲，可以籌邊。器識如斯，惜乎未得展其用也。」「鄭蘇年師曰：『子貢欲去告朔之餼羊』章文，陶菴作似在大士之上，在其本集中亦是高一格文字。後半幅曰：『魯誠無胏，然使日刲一羊而棄之，於事胡傷？國誠後亡，然使歲取一禮而廢之，於時何望？吾與賜爲人臣子，得無於此少躊躇乎哉。』似此沈鬱清疏，讀之可歌可泣，豈得以帖括目之。」「黃陶菴文有指切時事，最爲雄快，如『《秦誓》曰若有一个臣』四節文中云：『今自中土以下，其心皆知有子孫之當安，與黎民之無罪者也，究其所爲，則一切不然。彼有以小察爲知人之明，以多疑爲御下之術，以吝惜誅賞爲善覈名實，以雜用賢奸爲能立制防，其弊也，上下狐疑，杠直同貫，此不仁之一道也；則又有以忠謇弼亮之人爲奸慝，以陰賊佞邪之人爲忠良，以公論爲必不可容，以眾智爲皆莫己若，其弊也，群邪項領，方止斁沒，此不仁之又一道也。』論者以爲神、光、熹、懷四朝實錄總序，其於邪正消長、治亂倚伏之機，不啻燭照而數計矣。」「《四勿齋隨筆》云：閻百詩謂黃陶菴『桃應』章文，後四小比云：『蓋以一夫之命，爲輕於天子父之命者，此三代以下之論，非所施於上古；以父子之樂，爲不如有天下之樂者，此豪傑以下之情，非所出於聖人。法申於宮禁，則人不可妄殺，而海內刑措矣；親重於天下，則力無所不竭，而大孝錫類矣。』以爲從此看出以天下養養之至來，爲眞經術文字。案：『以父子之樂，爲不如有天下之樂』二句，畢竟礙理，非可以比較豪傑、聖人，不知陶菴文何以出此，而閻氏又何以賞此也。若閻氏所賞『曾子養曾晳』兩段文云：『蓋至請所與而懼可知也，懼中饋之不潔，而親以爲不必頒；至問有餘而喜可知也，喜餕食之和甘，而親以爲有可共。則疾應之曰有而已，不必其果有餘也，親以爲有餘，是即有餘也。』則眞入神之語矣。」「張惕庵曰：《小弁》之詩，實平王之不幸，人倫之大變，舍怨字別無以自處，豈反談笑而道之？高叟之固，自不待言。但平王並非孝子，與舜天淵之隔，此詩亦宜臼之傅所爲，非自出胸臆也。黃陶

菴文云：『平王之孝可議，《小弁》之詩不可議。』聖人復起，不易斯言。又《凱風》傳云：『美七子能慰母心，以成其志也。』魯曾煜謂以七子言語觸犯其母，欲棄之大歸，其子惶恐作詩自責，其母復安其室。明人徐時進文云：『寒泉依其在浚，黃鳥懷以好音，安知不悔於厥心。』亦主此說。故云過小，蓋此母並未改適也。」「楊芸士文蓀云：黃陶菴『鄙夫可與事君也與哉』全章文，說者以爲刺某公而作。呂念恭瞿良亦有是題文，專就『與』字發論，文云：『有人焉，具經營一世之才略，而惜其誤用於身家；有轉移君國之機權，而惜乎但知有富貴。自世言之，重臣也、才相也；自吾言之，鄙夫也。其得也，良史譏之，清流唾之，而與之者未嘗與其榮，其得而終不無失也；當時罪之，後世監之，而與之者且與同其敗，則奈何同立一朝，同事一君，而代他人受詬哉？由是知世有亂臣，非其志與爲亂也，極庸臣之態而遂以亂臣之謀；世有黨臣，非其心與爲黨也，安具臣之名而不覺受黨臣之目。可無戒哉，可無戒哉！』眞目擊心痛之言也。」「林暢園師嘗以王柳潭自超時文授余，爲言柳潭舉崇禎壬午鄉試，癸未成進士，選庶常。甲申後，遂歸隱於僧寺，而文稿盛行於時，雖熊鍾陵亦不免襲用其語。康熙間，先輩云：『王柳潭文不滿五十篇，而本朝藉以成進士者三百餘人。』其見重於時如此，即方望溪選《十家文矩》亦不遺之。自金壇之派行，而柳潭之焰始衰矣。」「又曰：王柳潭文，人但賞其才氣橫溢，而不知其清夷澹折處最足移人。如『君使臣以禮』二句文，起比云：『天子有什伯庸眾之才，高居黃屋，其身已足爲臣下之所畏，與人共事而使人畏，不可也。祖宗本自有法，出之鄭重人則畏矣，出之不甚鄭重人愈畏矣，古人有感於堂陛之間也。許人以父母之身，慷慨而來，其心已足爲天子之所疑，終身事人而使人疑，不可也。性情本所自有，出之吝惜人乃疑矣，出之不甚吝惜人愈疑矣，古人有慨於北面之文也。』一重一掩，所謂深人無淺語矣。」「《同文錄》云：林子埜先生坐稿僅二十篇，其自序尚以爲有不存者，所見如此，文安得不傳？案：子埜，吾鄉福清人。志節峻屬，爲勝國完人。草書入顛、素之室，時文不多見，其二十篇稿，訪之里中，訖不可得。惟《甲癸集》有『道之以政』章一篇，後二比雋永深折，如披異書，余已錄入《閩文復古編》。」「（張惕菴）又曰：明人曹石霞，名士也。作『魯欲使愼子爲將軍』文，以魯爲齊弱久矣，本不敢覬覦齊地，值燕昭王復仇，樂毅下齊七十餘城，魯於此時欲乘釁而動，取南陽之地。其說恰中情理，蓋愼子亦非愚無知者，齊若無釁，豈敢妄動？至於後來樂毅奔趙，齊地盡復，

田單破燕之後，率強兵責取南陽，魯將何以禦之？小人謀國但見目前，往往如此也。案：石霞，名允昌，麻城人。崇禎己卯解元，癸未進士。洪文襄曾檄致軍中，佯狂謾語，醉吐洪茵，又以詩誚之，乃遣歸。」「前明張西銘先生，最推重周介生鐘時義。余嘗覓其稿讀之，則瑕瑜不相掩，文後宋侍御、錢青臣各評語，亦毀譽並下，然終因其人而不重其文。吳懋政選天、崇百篇評云：『通閱周介生全稿，氣體閎大而骨力甚平，後來庸熟卷濫觴於此。』則並其文而詆諆之。鄒乾一序至比之《劇秦美新》，尤可歎也。」

《欽定四書文》啟禎文錄黃淳耀制義二十篇。

　　卷一錄其《大學》「所謂齊其家」一章題文：「傳者釋修齊，而知好惡之宜慎也。夫好惡出乎身，而先受之者家也。觀於不可以齊者，而修身其亟矣乎？且聖王為治，必有以素信乎天下，而豫服之者，家是也。家之不齊之情，未必不同於天下之不治；家之可齊之勢，未必不甚於吾身之易修。君子觀此，可以得術矣。經所謂齊其家，豈非以家之美惡、各就於理之為齊哉？經所謂在修其身，豈非以身之好惡、不傷其當之為修哉？或者致疑其說，則胡不以常人之身之不修者而觀之也。夫親愛‧賤惡與大畏敬、哀矜、傲惰之情，雖修身者不必其無，而不修之身，則之其所而常至於辟。無他，好惡之衡乖，而美惡之形變也。朝廷之好惡，猶有共成之者；一家之好惡，獨斷之而已。斷之愈獨，則蒙之愈多，旁觀太息，而身親者猶有餘情焉，比比然矣。朝廷之好惡，猶有明爭之者；一家之好惡，深諱之而已。諱之愈深，則章之愈疾，門內不知，而行道者指以為戒焉，比比然矣。故好而不知其惡，諺亦有之曰『人莫知其子之惡』，夫人之於子，不僅稱好，而用好而辟者，其意則相似也。是則親愛之一端，而推之畏敬、哀矜亦然。惡而不知其美，諺亦有之曰『莫知其苗之碩』。夫人之於苗，無所可惡，而用惡而辟者，其意則相似也。是即賤惡之一端，而推之敖惰亦然。身之不修，其蔽若此，使人主不幸而以此至於其家，吾知父子兄弟之間，或縱之已深，或操之已蹙，暌孤橫逆，禍倍下民可也；閨門袵席之間，或義不足以相制，或仁不足以相懷，淫荒篡奪，亂至十世可也。家之不齊，可勝道哉！然不待其家之不齊也，即身之不修之日，而斷斷乎知其不可以齊家矣。先王有戒於此，故動靜燕遊必得其序，而復警之以瞽史之密、臨之以師保之尊；攜僕奄尹不敢有加，而必領之以冢宰之官、制之以有司之法。嗚呼，敢不敬哉！」評謂：「理確氣清，中二比可以覺痌昏

迷、警發聾瞶。」

卷一錄其「詩云節彼南山」二節題文:「國不可以徒有,得失之故昭然矣。夫以不慎之心處國,而自謂無患也,殷何以失?周何以得耶?《詩》可以觀已。且積萬眾之勢而成國,積萬國之勢而成天下。而天子以一人撫之,此禍福之宗,而得失之林也。日慎一日,而施及黎庶,罔不興;日荒一日,而虐及四海,罔不亡。蓋自天地剖判以來,未有不出此兩途者。粵若周至幽王時,淫侈不尚德,而世卿擅朝,家父所爲賦《南山》也,其言至深痛不可讀,然大抵爲有國者戒爾。蓋國家之事,有可知,有不可知;有可言,有不可言。九鼎而既定矣,人主尊天敬地、畏命重民,亦不過奉守宗廟,而於前王無以加也,此可知者也;耳不聞殿屎之聲,目不見檀車之事,貴極富溢,其心以爲莫如予何也,而忽然喪其國都,此不可知者也。敬德而日崇矣,後王推闡聖明、導揚至治,亦不過諡爲明帝,而於古今不數數也,此可言者也;靡瞻不眩而自謂明,靡聽不惑而自謂聰,舍安召危,其勢將不得比於編戶也,而亡主憪然得意,此不可言者也。以慎若此,以辟若彼,有國者即不爲永世延祚之計,而獨忍以南面之尊爲天下僇耶?且古之能逸樂者,莫如殷紂;其致亡之速者,亦莫如殷紂也。古之好憂勤者,莫如周公;其致治之盛者,亦莫如周公也。公所作《文王》一詩,援天命以覺悟來世,述祖德以教戒沖主,大都兢兢於得國失國之際,讀者謂可與《南山》之詩相發明也。由今思之,邠岐樓竄,不過小諸侯耳,既而虞芮至,彭濮來,天室爲之遂定;耿亳數傳,猶然盛天子也,俄而民反側,人僭忒,九廟蕩爲平原。詩若曰如此則得眾,如此之得眾則得國,自今以往,得國者咸視此也;如彼則失眾,如彼之失眾則失國,自今以往,失國者咸視此也。嗚呼,其言可謂深切著明者矣!使上帝必私於一姓,則殷商之後,何以遷命於我周?使祖宗能庇乎子孫,則成康之後,何以大敗於幽厲?是故周之宜法者文武,至家父作刺之時,則當並法成康;周之宜鑒者殷紂,至崎嶇河洛之間,則又並鑒幽厲矣。可不慎哉?可不慎哉?」評謂:「沈雄激宕,已造歐蘇大家之堂而嚌其胾。及按其脈縷,則兩節上下照管之細密,亦無以加焉。特變現於古文局陣,而使人不覺耳。」

卷一錄其「秦誓曰」四節題文:「賢相有待於仁主,反是者可鑒也。夫進一臣而舉世之人材係焉,彼不仁者,即不爲人材計,獨不自爲計乎?今天下安得有治亂哉?立於朝廷之上、與人主相可否者,爲大臣;推大臣之類、以聚於朝廷,爲百執事。此治亂所由始也。人主莫不欲治,而治日常少;莫不

患亂，而亂日嘗多。則以制置失當，在於一二臣之間而已。吾讀《秦誓》，而知穆公之所以瀕於亂亡而卒霸者，有故焉。今觀其所深好者，有容之臣也；所深惡者，妒賢之臣也。此兩臣者，一則推獎氣類，易涉朋黨之嫌，而其心實為國家；一則批抵朝士，若為孤立之跡，而其心實為富貴。所為不同則必爭，爭則人主必有所左右於其間，而勝負分焉，天下之士又視其勝負之所在，而左右焉。君子勝，則眾君子畢陞；小人勝，則眾小人接跡。然而君子之必不勝者，常也；小人之無益於子孫黎民者，又常也。挈人主之子孫黎民，以供眾小人之善怒，則人主大不利。夫知其不利者，惟仁人而已。仁人之去惡，不去不止；仁人之進善，不進不休。其端在一好一惡之間，而黎民獲樹人之休，子孫蒙楨國之業，故曰仁也。今自中主以下，其心皆知有子孫之當安與黎民之無罪者也。究其所為，則一切不然。彼有以小察為知人之明，以多疑為御下之術，以吝惜誅賞為善覈名實，以雜用賢奸為能立制防。其弊也，上下狐疑，枉直同貫，此不仁之一道也。則又有以忠謇弼亮之人為奸慝，以陰賊侫邪之人為忠良，以公論為必不可容，以眾智為皆莫己若。其弊也，群邪頂領，方正戮沒，此不仁之又一道也。前之所為，慢也過也，幸則沒身而已，子孫吾不知也；後之所為，拂人之性者也，我躬之不閱，遑問子孫黎民哉？是知君誠不仁，則雖俊乂滿朝，而或散之河海，或逃之列國，其積怨發憤者，至反為社稷之深憂；君誠仁，則雖詐謀林立，而或束身司敗，或伏死山林，其革面洗心者，或轉受正人之驅使。是故興唐虞者堯舜，非樓契也；傷周道者幽厲，非榮虢也。君子亦仁而已矣。」評謂：「四節成一片，多直道當時事。輝光明白，行墨間挾忠義貫日月之氣。」

　　卷二錄其《論語》「人而無信」一節題文：「無信之不可，聖人於其行慮之焉。夫信者，人所以行之具也，無之，自有必窮者，亦奚便於己而出此乎？今夫人游三代之世而推誠相與，然諾不欺，彼蓋以為道固然也，亦何嘗逆計其事之可濟而後出於此哉？自夫人有速求濟事之心，則其詐必至無所不為；自夫人有無所不為之心，則其術終於一無所濟。君子既傷其譎，又病其窮，於是成敗通塞之間，不得不為斯人熟計之矣。蓋信者所以成也，反是必敗；信者所以通也，反是必塞。人無智愚，各有其心。心在而誠感之，所為一室之內，聲應千里也。若夫告天下以欺而曰爾姑從我，則人必笑之矣。一行敗而百行盡屬可疑，片言虛而千言盡為飾說。雖至數窮悔起，不惜指天日以明之，而人猶不諒，蓋謂其已用之智又將施於今日也。遇無險夷，貴白其志。

志在而辭將之，所謂胸中之誠明於皦日也。若夫設天下以詐而日後不復然，則眾共疾之矣。我行而背誕焉，而傳聞其背誕者又過於所行；我言而矯誣焉，而指目其矯誣者又甚於所言。即至情見勢屈，猶欲邀末路以贖之，而聞者不應，蓋謂其巧詐之謀又將托於拙誠也。雖朝廷之上，詐諼者時起而有功，然急則用之，緩則棄之。彼其君非得已也，忠悃不孚於平日，明主早疑其心，故其後雖無可指之罪，而戮辱有所必及。雖朋友之間，權譎者亦力能相濟，然或盛禮貌以謝之，或戒子弟以遠之。彼其友非得已也，反覆已見於他人，智士必危其繼，故其時雖無身受之禍，而攘斥有所必加。若此者，豈非無信之不行章章可考哉？人之有信也，猶車之有輗軏也。輗軏之用去，則車不行；傾危之俗成，則民不立。而或者乃欲挾其區區之小數以得志於世，不亦惑乎？在昔武王不愆甲子之期，而商國徠臣；桓王實申交質之文，而鄭伯懷貳。非桓王之力不如武王也，不信而已矣。至若齊桓稱盟約之長，而諸侯叛其晚節；季路為布衣之雄，而邾子重其一言。非季路之勢大於齊桓也，信而已矣。」評謂：「警痛之論，可使機變者怵心內慚，瞿然自失。時文中有此，亦有補於人心世教。」

卷二錄其「見義不為無勇也」題文：「聖人以取義望天下，而激其本明之心焉。蓋勇生於義，義立於為。第曰見之而已，吾何望哉？夫人有識以明內，則可帥氣使必行，有氣以充外，亦可扶識使必達，而吾終不敢謂天下大事皆取辦於識多氣少之人。夫非氣與識離而為二也，識嘗主乎事之發，而氣嘗主乎事之成。事不可以有發而無成，故人不可以有識而無氣也。今天下事會多矣，名教亦凜矣。使是非之所存，必不與利害相反，則古今安得有忠良？使好惡之所寄，必不與誹譽相違，則人心安得有廉恥？奈之何有見義不為者？居平私憂竊歎以究當世之利病，事至則循循然去之，曰將有待也，逮所待者既至矣，則又自誣其前日之議論，以為狂愚，此其力尚足仗哉？夙昔引繩批根以刺他人之去就，身臨則縮縮然處之，曰期有濟也，至所濟者罔聞矣，則又反訕乎賢豪之樹立，以為矯激，此其氣尚可鼓哉？選懦出於性生，則雖學問經術本異庸流，而舉平日之所知所能，盡以佐其浮沈之具；畏葸積於閱歷，則雖醇謹老成不無可取，而因此日之一前一卻，遂以釀夫篡弒之階。禍福何常之有，避禍深而英華銷阻，遂並其不必獲禍者而亦避之。彼其心非惡義也，惡義之可以獲禍也。然至藏身之固既得，而觀望周章久矣，為笑於天下矣。生死何定之有？畏死極而中情回惑，將並其可以觸死者而反蹈之。是其死非

合義也，不獲於義而又不免於死也。原夫賢愚之身同盡，而坊檢空裂甚矣，進退之失據矣。若此者謂之無勇，世豈有無勇之人而可與之慷慨誓心、從容盡節者哉？是以君子治氣欲其專，用氣欲其靜。不敢輕喜而易怒，慮其氣之旁有所泄也；不敢留力而玩時，慮其氣之內有所阻也。氣盛，故塞乎天地、行乎淵泉而無不之也；氣純，故達乎百為、貫乎萬事而無不當也。嗚呼，是亦足矣！」評謂：「較金（聲）、陳（際泰）、章（世純）、羅（萬藻）氣質略粗，而指事類情，肝膽呈露，精神自不可磨滅。金、黃二家之文，言及世道人心，便能使讀者義理之心勃然而生。是知言者心之聲，不可以為偽也。」

卷三錄其《論語》「齊一變」一節題文：「兩國之變不同，而均可以至道焉。夫齊、魯之季世，皆非其初矣，變之雖有難易，要之以周道為準也。今夫一國之勢，嘗聽於開國之人，人亡而勢變，則又驅一國之人以聽一國之勢，此治亂之大較也。有賢者作，從已亂之後而力矯之，則守國之難與開國等。雖然，其致亂之淺深可考也，而其致治之遲速可推也。請以齊魯論。魯之先，周公是以周道治魯者也；齊之先，太公亦以周道治齊者也。然太公以暮年戡亂，則於禮章樂舞之事未暇以詳，而後世之言兵者得托焉。托之者眾，則雖子孫亦自誣其祖宗，而浸以陰權為立國之本。於是僖公小伯於前，敬仲九合於後，齊之規模恢然大矣。而綱維繩墨，漸即於消亡。周公以七年致政，舉凡建官立政之細並有成書，而後世之言禮者得據焉。據之者深，則雖君父已自踰其短垣，而終以臣子為禦侮之資。於是肩隨於陳、鄭之間，依倚於齊、晉之國，魯之氣象蕭然衰也。而文物聲名，尚支於不壞。是故齊之難變者數端，而陳氏不與焉。魚鹽盡守於國，則其利難散也；公族盡失其邑，則其本難固也；並妻匹嫡習為固然，則尊卑上下之序難正也。若此者魯之所無，齊之所有；今日之齊所有，而太公之齊所無也。魯之易變者數端，而三桓不與焉。其國無奇功，則服器易守也；其戰無奇捷，則禍亂易消也；其通國大都無奇衰，則尊尊親親之風易復也。若此者至魯而半，至道而全。魯一變而周公之道得全，猶齊再變而太公之道得全也。今有兩人於此，其一疾在本者也，其一疾在標者也。疾在本者，飲食啟處盡如平日，而其患將入於膏肓，識者為鍼石以伐之，則其人亦稍弱矣。知其弱為將愈之徵，則知其強為必死之疾也。此變齊之說也。疾在標者，精神元氣不改故常，而其外若有所大苦，識者為粱肉以衛之，則其人亦逐強矣。知其強為體之所有，則知其弱為體之所無也。此變魯之說也。然而齊多闊達之才，與之言更化，必抵掌而起，及其

回翔馴擾，則又不能終日；魯以相忍爲國，與之談王道，則本末粲然，求其慷慨激發，則又終無一人。坐是周公、太公之初，竟不可復，而說者並移其咎於開國之人，且以爲知有今日也，豈非誣哉！」評謂：「於兩國源流本末，洞悉無遺。而讀書論世之識，復能斟酌而得其平，故語皆鑿然可據。評家云：『何以變齊？君君臣臣父父子子是也；何以變魯？人存政舉是也。』惜於此旨未能暢發。」

　　卷四錄其《論語》「管仲非仁者與」一章題文：「救時之才，非一節之士也。夫仲之才與仲之時，適相值者也。相則不死，死則不相，又何疑焉？且天生俊傑之才，不數生；俊傑之才而適當須才之世，亦不數。若夫有其才又值其世，能事見於天下矣，而其人又有遺行，則君子略焉。非遺行之不足累乎其人，而遺行之不足累乎其功也。子貢嘗非管仲矣，以爲仲也奉糾而不終於義，不當相桓也。君子以爲不然，蓋仲之身是爲時而生者也，仲之才是及時而用者也。前此百餘年，爲宣王之時，其臣則有方叔、召虎；又前此數百年爲文武之時，其臣則有呂牙、姬旦。設也仲生其間，不過一良有司耳，有仲何益，無仲何損？今者荊熾於南，狄橫於北，戎又介居河山之間，諸侯拱手環視，虛無人焉，此眞管仲之時也。仲也挾一中主，攝尺寸之柄而圖之。聲罪召陵，則荊帖矣；陳旅畾北，則狄退矣；獻捷過魯，則戎弭矣。王禁明而王臣不下聘者六十年，侯度戢而諸侯無私爭者三十載。可不謂天下之駿功偉烈哉！向微管仲，則鮑叔牙能爲之乎？曰不能也。隰朋、賓胥無能爲之乎？曰不能也。能不能，何足深論，獨惜荊不帖、狄不退、戎不弭，則主中國者，將非中國也。然則仲之身不可死，而仲之時不可失也。且夫君子之臨難有二，曰生，曰死；君子之立身有二，曰節義，曰功名。爲節義於舉世不爲之時，則生不如死，死而後三綱明焉，九法正焉，是即死者之功也、名也；立功名於舉世不立之日，則死不如生，生而後朝廷尊焉，中夏安焉，是即生者之節也、義也。使仲舍格天之大業，就匹夫之小諒，陷胸決脰，死不旋踵，即又烏覩所謂節義者哉？是故君子錄仲之功，許仲之不死。學者聞之，自度其身有可死之責而無不可死之才者，將斷斷然必出於死；藉令無死，而吾亦有以責之矣。是夫子之重功名，固甚於子貢；而子貢之重節義，亦終不如夫子也與？」評謂：「此章之義，先儒訖無定論。獨提一『時』字，上下古今，雄情卓識，自可不磨。」

　　卷六錄其《中庸》「射有似乎君子」一節題文：「申言君子之正己，於射

得其似焉。夫君子之反求，終身焉而已。以夫子之論射觀之，即以爲論君子可。《中庸》論道之費，而約之於身，以爲知命者聖人也，俟命者君子也。聖人之於身，無所不盡，故優遊泮渙之意多；君子之於身，無所不求，故戰兢惕厲之心密。苟以爲推理直前，而其不可爲者聽之而已，猶非君子所以自得之本也。夫萬物之動，吉一而凶、悔、吝三，則雖君子所處，亦無盡如吾意之時，而其可以自必者，事前之懷不喪於事後而已；且人之遇，富貴少而貧賤、夷狄、患難多，則雖天命所予，亦無獨豐聖賢之理，而其可以自信者，寡過之身常視之如多過而已。昔者夫子觀射而歎其旨深遠也，曰：射有似乎君子，失諸正鵠，反求諸其身。斯言也，論射非論君子也，而吾即射之似君子者思焉。正之設也，賓射有之也，俎豆在前，長幼在列，德行之善否於是乎觀。故天下有不善射之人，無不欲中之人。誠欲中也，其求諸志正體直者久矣。如是而失焉，吾亦可以免矣，而必熟復焉，思所以矯乎其前。鵠之設也，人射有之也，天子備官，諸侯時會，祭祀之與否於是乎擇。故天下有不矜得之人，無不慮失之人。誠慮失也，其求諸心平體直者早矣，如是而失焉，吾亦可以止矣，而必究圖焉，思所以慮乎其後。何怨耶，何尤耶？則甚矣射之似君子也！而君子之似射從可識矣。夫忠臣孝子，遭時不幸而無幾微慚負於心，其視射者之扞格於心手，失同而所以失不同也。然君子終不敢歸過於尊親，如《大易》之所繫，文明正志，皆責躬而他無所憾耳。志士仁人，處世齟齬，而無一事罪累於己，其視射者之不勝而揚觶，失同而所爲失不同也。然君子亦不敢厚誣乎天下，如詩人之所詠儀一心結，皆世亂而不改其度耳。是則貧賤而無隕獲之患者，富貴而亦無充詘之心；患難而不失其常者，夷狄而亦勿之有苟矣。嗚呼！君子之身，其子臣弟友之道之所凝，而日進於高遠者歟？」評謂：「射者之反求，失在己者也；君子之反求，不必己之有失。惟行有不得，皆反求諸己，此正己不求不怨不尤之實功也。文於射者、君子用心致力處見得分明，故語皆諦當，末幅尤寫得聖賢心事出。」

卷六錄其「鬼神之爲德」一章題文：「《中庸》合顯、微以明道，而本其說於誠焉。夫鬼神者，先王所以設教而微、顯合焉者也。鬼神無往而不寓，則天下無往而非誠與？今夫道之妙，費隱盡之矣；費隱之說，顯微盡之矣。微之根極於喜怒哀樂之原，顯之條貫於三重九經之大。其爲精氣通行而義理昭著也，豈顧問哉？雖然，此析顯、微而言之也，合顯、微而言之，則莫如鬼神。昔者夫子常繫《易》明神道矣，常定禮詳祭義矣。一旦覽天地之精微，

究百王之制作，喟然歎焉，以鬼神爲盛云爾。以鬼神爲盛，盛於其德云爾。夫君子之庸德不勝舉也，而求之於所不見、所不聞，則已蹟；鬼神之德至不可知也，而欲視所不見、聽所不聞，不已過與？然而鬼神非他，即此能視能聽之物是已。太虛不能無氣，氣至而物生，神體之也；氣不能不散爲太虛，氣散而物藏，鬼體之也。古者聖人饗帝，孝子饗親，率天下以駿奔於壇壝郊廟之間，意亦有權道與？而不知天下之人，久矣陰驅潛率於鬼神而莫之知也。盡物盡志，愛愨之思也；報氣報魄，陰幽之義也。亭毒寥邈，知此者智也；恍惚呈露，事此者仁也。向使無鬼神，則無禮樂；無禮樂，則無王道；無王道，則亦無天下之人也。抑之《詩》可繹已，彼自威儀政令之間，以及話言臧否之際，其所企者，聖人之庸言庸行，而非馳思乎高遠之境者也，忽而曰『神之假思，不可度思，矧可射思』，豈非窮理盡性、妙達氣機之言耶？微矣哉鬼神！顯矣哉鬼神之不可掩乎！觀天察地，而鬼神在焉，世莫敢以天地爲無有，則安得以鬼神爲無有乎？尊祖敬宗，而鬼神在焉，世莫敢以祖宗爲無有，則安得以鬼神爲無有乎？其實有者，誠也；其眞見鬼神之誠者，是我之誠也。以我之誠感鬼神之誠，則天神降、地祇出，山川百神莫不歆饗，而王道四達於天下。此虞周聖人之所以事天事親，而百世聖人之所以盡人達天也。」評謂：「直捷了當，步步還他平實。而遊行自如，若未嘗極意營構者，由於理境極熟也。」

卷七錄其《孟子》「莊暴見孟子曰」一章題文：「樂無古今，惟同民者爲能好也。蓋先王樂民之樂，故其樂至今傳也。如齊王之所好，與獨樂何異？昔齊自敬仲奔齊，韶樂在焉，至宣王之世猶存。孟子之齊，與王論政者屢矣，無一言及於古樂，以爲仁義不施，則雖日取先王之樂而張之於庭，無益也。一日莊暴以王之好樂語孟子，有疑辭焉；及孟子以莊子之語詰王，有愧辭焉。彼特以古樂在齊，而耽此敖辟驕志之音爲非宜爾，雖然，王果以昔日之樂爲足以治今日之齊乎哉？夫國不期於大小，期於好樂；樂不期於今古，期於同民。今也知獨樂之不若與人，知少樂之不若與眾，是天下之知樂者莫如王也；知與人之爲樂而故獨之，知與眾之爲樂而故少之，是天下之不好樂者莫如王也。王之心必曰：吾何獨矣，吾不有妾御乎哉？吾何少矣，吾不有便嬖乎哉？嗟夫！此王之所以爲獨，此王之所以爲少也！今夫臨淄之中不下十萬戶，王之妾御、便嬖不過數百人。王日與此數百人者鼓樂、田獵之是娛，而此十萬戶中耳不絕悲歡之聲、目不絕流離之狀。此雖伶倫復作，儀舞再來，民亦必

疾首蹙頞，以爲安得此亡國之音也，況世俗之樂乎？然則好樂之甚者可知已。欲民之樂聞，莫如發德音；欲民之樂見，莫如下膏澤；欲民之善頌善禱，莫如播仁聲。至於德洋恩普，收六國而臣之，擊壤有歌，殿屎不作，則王之樂亦洋洋乎來矣，後世聞之，以爲此非東海之風而王者之作也，豈不盛哉？言至此，則王必動容而思已，吾故曰天下之知樂者莫如王也；言至此則王必斂衽而退矣，吾故曰天下之不好樂者莫如王也。」評謂：「以同民爲經，以古樂、今樂、同獨、衆少、好不好爲緯，而以古文之法運掉遊行。如雲煙在空，合散無跡。隆萬高手，於全章題、數節題文，不過取其語脈神氣之流貫耳。至啓禎名家，然後於題中義理一一融會。縱筆所如，而題中節奏宛轉相赴，時有前後易置處，亦不得以倒提逆挈目之。一由專於時文中講法律，一由從古文規模中變化也。此訣陳、黃二家尤據勝場。」

　　卷七錄其《孟子》「文王之囿」一章題文：「即以囿論，而仁、暴分矣。大古之爲囿也，所以行仁；今之爲囿也，所以行暴。然則古固無囿，而今亦豈有囿哉？古者生民之道多途也，雖遊戲之時小生；今者殺民之道多途也，雖遊戲之時亦殺。生與殺，皆有所不自知，而受者知之，並其不及受者亦無異其身受之而已。昔文有靈囿，其小大可以意揣也，而宣王之言以爲方七十里。異哉問也！於傳有之，『文王以百里』，果若王言，是割十之七以爲囿也；於傳有之，『文王之城十里』，果若王言，是分囿之餘以爲城也。此其有無殆不足辨，夫既不足辨矣，則王謂有之，孟子亦以爲有之可也；傳未必有之，設以傳爲有之可也。至於以四十里之齊囿爲小於文囿，則大不可。夫文安得囿，直周民之藪耳，澤耳；王安得囿，直齊民之機耳，網耳。今夫文王之囿，以酆地爲基址，以雍岐爲結構；以江漢爲藩籬，以六州爲門戶。薪之栖之，名材多矣；肅肅兔罝，漁獵多矣。夫然後規磽确之地，審面勢之宜，以爲觀望勞形之所。當斯時也，天下熙熙，皆爲囿來；天下攘攘，皆爲囿往。是故民氣樂而頌聲作也。今王之爲囿也則不然。絕陂池水澤之利，棄桑麻梨栗之盛；擴荊棘之林，廣狐兔之苑。高高下下，以罷民於臨淄。雖羈旅遠人欲覽於高明，而惴惴焉懼有大戮。嗚呼！是尚得稱囿耶？且夫麋鹿不可以耕耘，而令耕耘者養食之；養麋鹿者或誤殺麋鹿，而又殺其養麋鹿者以謝之。四十里之外，民以賦斂死、以戰爭死，不知凡幾矣；四十里之內，民又以殺麋鹿死，是無往而不得死也。彼民畏威遠罪，不敢直斥爲阱，而但曰王之囿太大。此其意，亦可深念矣，而王尚曰小乎？王一旦恫其苦，斯慨然悔悟，廢鐘鼓

帷帳之具，罷馳騁遊獵之娛，慰安元元，復其壤土。然後修文之明堂而坐以治之，民惟恐王之不爲囿也。」評謂：「縱筆馳驟，若自爲一則論辨，而與題之節會自相融貫。」

　　卷七錄其「得百里之地而君之……皆不爲也」題文：「三聖有王天下之德，惟不以天下動其心也。蓋不有天下者其時也，能有天下者其道也，而不忍偷取天下者其心也。大賢之知聖如此。今夫一聖人出，而天下之豪傑皆廢，智無所用其謀，勇無所施其力，而聖人傑然立於萬物之上，此其中亦必有所恃者矣。乃道足於己而不遇，或遇矣而不王，說者遂以不王之人爲不如王，而又以不遇之人爲不如不王也。則何貴於通識哉？今夫商末之大勢，不歸於武，必歸於夷；夏季之遺燼，不收於湯，必收於尹；及周之衰，上有桀紂，下無湯武，則宜王者斷歸孔子矣。然而夷、尹不王，孔子不遇，則何也？湯有百里之景亳，尹無有也；武有百里之西雍，夷無有也；淮泗小侯擁百里之國者十數，孔子無有也。設也得百里之地而君之乎？百里甚小，君百里甚難，聖人撫甚小之國，席甚難之勢，氣盛則規模偉，心精則事業弘，手不煩麾，色不煩動，制諸侯如子孫，運天下如臂指。事有固然，無足怪者。雖然，古者得天下以道，而其次則有以德者矣，又其次則有以功者矣，及其變也，有出於詐與力者矣。夫論其得天下之事，則萬有不同；而不論其得天下之本，則雖詐力之雄亦得與聖人皆稱天子。故夫朝諸侯、有天下，猶未足以觀聖人也。蓋聖人之得天下，必本仁也，必輔義也；而聖人之爲仁義，充之至也，達之力也。天下有日行不義、日殺不辜而自以爲取天下之速；又有少行不義、少殺不辜而即以爲謀天下之迂。聖人曰一事謬而可以傷天地之心，一夫冤而可以盡民物之氣。吾在野則以出處爭之，吾在朝則以去就爭之，吾有國則以國之存亡爭之而已。嗚呼，此其氣何如，此其心何如者耶？吾觀孔子攝政三月，強國歸其侵地，則知得百里之地而君之，能以朝諸侯、有天下，若阿衡之革易乎兩朝，大老之重輕乎天下，風烈尚矣，又知其皆能以朝諸侯、有天下也；抑孔子接淅去國，微罪無所復留，則知行一不義、殺一不辜而得天下，有所不爲，若桐宮之不狃於嗣王，牧野之明心於共主，神明定矣，又知其皆有所不爲也。」評謂：「順題直疏，間架老闊。時文乃代聖賢之言，非研經究史，則議論無根據；非有忠孝仁義之至性，雖依仿儒先之言，而不足以感發人心。學者讀金、黃二家之文，可以愓然而內省矣。」

　　卷七錄其「孟子之平陸」一章題文：「齊之君臣皆失職，而大賢尤罪其君

焉。夫距心何罪，皆齊王之罪耳。王亦如距心之以空言任罪也，豈所望乎？
且國家所與共拊循其民者，莫切於有司。有司之功罪不明，則人主無與爲治。
顧通國之有司皆良，而罪在一二人，則其罪重矣；通國之有司皆不肖，而偶
欲罪一二人，則其罪輕矣。蓋罪可明，而所以得罪之故不可明也。田齊之先，
有賞一大夫、烹一大夫而國大治者，彼其君實能以富民爲心，故其臣亦願以
殃民受罪。而宣之世變矣。廉潔者人之性也，不期而皆化爲貪，彼知廉之見
惡於時也；勤敏者吏之職也，不期而皆化爲惰，彼知勤之無益於國也。此猶
以失律之將御失伍之卒，不更相譙訶即幸矣，而欲舍其上而詰其下，則至死
不服。故雖孟子不能責距心也。雖然，以距心爲竟無罪乎？此又不可。彼其
耳目口體之養取之於民也，如取之於其家；而其視吾民之顛踣騰籍也，如視
秦越之人肥瘠。即或愁居惕處，仰屋而竊歎，卒無決去就以爭之者。未幾而
報政者稱殷阜，即是人也；未幾而考績者書循良，即是人也。嗟乎！司牧之
謂何，而民曾不得比於牛羊？言至此，距心之罪服矣；距心之罪服，而其晏
然於距心之上者，亦可以距心之罪罪之矣。今夫百姓患暴露，非財不可以立
屋廬，而王必不使爲都者有餘財；百姓苦饑羸，非粟不可以贍朝夕，而王必
不使爲都者有餘粟。以一都言之，所見如此，所聞如此，其餘可知也；以一
距心言之，蒿目而已，撫心而已，其餘又可知也。王之國是，其日非矣乎？
乃王於此，亦若處不得爲之地，操無如何之心者，曰『此寡人之罪』而已。
嗚呼！王即不言有罪，孟子豈不知與？王即終日罪己，齊之民豈有救與？上
有罪，距心又有罪，而王與距心之政皆如故也，豈轉死之民亦有罪與？無惑
乎生齒之數日耗於一日，危亡之憂歲深於一歲也。」評謂：「實情實事，皆作
者所目擊，宜其言之痛切也。自趙夢白（南星）借題以摹鄙夫之情狀，啓禎
諸家效之。一時門戶及吏治民情皆可證驗，足使觀者矜奮。其但結文之局陣，
而使題之節目曲折由我，不復尋先正老法，則自隆萬已然，不可復以相訾議
也。」

　　卷七錄其「孟子謂戴不勝曰」一章題文：「欲善其君者，非多得士不可也。
蓋以善士與不善士較，則不善之勢常處勝，故爲戴不勝計者，得數居州焉則
可矣。且大臣之輔其君與小臣不同，小臣可以進退爭，而大臣不可以口舌與？
故君有過，則必先治君側之人，而欲盡去君側之小人，莫若廣樹君側之正人。
說在孟子之告戴不勝也。戴不勝者，宋之賢臣，嘗進善士薛居州於王所者也。
君子曰：惜哉，其不講於正君之術明矣。古之賢君，當其爲世子之時而已近

正士、聞正言，積漸久矣，故雖有小違，無難救也。今之人主，諭教既失於先時，聲色又親於臨政，此其視仁義禮樂若天性本無之物而重有所苦者。夫奪其所樂，進以所苦，而復取必於立談之間，雖伊周之佐不能。譬若言語之際，至微淺也；父子之間，至無已也。然而楚不可以易齊，傳不可以敵咻，一不可以制眾。故必陶染大國之風，持久而後勝之也，孰是人主而可取必於立談之間乎？束縛之，馳驟之，不得已而側席以從，而其為不善之心則不啻瘖者之思語、遊者之思歸也。昔者沖人在位，元宰負扆，自凝丞輔弼之間，以至綴衣虎賁之列，無一而非善士。故一言不善，則操筆而書之矣；一行不善，則抗世子之法而教之矣。此莊嶽數年之說也。若夫齊桓之為主，管子之為臣，其委心自信豈顧問哉？然而管子存則齊桓霸，管子亡則豎刁、易牙之徒相繼為亂。甚矣！一傳之孤危，而眾咻之足畏也！子謂薛居州善士也，使之居於王所，居州則誠善士也。然宋王之姿下於齊桓，居州之才不如管子。吾意子必朝進一居州為分其猷，暮進一居州為補其闕，而子以身鎮壓其間，然後可以得志。乃今日一居州耳，環視王側之人，其辨慧皆足以窒居州之口，其文深皆足以致居州之罪，一不幸而居州退，再不幸而居州戮矣。即戮與退其未必然者也，而鰓鰓然懷見圖之憂，則其所裨於君者幾何哉？嗚呼，若不勝者好善而未知所持，是向者楚大夫之所笑也。」評謂：「反復推勘，深切明著，可與漢唐名賢書疏並垂不朽，不僅為制藝佳篇也。」

卷七錄其「諸侯放恣」二句題文：「合天下皆亂人，禍成於無所懼也。夫諸侯無所懼而放，處士無所懼而橫，非聖王之不作使然乎？自古極治之世，未嘗無亂人，惟立法以馭之，使無隙越而已矣。故建國以親侯，即有削地絀爵之法，治天下之諸侯；廣學以造士，即有移郊移遂之典，治天下之處士。是以諸侯而放恣，處士而橫議者，不容於帝王之世。自周之衰也，五霸力而扶其鼎，君子斷而誅之，以為功不足以掩罪也，然猶兼功罪者也，降為今之諸侯，則有罪而無功矣；自政之移也，庶人激而議其上，君子聞而傷之，以為是不足以勝非也，然猶存是非者也，降為今之處士，則飾非以亂是矣。今之諸侯，未有能堅明約束者也，強大者以力屈人，弱小者亦以謀致人，其敢於冒天下之不義者，非圖伯也即圖王也，偶有抑王霸之心而稍修臣節者，卒為天下笑矣，不放恣者誰乎？今之處士，未有能束修砥礪者也，辨有口者倡之於前，愚無知者和之於後，其敢於犯天下之不祥者，非好名也即好利也，偶有軼名利之外而輕世肆志者，已稱天下士矣，不橫議者誰乎？其始國小而

易制，諸侯之勢尚分，而今則七十二國之侯封並而爲七，遂人人有臨二周、問九鼎之心；其始論高而寡和，處士之與尚微，而今則培仁擊義之流派踵而增華，遂人人有非堯舜、薄湯武之意。況中國之與夷狄互消長者也，冠裳禮樂之國既日尋於干戈，則僻在夷裔者亦得發憤修政，起而爭天下之先；又況士習之與民風共清濁者也，憑軾結軼之流既日騰其口說，則列在四民者亦必事雜言龐，退而趨禽獸之路。吾故從而爲之說曰：諸侯者，處士之淵藪也；處士者，諸侯之蟊賊也。有干者起，稱天以治諸侯，而處士之淵藪空；有聖人作，稱仁義以治處士，而諸侯之蟊賊去。」評謂：「精峭若三韓之師，綜覈如兩漢之吏。上下戰國百餘年間，盡在指掌矣。」

卷八錄其《孟子》「子產聽鄭國之政」一章題文：「論鄭大夫之逸事，而詳及政體焉。夫乘輿濟人，在子產當自有說，而或仿此以從政，則末矣，君子所以重戒夫悅人也。時至戰國，苛刻徼繞之政深，而溫惠慈和之意少，蓋天下尤尚刑名哉？然而刑名之始，不始於刑名之人，惟爲政者寬以養天下之亂源，柔以蓄天下之不肖，至於宏綱不舉，萬事瞳壞，而後察察者得以承其後也。孟子憂之，借子產以立論。子產者，非今世所稱惠人耶？跡其抗大國、擊強宗，猛毅則有之，姑息則未也。以其猛立而寬成，故天下皆曰惠焉。而不知者顧傳其乘輿濟人一事，若欲以此敝子產者。孟子曰：此非子產之事也。信或有之，則吾謂其惠而不知爲政。何則？政者，所以利生殺也，生人而當謂之仁，殺人而當亦謂之仁；政者，所以別上下也，上勞而下逸謂之義，上逸而下勞亦謂之義。考之周制，十一月徒杠成矣，十二月輿梁成矣，功築具而途道修，直一有司事耳，又何患其褰裳涉溱、褰裳涉洧哉？且君子居則上棟下宇，而民或露處，不聞有推宮室以覆之者；出則和鸞清道，而民或負戴，不聞有脫兩驂以授之者。曰吾有政在也：陰陽之和，不長一類；時雨之甘，不澤一物；君相之大，不阿一人，唯其平而已矣。政平則法立，法立則惠行，惠行則民樂。審如是也，雖辟人於道而不吾怨也，庸待濟乎？今夫輿也者，一夫之載而濟也者，一人之利地。若夫爲政有體，一人服之，則一人之吏也；十人服之，則十人之吏也；推而至於坐秉國鈞、起操天憲，則千萬人之吏也。千萬人之吏，非千萬人服之不可，若之何日取一人而悅之哉？故爲政者知此則得矣，不知此則失矣。古制宜復，而憚違流俗之言，其敝也，井田裂、封建廢而民生不聊；今法宜變，而惡咈世主之意，其敝也，淫樂作、慝禮興而風俗大敗。此所謂日不暇給者也。夷考子產之爲政

也，殺一人、刑三人而天下服，以至道有遺物而莫之敢拾也，桃李垂於街而莫之敢援也。斯其犖犖大者，乘輿濟人之事，於傳無之，吾不可以不辨。」評謂：「讀書多，則義理博而氣識閎，有觸而發，皆關係世教之言。不可專玩其音節之古、氣勢之昌。」

　　卷八錄其「乃若其情」二節題文：「合情、才以溯性，其善著矣。夫情、才非性而皆出於性也，其善若此，其無不善若彼，奈何敢於誣性耶？昔者孟子之論性與孔子異。孔子之說，理氣參焉者也，故其言曰相近；孟子之說，論理不論氣者也，故其言曰性善。然置氣不言而天下之辨起矣，則仍即其流行運用於氣之中者言之，而立教乃可無弊。答公都子曰：天命之謂性，性動而有爲之謂情，性具而能爲之謂才。夫性渾然在中，可以理推而不可以跡求者也，人亦安能盡識哉？乃若情也者，動乎天機，著乎心本，覽陰陽而知太極之動，觀清濁而知流水之源，斷斷如也。今夫饑而欲食，壯而欲室，此人所謂情也，而不可謂之情。蓋嘗屏萬物而示之以善，不啻身之於痛癢，不待教而知矣。得意則喜，見犯則怒，此人所謂情也，而不可謂之情。蓋嘗雜萬物而進之以善，不啻口之於甘苦，不移時而別矣。由此以溯之於性，性善也，故情亦善也，此從本逮末之論也；情善也，則性亦善也，此推見至隱之說也。故曰善也。若夫爲不善，則亦有之。緣機逐物而自放於昏逸之地，在今名之曰暴棄之民；反道背德而甘即於頑囂之間，在古名之曰不才之子。乃一旦舉而誣之曰此才罪也，嗚呼，其然哉！大鈞賦物，一實萬分，既授以沖漠之精，即並授以達此至精之具，謂有贏縮其間，則是擇聖人而盡予之才，擇賢人而多予之才，擇中人而悋予之才也；二五順播，形開神發，既畀以妙合之理，即並畀以翼此至理之資，謂有異同其間，是有以處夫終身不善之人，而無以處夫始善終惡之人，與夫始惡終善之人也。才且無不善如此，而況於情；情且無不善如此，而況於性哉？然則不善孰爲之？曰氣爲之也。在天之氣無善惡，在人之氣有善惡。然情可爲善也，乃有放殺君父而自以爲是者，是情爲氣變矣；才固無不善也，乃有始生之日而知其滅族者，是才爲氣變矣。吁，合氣與理而後可以明道，可以辟邪也夫。」評謂：「樸直老當，無一字含糊。此處『才』字，孟子從『性善』一滾說下，衹在理上論，未曾論到氣。程子之說，從言外補入，最合。一夾發便失語氣。」

　　卷九錄其《孟子》「高子曰小弁」一章題文：「詩可以怨，大賢即《小弁》以立教焉。夫平王之孝可議，而《小弁》之詩不可議也。明於當怨之故，可

以教天下之爲人子者矣。且處人父子之間，此天下之至難也，而尤難處者，帝王之父子。蓋有宗社之寄，則賊亂易生；居嫌微之間，則讒構易入。處之不得其道，則天下戮辱其君父，而亦不憐其臣子，所以難也。君子讀《小弁》之詩，三致意焉。蓋作此詩者，宜臼之傅也，可謂能教太子矣。而說者猥疑之，曰『怨』，嗟乎，亦知幽王之世爲乾坤何等時哉？親若申侯，畔之而已，是路人也；賢若伯陽父，憂之而已，是亦路人也；忠厚若《正月》以下諸詩人，嗟歎之而已，不得不爲路人也。以路人自處，而以越人處君，則雖賷咨涕洟，其中實與談笑者等。今更取《小弁》讀之，其身世，則舟流也；其本根，則壞木也；其心事，則毛裏也。哀痛幽默，有不得已之志焉，則以天下之所棄者虐戾之君，宜臼之所親者本生之父也。舉天下無親幽王之人，而親之者獨有一子；在此子亦更無仁其親之事，而仁之者獨此一詩。甚矣，作詩者之爲君子也！而說者猥疑之，曰『怨』，是必變《小弁》爲《凱風》，同儲君於七子而後可耶？今夫龍漦作孽，伊洛告災，禍亂之成，至以一笑易一國。此自依斟流彘以來，未有若斯之酷者也。使七子之徒易地處此，必將寢乾枕塊以衝讎人之胸，而宜臼內德申侯爲之遣戍，外畏戎狄棄其國都。是猶以處小過者處大過，君子知其不怨矣。奈何並此詩去之哉？彼爲之傅者，於其本疏而教之以勿疏，於其不怨者而導之以怨，蓋以虞舜望平王也。彼雖萬萬不能爲虞舜，而前得免爲篡逆，後得守其宗祧，天下以爲平王能子矣，吾安得不戴之爲君？然則周鼎未遷，雖謂此一詩之力可也。今由大聖人怨慕之意以揚搉此詩，體作詩者諷諭之情以爲教天下，使人讀之，相與勉爲仁孝而恥爲大惡，則宜臼之志固可以不論也夫。」評謂：「平王忘其親，而《小弁》之怨爲親親，此天理所恃以不盡亡，人心所恃以不盡息也。看題扼要，下筆縈紆鬱悶，可以感人。」

卷九錄其「強恕而行」二句題文：「得物、我之所由通，而皆備者見矣。夫仁之遠者，我與物二也，強恕以通之，即於初體何負哉？今使天下有生而不仁之人，則相徇於偏私而大道可不設矣；又使天下皆生而近仁之人，則相漸於性命而學問爲無用矣。夫惟反身之誠既難驟得，而皆備者之終不可以或闕也，故求仁之方立焉。要其一致之理則曰仁，齊其眾萬之情則曰恕。所謂仁者何也？存我以厚物，實能生盡天下之物，統物以觀我，實能渾全受衷之我，則誠至而仁亦至焉，恕即從仁而出矣；所謂恕者何也？不忍於一身，因知身以外之無適非身，不忍於一我，因思我所接者各挾一我，則誠未至而恕

至焉，仁蓋從恕而入矣。仁者無所於強，求仁者必作之以致其情；仁者獨以天行，求仁者務率之以幾於道。我言而若有思也，我動而若有謀也，不幾失自然與？政惟順之至者先有所逆，逆去其嗜欲之私，而後得以公溥親萬物，逆去其鍥刻之見，而後得以慈愛利萬物，凡爲此者，期於必達吾意而已矣，意摯則情日深，古先王對時育物之道，殆取諸此而不遠焉；我立而即有與立也，我達而即有與達也，不幾徇外物與？政惟欲求通者務去所隔，不隔於險阻艱難，而天下無阽危之物，不隔於喜怒哀樂，而天下無澹漠之物，凡爲此者，期於勉致吾理而已矣，理精則量日弘，古聖人博愛相容之思，殆體諸此而彌切焉。世人當矢念之初，亦各有近仁之處，乃仁至而不自信，即仁去而不自知，以其思索之不力也，強恕者體之以平日，得之以一朝，周浹旁皇，其與心相習也久矣，高舉之而以爲生天生地之所始，豈有誣哉？君子當勢窮之日，或反有不仁之時，乃仁有缺陷而恕仍存，恕既充長而仁復見，以其剝復之不遠也，求仁者推及人之用，全無我之體，哀痛俳惻，其與天相見也易矣，精言之而以爲盡性至命之所本，詎云妄哉？天下勉強之聖賢，終勝於自然之眾庶，循理處善，一念可以有群生；天下篤實之學問，尤勝於高明之性資，致行設誠，匹夫可以容天下。夫孰非備物者，其棄此身於不仁耶？」評謂：「嘉靖以前，人一題必盡其義理之實，無有以挑撥了事者，況此等理窟中之蕩平正道乎？仁恕源流、推行實際，必如此勘透，纔見作手。陳（際泰）、章（世純）理題文多深微而簡括，黃則切實而周詳，故品格少遜。然陳、章天分絕人，黃則人功可造；陳、章志在傳世，黃則猶近科舉之學。茲編於化治惟取理法，正嘉則兼較義蘊氣格，隆萬略存結構，而啓禎則以金、陳、章、黃爲宗，所錄多與四家體制相近者。餘亦各收其所長，不拘一律，俾覽者高下在心，各以性之所近、力之所能而自執焉。」

卷九錄其「桃應問曰」一章題文：「極聖人必盡之心，可以處變矣。夫大聖之用心，必不以私累也。設言舜、皋陶之處變，不可以觀人倫之至乎？且法律之事出於義，而惟仁之至者能操之；一本之愛生於仁，而惟義之盡者能全之。蓋仁者不失入於法之內，故亦不失出於法之外也；義者不違道以悅親之心，故亦不遺親以徇己之事也。說在孟子之論舜、皋陶已。夫愛親莫如舜，執法莫如皋陶，而適有殺人之瞽瞍介其間，爲皋陶者不大難乎？曰無難也。夫立君以安人也，以天子之故觟法，則失其所以立君之心；平刑以恤民也，以天子之故逸賊，則失其所以平刑之意。故有謂親貴可議者，即大亂之道也。

皋陶之於此，禁亦執，不禁亦執，況舜本不得禁乎？何也？殺人者死，此非有虞氏之法而天地以來之法。吾行天地以來之法，所以成天子也，設有纖毫梗避於其事，則皋陶非聖人已。然而執法莫如皋陶，愛親終莫如舜，適有應執之瞽瞍介其間，為舜者不大難乎？曰無難也。夫得親而後為人也，有借父立名之心，雖臨四海不可以為人；尊富所以廣孝也，有先己後親之意，雖濟萬世不可以為孝。故有謂民物可戀者，即禽獸之心也。舜之於此，顧天下則失親，顧親則失天下，必也棄天下而逃之乎？何也？側身窮海，此降天子為匹夫而即降天子父為匹夫之父。降天子父為匹夫之父，亦所以謝士師也，設有幾微芥蒂於其心，則舜亦非聖人已。蓋以一夫之命為輕於天子父之命者，此三代以下之論，非所施於上古；以父子之樂為不如有天下之樂者，此豪傑以下之事，非所論於聖人。法伸於宮禁，則人不可以妄殺，而海內刑措矣；親重於天下，則力無所不竭，而大孝錫類矣。此孟子仁至義盡之論，而亦桃應有以發之與？昔淮南厲王以大罪廢，徙蜀嚴道死，而袁盎請斬丞相御史以謝天下；田蚡實失意杯酒，而武帝殺魏其、族灌夫以悅母后。此一君一臣，何其壞法與？漢之趙苞、魏之姜敘、五代之烏震，所扞不過一方，非有社稷存亡之寄也，而皆喪其母於賊手而不之顧。此三子者，何其不孝與？嗚呼，仁義充塞久矣，世乃以孟子為戲論也！」評謂：「學識定，然後下語不可動搖。匪是而逞辨，必支離無當，即墨守注語，亦淹淹無生氣也。」

崇禎十六年二甲三十一名進士黃淳耀作有《科舉論》一文。

黃淳耀《陶菴文集》卷三《科舉論‧序》：「三代以後設科取士之法，莫善於漢之賢良、方正，莫不善於唐之詩賦取士。宋初稍沿唐制，及安石變法，始專用經義，而詩賦之科終宋世數起數廢。要其所謂經義者，特安石之新說而已。雖紹興以後，王學稍衰，而河南、荊舒對立為兩，則學者猶多舛駁也。至我明高皇帝釐正經術，宗濂、洛之義理，存先漢之注疏，使士子有所據依，於是釋、老、莊、列影響依附之言廓然盡矣。且其制有論，有詔、誥、表、判，有時務策，三場並重，而科舉之外有辟舉，有歲貢，三途並用，故我國初得人之盛，雄視西京。士子之應科目者，無上書覓舉之弊，無群聚京師之擾，無請謁舉主之隙。規制之善，漢、唐、宋皆不及也。自憲皇帝以後，所謂三途者，遂廢其二，而科舉始獨重矣。近則三場之所重者，止於七義，七義之所重者，止於三義，而科舉之法弊矣。或者議欲廢之，或又

以爲國家三百年來，文武忠孝之士，皆出是科，但當遵行無變。余竊以爲二者之論皆非也。廢科舉者，其意一出於薦辟，而不得其法，其弊更有甚於科舉也。然科舉之法，則誠弊矣。《易》曰：『通其變，使民不倦。』今誠少變科舉之法，參用辟舉、歲貢之法，何爲不可？夫天之有象緯一定者也，然治曆者非隨時修改，則數十年則一差，況人才氣運之相推，如江河而未有極乎？使吾變之而畔違乎祖制，無變可也。其大者適與我祖制同，而其小者，質之立法之意而無謬，何爲不可？愚不自揆，作爲《科舉論》三篇，以俟知言者折衷焉。」黃淳耀《陶庵全集》卷三《科舉論上》：「國家之以經義取士也，將以明經乎，抑以晦經乎？其出於明經也，必矣。然吾觀今之經義，則其弊適足以晦經。夫晦經，非設科意也。蓋宋人之有帖書墨義也，離其前後之文，以驗其記誦，其事至陋，才士恥爲之。至一變而爲經義，則剖析義理，不徒記誦矣，故當時名之曰大義，而我國朝因之。蓋其著爲功令者，不過以觀士之能通經術與否，而初非以此困之，使出於不可知之途也。今取洪、永間經義讀之，言約理明，渾厚樸直，亦何嘗剿剝割裂而爲無根之辭乎？起昔人於今日，而爲其剿剝割裂者，將或有所不能，進今人於洪、永，而爲其渾厚樸直者，歲月之間可至矣。惟昔之爲經義也易，而上下之好尙出於一，故士子氣完力餘，得以究心於天下之實學。惟今之爲經義也難，故士子勞精神、窮日夜以求工於無益之空言，而不可施於用，且爲之者益多，則其趨益亂，趨益亂，則上之人無所據以定其取捨，而其途益惑，趨亂而途惑，則士子益咎其文之不工，而無暇於實學。實學荒則其不遇者文質無所底，而其遇者以貪冒爲得計，以廉恥爲迂疏，且盡舉其所以徼倖於科名者，而推之於政事之間，而科舉之法遂大弊。夫科舉之法弊，則郡縣無循吏，疆場無能臣，欲寇盜平而四裔服，不可得也。然而科舉之弊所以至此者無他，上之人不知驅士子以出於實學，而聽其所趨，反相率而從之故也。嗟夫，如是而猶以科舉之設爲明經者，其亦不思而已矣。吾故以爲將驅天下之士而使之出於實學，則必宜復祖制五篇之法，於七義中減二道，而閱卷必三場通較，不以一場爲去取。經義取辨析義理而已，浮華者務在必黜。則士子亦安肯故爲其難，以出於必不利之途哉？論則求其馳騁經史，表則求其駢儷四六，判則求其明習法令，策則求其曉暢治道。此雖與經義等爲空言，然工拙易辨也。宋人既立經義，尙爲宏詞科，以收詞賦之士，以繼古者之制科，今獨不可推其意於二三場哉？昔黃庭堅在貢院四十六日，九人半取一人，今主司鑒裁之明或不

如古，而以數十人取一人，又程之於數日之中，日力無餘，故所棄之卷，有不及閱二三場者，有不及閱經義者，有並不及閱《書》義者，所棄如此，則其所取可知也。吾又以爲當寬其較閱之期，使得研覈再四，以定其去取。至於士子平日所習之書，若經若史，一以頒諸學宮者課之，而盡焚其私刻，使耳目不淆。此數者行，則天下之實學可以漸而復矣。」黃淳耀《陶庵全集》卷三《科舉論中》：「驅天下之士而出於實學，則制科之弊可革。雖然，所謂實學者，亦止於言詞之間而已矣，吾他日之所取而用者，非即用其言詞也。夫宋世偉人如富弼，而猶以科舉文字爲難，如司馬光而猶不長於四六，近世如陳眞晟、胡居仁之流，而又不屑爲科舉之文矣，使吾無以收之，則天下篤實之士，皆格於科舉而不進，而吾之法又敝。將救其敝，非嚴薦舉之法、重歲貢之科不可。夫薦舉近固行之矣，然而未覩其效者，是不得其方也。漢世之舉賢良方正也，天子臨軒親策，至於再、至於三，其所言，上至君身，中至貴戚、大臣，卜及宦豎，皆直言極論，無所忌諱。不稱者罪坐舉主，有保任之罰。大人情畏罰，則不敢妄舉，而知上之重己也，則不憚於直言，故兩漢得才爲多，然猶曰：『此往事也。』我明高皇帝行薦辟法，親自較閱，不稱職者輒坐舉主，往往至於謫戍，故當時文武忠孝之士佈滿在位，內自卿宰，外至藩臬皆是也。今則不然，名爲保舉，不復嚴重其事，士之被薦詣闕下者，吏部試以策、論而已。天下不知其所謂策、論者何等也，故其願仕者得一官以去，而其不願仕者亦不至，彼豈眞不願仕哉？知薦舉之重不及科舉故爾。而薦人者，則仍取諸有聲場屋而不第與其平日所親幸之人，薦墨未乾而責任已塞矣。夫薦至而不知其稱否，姑試之而姑爵之，而薦人者又不尸其罰，則又安能拒不肖之幸濫而致奇偉非常之人哉？且不幾以漢世賢良方正之名而居魏晉九品中正之實哉？今如吾說，不過兩言而已，曰：『其求直言也，必重；其罰不稱也，必嚴。』此所謂明薦舉之法者也。按國初歲貢之科在薦辟之下、科舉之上，儒生之居學校者，先德行而後文藝，歲課、月考，其法甚嚴。成材者循序而進之於國學，與察舉之賢並擢爲給事中、參政、主事等官，故南北之二雍與郡國之學校表裏稱盛。今自歲貢之科輕，而士之廪於學而歷年多者，無賢不肖皆得貢。既貢，則使之爲學官，歷一二遷至縣令或郡佐，輒注下考罷去之。故士之爲歲貢者，齒暮氣衰，榮路有限，其自待甚輕。在學校則壞學校，在州郡則壞州郡。上之人知其如此，復姑寬之曰：『是齷齪者爲，可矜憐而已。』夫舉朝廷之士民，姑寄此齷齪可憐之人以塞其無聊，豈理也

哉！竊以爲學校所急在選學官，學官得人則士子之賢不肖可辨，而歲貢之舊可復。然所謂學官者，不復可求之於今日之貢舉也，或取諸薦辟之中，或擇諸甲科之內，務求其德醇而文高者俾居其職。以行先之，以學課之，其廩於學者，不可專取文詞，苟孝友忠信發聞於鄉者，學官言於督學，覈實而廩之，然後教以文學，而擇其士之尤異者，不待年而貢之闕下，而天子即用薦辟之法親試之，試可，則不待選舉即爲錄用，其次則俟其材成，循次貢之國學，以待甄敘，一如祖宗朝授官之法。有文無行者，勿貢。誤貢有罰。此所謂重歲貢之科者也。薦舉之法明，歲貢之科重，則士實勝者出此兩科，文勝者出於科舉，不出於此，必出於彼矣。」

劉曙成進士。《欽定四書文》啟禎文卷四錄其《論語》「君子哉若人」二句題文。

　　劉曙（？～1647），字公旦，號稚圭，長洲（今蘇州）人。爲名士者三十年，九與鄉試不第，至崇禎十五年（1642）始中式，明年聯捷成進士，署南昌知縣，未赴而南京陷。以丁外艱，避地鄧尉山。清順治三年，南海諸生欽浩通款魯王，疏吳中忠義士二十三人，以曙爲首，書爲清吏所得。曙實不識欽浩，然既被逮，徑承其事，且語詞激烈，遂就義。《欽定四書文》啓禎文卷四錄其《論語》「君子哉若人」二句題文：「聖人伸德力之報，嘉其人以寄意焉。夫尙德之不伸於天下久矣，知若人之爲君子有德者，不可以興乎？若曰：人必先置其身於賢聖之列，而後議論所及，令天下即其言以想見其人。此尙論古人之說，視乎其人之識也，而即深觀其學；感慨當世之談，關乎其人之品也，而即如見其心。況至於今日，而羿奡禹稷之論，孰有比擬明切如若人者乎？夫人也，高其見於虞夏商周之上，雖以造物無主，何敢不奮身修行，慷慨而側聖賢之林；定其理於興亡榮辱之先，即至顛倒任時，決不以陰騭無權，偃蹇而喪好修之性。天下有高論絕俗、不牽於舉世吉凶之說、而譽不勸而非不沮如若人也哉？意者潛修有素，所孜孜而敦勉者，日奉厥德爲允迪，故雖奸雄橫絕之時，力或可以相駕，而英雄有心、不以成敗論天下士者，今日一人而已；天下有曠志出群、絕去其目前已定之案、而順不喜而逆不驚如若人也哉？意者中懷雅尙，一時所勉勉自策者，憑乃德爲愼修，故雖正士弱喪之秋，德或難以自勝，而道德有權、不以寂寞嗟吾道窮者，古今數人而已。福善禍淫之理，今日已不敢道其常，然尙德於食報之世猶易，而今已不可問

矣，修身自好之士，類無不噓唏憑弔，搔首而問彼蒼之夢夢焉，有一君子出，而悲歌之氣證以古人之事而皆平，憤世之情又諷通人之論而有進；惠迪從逆之機，在我一不敢倒其局，然尚德於有道之世猶易，而今尚莫之定也，守己不屈之士，尚思以明德馨聞，勝天而覘繼報之彰彰焉，有此君子出，而顯忠遂良之典猶不絕於風塵，鋤奸刑暴之權亦不空寄之筆削。君子哉若人！尚德哉若人！忼慨可以當歌，賴有此好古有識之言，質聖賢於一室；興懷別有所寄，亟標此高識不磨之論，公好惡於千秋。吾不能不傾心於若人矣。」評謂：「『君子』與『尚德』不分疏，深得當日嗟歎語氣。文詞高朗，使人心目開爽。中四比，若更能義意截然，則更進一格矣。」

張家玉成進士。《欽定四書文》啟禎文卷五錄其《論語》「辭達而已矣」題文。

張家玉（1615～1647），字元子，號芷園，廣東東莞人。崇禎十六年（1643）進士，選庶吉士。李自成陷北京，家玉被脅而降，後歸南明。及南京陷，從唐王入福建，引兵力戰於江西。而汀州失守，隆武帝被殺，家玉不得已潛歸東莞。順治四年，家玉起兵攻東莞城，連收數縣，十月，為清軍所圍，自投野塘中以死，年三十有三，永明王予諡文烈。有《張文烈遺集》。《欽定四書文》啟禎文卷五錄其《論語》「辭達而已矣」題文：「原辭所由立，為其不可廢者而已。大意之所至，辭亦至焉，達之所以足尚也，又多乎哉？今夫世變昇降之故，文章為之也。古人之文，可以為質而不可以為拙；今人之文，可以為多而不可以為是。著論愈工而淳氣愈不可留，撫茲繁薄，不識立言者之何從始，且不識尚口者之何所止也。夫辭，則何為者乎？有先乎辭者，而後辭處於不得已之勢，夫辭也，人望而尊之，無如人見而喻之之為勝也；有存乎辭者，而後辭立於不能損之地，夫辭也，人誦而多之，無如人惜而少之之為當也。故辭之貴，貴乎達而已矣。辭之在心幾何耳，及喉舌而數倍，及篇章而又數倍，然則增加之則何所治乎？典訓之篇，簡而嚴矣，以為是風之隆，而不獨風之隆也，理明則知易，知易則要得，其不辨也，有所以為辨也，是亦可以無辨矣；辭之全體具在耳，善讀者得其數篇，又善讀者得其數語，然則觀摩之益何所賴乎？爾雅之章，約而盡矣，以為是情之塞，而不獨情之塞也，道立則氣盡，氣盡則指全，其不析也，有所以為析也，即以是為至析矣。然則謂辭之略餘於意，而辭之詳餘於才乎？夫一言而盡所欲言，與數言而不

克明所必言，其才之優與紲大可識矣，好盡者之不欲爲簡，抑亦好盡者之不能爲簡也。我觀椎魯之士，意識勿矜，發言蒼涼，而人多信之，昔之辭人，亦若是則已耳。然則謂辭之捷全於質，而辭之繁全於文乎？夫紛然言之而引義不倫，與洞然言之而罕譬而喻，其辭之文不文大可見矣，已甚者之求爲可觀，抑亦已甚者之將爲可厭也。我觀博贍之士，菁華既竭，漸就刊落，而人必珍之，古之辭人，亦若是則已耳。全吉士之養，謹仁人之衷，存天地之理，見聖賢之心，辭達而已，又多乎哉？」評謂：「清微敏妙，頗與陳、章爲近。後二股精警明辨，實能發人之所未發。」

明代進士題名至崇禎十六年癸未科止。

李調元《制義科瑣記》卷四《題名碑》：「劉公《嘉話錄》：慈恩寺題名起於進士張莒題姓名於雁塔下。後書之於版，遂爲故事。宋龐文英《文昌雜錄》云：本朝進士題名，皆刻石於相國、興國兩寺。趙昇《朝野類要》云：進士及第，各集鄉人於佛寺作題名。鄉會起於唐之慈恩寺塔也。予案：進士題名列諸梵刹，於義無取。至明乃立題名碑於國學。題名記，或學士或祭酒撰，其典始重。永樂壬辰已前在南雍，今京師太學持敬門內諸碑，則自永樂十四年丙申科始，至崇禎十六年癸未科止。螭首龜趺，星羅林立，一代之巨觀也。」

明思宗崇禎十七年甲申（西元 1644 年）

正　月

初三日，李自成在西安稱帝，國號大順，年號永昌。（見計六奇《明季北略》卷二十）

三　月

李自成入北京。明思宗自縊於煤山。范景文等死節。

《明鑒綱目》卷八：「綱：京師陷，帝崩於煤山，大學士范景文等死之。」梁章鉅《制義叢話》卷七：「朱春門筧曰：近讀季元仲世熊《寒支集》中載有

丘義所作『之其所哀矜而辟焉』文。案：丘義，字明大，汀州之寧化丘坊人。崇禎末，補弟子員。甲申後，義不就試，其父詰之，對曰：『世代既變，人心亦變，即文字亦變。以前文應今試，徒取黜辱，無益也。』父曰：『不必言遇合，但功令嚴耳。』義乃就試，題爲『之其所哀矜而辟焉』，督學閔公閱而判曰：『文心如此，何必應試？』除名免責。榜揭而諸生譁然，取原卷爭相傳寫，一時紙貴，義以罷諸生而名益噪。其文云：『當可哀可矜之世，必無不哀不矜之人；世有辟於哀矜之人，必世有不勝哀矜之事也。今大無怙無恃，哀之至也，乃至宗廟丘墟、鼎社遷改，哀又過之，《詩》所謂「哀恫中國，且贅卒荒」是也，更取父母之遺體而毀傷之，取聖王之冠裳而滅裂之。哀哉，「維今之人，不尚有舊」哉！鰥寡孤獨，矜之至也，乃至天潢溝壑、宮闈泥塗，矜百倍之，《詩》所謂「爰及矜人，哀此鰥寡」抑未矣，更取匹耦而穢亂之，夫鰥而妻不寡，取耄倪而僕隸之，父獨而子不孤，哀哉，「悼彼昊天，寧不我矜」哉！乃哀未畢也，而和悅繼之，髠鉗之不爲辱，呼蹙之不爲憤，即屠門覆祀不敢仇也，矜未畢也，而女樂繼之，謂他人父而忘其孤，謂他人夫而忘其寡，他人不子不妻，而奴婢之不悔其賤也。此之謂失其本心，故曰哀莫大於心死，而形死次之。吾哀夫當哀而不知哀者，又哀夫己不能自哀而反哀他人之哀者，又哀夫己不哀而反禁人之哀者，又哀夫恣胸行臆擠人於可哀可矜而自爲愉快者，又哀夫助虐相淫陷萬家於可哀可矜而僅奉一人歡笑者。蓋至此而荼毒攢心，無可告訴，徒飲痛銜恤而已，豈非之其所哀矜而辟乎？』案：此目擊崇禎末年情事，借題以抒其憤激之心，異人異文，宜於《寒支》有默契焉。又案：提學道閔公名度，字裴卿，浙江烏程人，前明進士。其料理此生，亦可謂寬嚴並濟矣。」

四　月

二十九日，李自成在北京稱帝，次日棄城西奔。（見計六奇《明季北略》卷二十）

五　月

初一日，多爾袞入京師。

《明通鑒》附編卷一上：「戊子朔，我大清兵定京師。李自成西奔，大軍

追之於盧溝，於慶都，皆敗之。」

初三日，明南京兵部尚書史可法、鳳陽總督馬士英等在南京擁立福王朱由崧，先稱監國，旋即帝位。（據《國榷》卷一百一）

八　月

張自烈編成《四書程墨》，自為序。

張自烈《芑山文集》卷三《四書程墨序上》：「張子居芑山，選古今論、表、策竣，復刪定《國朝四書程墨》，錄文千有奇，合後先諸家之說而辯之。書成，自為序曰：今天下法有久而不變，行之非其人，而法不能無弊，制科是已。言有大而近誇，察之鮮其效，而言無補於治，謂制科盡善是已。夫制科既已盡善，有人於此紬制科為無益，敢為異論不顧，而群士大夫之說，無足以勝之，何也？我太祖高皇帝稽古定制，首重得人。洪武三年，特命天下開科，六年謂士罕實用，詔暫停罷，令有司察舉賢才。十七年，始定今科舉式。嘗考靖難以來諸讜節忠義士，頡頏青田、義烏、浦江諸人，可謂制科無益歟？邇者制不逮古，士牟寵尸位，上乃稍稍錄用制科以外之人，是時緣制科進者，率救過弗給，末緣自著見，然後制科無益之說肆，而高皇帝頒定一代之制，幾廢不廢者幸耳。若是而概謂之無弊，果可為定論歟？嗟乎！以三百年學校所嘗教育課試之人，數進退以古經義之法，因循日久，蔑有克勝任者，一旦求諸制科以外，彼其人豈盡伊、召、周、傅哉？將決裂潰敗、倍蓰科目而無復之邪！然則今天下之視制科又何如也？以予觀制科非無益，後世徒守其法，語曰：我以尊王制云爾，一制科足以治天下云爾，舍其實而名，是竟使天下日見制科之蠹而不見其益，議者益信以為必可廢。夫一制科耳，聰明神聖如高皇帝，舉輒罷，罷復舉，兢兢輔之以保任，申之以嚴試，俟後世善師其意而已。以故仁宗嘗與楊文貞論其弊，意甚善，文貞顧獨以南北士宜兼用，它無所損益。後是高文襄謂天下方重制科，宜無限科貢，惟賢是視，然卒不能矯重而善其法制。制科至今日，弊且有不勝言者。宋胡瑗患仕進專尚文辭，推本古聖賢修己淑人之道，分設經義、治事條科課士；程顥論取士，欲盡去聲律小碎、糊名謄錄一切無義理之弊，專以行實才學陞進。朱熹議復古選舉、學校，言所教不本於德行，所謂藝皆無用空言，欲分年課習經史，使德成才達，而不徒為科舉之文。緣是推之，今天下具文無實，雖士習漸闢

使然，抑三年中兩闈貢舉，其所以教之與所以進之者，不古若也。善乎先臣崔銑之言曰：經義視詩賦，法令遠甚，然業之易能，無假深造，少而易仕，不俟大成。然則繇今之法，欲考德觀業於士子記誦剽略之文，與夫兩闈考官之取捨進退，思盡得天下通經學古、明理識務者，絜隆古昔，與其圖吾治，蓋不待智者而知其難也。予謂制科初場試七義本經傳，至矣，次場試論，兼問諸史疑義，表、四六判，空文可罷，終場專策當時急務，學究擯勿錄。中式後十日，仍覆試，倣古十科嘗試法，勿驟予官。考官無資次，慎簡富學、行能知人者充之。每歲仍察舉況蔚數十輩備官使，勿概以經義繩束天下士。審如是，國家因材而覈其實，吏士重法而黜其偽，法庶幾盡善。後世慮不逮此，區區執盡善之說以求勝，卒使制科雖存不足恃，可勝歎哉！雖然，復古制科之盛有道，昔程元鳳論格心之學，謂格士大夫之風俗，先格士大夫之心術。羅從彥曰：『天下之亂，不起於四方，而起於朝廷。』今天下豈必廢科目哉？明天子省躬端本，慎誅賞而辨邪正，自左右大臣始，使一時制科以內之人，激發愧舊，以求勝任。而制科外者，思有以自見，鮮復覬幸窺竊。諸大臣復孳孳輩迪，敦勉公忠之殊節，屏斥異同之浮言，稍變通以釐正其取上之例，如予向所聞，以補文貞諸人所未逮，以無失祖宗朝得人圖治初意，然後制科無益之說廢然止，天下率繇制科而治，雖謂萬世無弊可也。嗟乎！不思所以無弊之繇，而徒曰制科盡善，何益於治哉！吾友楊維斗言制科盡善，見《同文錄‧序說》，某竊疑之。沿至今日，逆賊犯闕，先帝賓天，而諸臣反面從賊，至更僕不盡，惡在制科是恃哉？崇禎甲申仲秋月望日。」關於科舉利弊之論，可參熊開元諸人之論。熊開元《魚山剩稿》卷五《三國鴻文序》：「國家崇制義，萃天下人形神寢食，閉之戶牖，達諸天地，其道不苟。然加之眾矢所求，必以《六經》為鵠，雖異能無敢渝焉。不欲平天下則已，必平天下者，舍讀書服古之儒，旁求武斷，謂制義不足為，非本計也。」應大猷《容菴集》卷六《書道南書院錄後序》：「國家取士，惟舉業一途。士多以此學，主司多以此取士，而有志者所不能脫焉者也。然舉業元無害道。故曰：不患妨工，而患奪志。苟志於道矣，斯日用飲食，何往非道，何往非學，而況於舉業乎哉！因舉業而率天下於道，固憂世者之微意耳。」陳于陛《意見》：「古之選舉專論行，今之進士專論文，似相背馳。然古以行舉者，未必便保其終如茲，科目雖以文進，而進士一科，尤為世所崇重。士登其目者，未免自顧科名，愛惜行檢，不敢為非，是勵行崇化之道，實默寓其間，與古之辟舉，

蓋異轍而同途矣。」朱國楨《湧幢小品》卷七《進士中制》：「進士科起於唐，其數至少，沿於宋，至多，亦無定期。唐則許薦，《韓昌黎文集》可考，未幾有禁。國朝酌其數，最得中制，而其禁甚厲，蓋祖制之失多矣，獨此尚存公道，可屑越乎？」朱國楨《湧幢小品》卷二十四《士榮議論》：「苑洛外孫張士榮，南陽人，九歲讀書，皆識其義。年十七，從苑洛於京，問以致太平之道，對曰：『今之舉子業與前代不同。經書傳注，皆祖宗之制。律例者，國之成憲。今爲文不詳傳注，治獄不依律例，祖宗制度違越如此，況望其學古議事？欲致太平，必先正此二者。』蓋致天下之治在郡縣，而後日爲吏，皆庠序之士也。」

十 月

初一日，清世祖在北京即皇帝位。（據蔣良騏《東華錄》卷五）

十一月

十六日，張獻忠在成都稱帝，國號大西，改元大順，定成都府爲西京。（據吳偉業《綏寇紀略》卷十一、徐鼐《小腆紀年附考》卷八）

本 年

章世純（1575？～1644）卒。章世純爲明代制義名家。

其生卒年據譚正璧編《中國文學家大辭典》。《明史·文苑傳》：「章世純，字大力，臨川人。博聞強記。舉天啓元年鄉試。崇禎中，累官柳州知府，年已七十矣，聞京師變，悲憤，邁疾卒。」《四庫總目提要》卷三六著錄章世純《四書留書》六卷，同書卷九六又著錄其《留書別集》二卷、《己未留》二卷。《明史·藝文志》著錄章世純《留書》八卷。工時文，與艾南英、陳際泰、羅萬藻齊名，有「章羅陳艾」之稱。梁章鉅《制義叢話》卷六：「韓湘帆師掄衡曰：章大力文，人皆服其筆之刻，吾獨服其理之深。如『君娶於吳爲同姓』二句文，非參天人之秘蘊，具制作之精心者，不得道其隻字。其詞云：『且先王於合之甚者，皆求有以別之。別之而爲合，故其合也，固而能久，異而後事同，睽而後志通，此其義乎？然而爲義不止於此。天地陰陽之氣，皆以異類相求，異氣相益，而至以一本之親通其情昵，則有美盡之憂；人道禮義之

治，常使疏不至離，親不至瀆，而至以燕褻之私講於骨肉，則有道苦之害。其在太古之時者，其取義精，蓋智足以辨微，故所詳者專於陰陽之際，同德者爲同氣，同氣者同姓，異德者爲異氣，異氣者異姓，同姓雖遠不通婚姻，異姓雖近不避婚姻，故同爲黃帝之子而著姓之殊，所以然者，紀異德以別所生之氣也，古道然也。其在中古而後者，其據義顯，蓋其智不足以及微，故所辨者專於禮義之嚴，爲正姓以統遠，遠者行飲食，爲庶姓以統近，近者議服數，男子則稱氏以別貴賤，女子則稱姓以別婚姻，故有買妾不知姓則卜之文，所以然者，本所從以厚男女之別也，周道然也。』此於題前衍出半幅，議論翻空出奇，全爲周公制禮以前，補闡出偌大道理，以免越禮者之藉口，此有功世道之文，宜仇滄柱以爲制義以來未曾見也。案：後幅云：『繫子於吳，是奪吳宗也，以魯之故而使吳不有其姓，非吳之所受也；且繫子於吳，是又奪宋宗也，以魯之故而使宋不得正其姓，非宋之所受也。於其存而稱之曰孟子，諱君惡也；於其沒而書之亦曰孟子，諱國惡也。曲爲君諱，於臣子之義得，而爲其所諱者，其謂之何哉？』陳人上評云：『上卜千古以儘其理，出入題中以究其情。』蓋合此文前後幅而論之。」「『譬之宮牆』，宮是宮，牆是牆，子貢語原衹側卸到『牆』字，其『宗廟之美、百官之富』與『室家之好』，都在宮裏分別，與牆無干。惟其宮有不同，故其牆有高卑之異。今人輒將宮、牆混合，一如牆之尺寸，即關聖賢之分量，豈非誤歟？章大力文云：『人畜美以自實，而有餘不足之數相與差也，此宮之說也；亦標彤以接物，而可測不可測之間亦相與差也，此牆之說也。求之於宮，而賜與夫子有餘不足之實，可相方而得之；求之於牆，而賜與夫子可測之情，亦可相方而得之。』如此認題得未曾有。」「俞桐川曰：明有達官往肆中，見鬻江右四家文者，問以何用，其人答云：『其文高耳。』達官曰：『高而不售，安用之？吾所取者，富貴福澤之文也。』其人廢然而去。然章大力售以辛酉，最奇而最先售，甲子而艾千子售，丁卯而羅文止售，庚午而陳大上售，彼富貴福澤之文亦未必其盡售也。大力文幽深沈鷙，一溪一壑皆藏蛟龍，不崇朝而雲雨及天下，故沈何山、韓求仲、張受先皆重之。吾不知達官之論文果勝三先生否耳。達官者，忘其姓名，亦不必問其姓名也。」

參考文獻

A

《艾千子先生全稿》，（明）艾南英撰，四庫禁燬書叢刊，北京出版社，2000
年影印本。

《安雅堂稿》，（明）陳子龍著，遼寧教育出版社，2003 年版。

《鼇峰類稿》，（明）毛紀撰，四庫全書存目叢書，齊魯書社，1997 年影印本。

B

《八股文概說》，王凱符著，中華書局，2002 年版。

《八股文小史》，盧前著，商務印書館，1937 年版。

《八十九種明代傳記綜合引得》，田繼綜編著，燕京大學，1935 年版。

《孫白谷集》，（明）孫傳庭撰，文淵閣四庫全書本。

《白華樓藏稿》，（明）茅坤撰，四庫全書存目叢書，齊魯書社，1997 年影印
本。

《白蘇齋類集》，（明）袁宗道撰，續修四庫全書，上海古籍出版社，1996 年
影印本。

《白雪樓詩集》，（明）李攀龍撰，四庫全書存目叢書，齊魯書社，1997 年影
印本。

《白榆集》，（明）屠隆撰，四庫全書存目叢書，齊魯書社，1997 年影印本。

《柏齋集》，（明）何瑭撰，文淵閣四庫全書本。

《半江趙先生文集》，（明）趙寬撰，四庫全書存目叢書，齊魯書社，1997 年
影印本。

《半軒集》，（明）王行撰，文淵閣四庫全書本。

《半洲稿》，（明）張經撰，四庫全書存目叢書，齊魯書社，1997 年影印本。

《備忘集》，（明）海瑞撰，文淵閣四庫全書本。

《被褐先生詩文稿》，（明）華善述撰，四庫全書存目叢書，齊魯書社，1997 年影印本。

《本朝京省人物考》，（明）過庭訓撰，四庫禁燬書叢刊，北京出版社，2000 年影印本。

《筆記小說大觀》，上海古籍出版社，2000 年版。

《辟雍紀事》，（明）盧上銘、馮士驊撰，續修四庫全書，上海古籍出版社，1996 年影印本。

《碧川文選》，（明）楊守阯撰，四庫全書存目叢書，齊魯書社，1997 年影印本。

《碧里雜存》，（明）董穀撰，四庫全書存目叢書，齊魯書社，1995 年影印本。

《冰玉堂綴逸稿》，（明）陳如綸撰，四庫全書存目叢書，齊魯書社，1997 年影印本。

《病逸漫記》，（明）陸釴撰，四庫全書存目叢書，齊魯書社，1995 年影印本。

《泊庵集》，（明）梁潛撰，文淵閣四庫全書本。

《補刊震川先生集》，（明）歸有光撰，續修四庫全書，上海古籍出版社，1996 年影印本。

《補注李滄溟先生文選》，（明）李攀龍撰，四庫全書存目叢書，齊魯書社，1997 年影印本。

C

《滄溟集》，（明）李攀龍撰，文淵閣四庫全書本。

《滄溟先生集》，（明）李攀龍著，上海古籍出版社，1992 年版。

《滄洲詩集》，（明）張泰撰，四庫全書存目叢書，齊魯書社，1997 年影印本。

《藏密齋集》，（明）魏大中撰，四庫禁燬書叢刊，北京出版社，2000 年影印本。

《藏書》，（明）李贄著，中華書局，1959 年版。

《曹大理集、石倉文稿》，（明）曹學佺撰，續修四庫全書，上海古籍出版社，1996 年影印本。

《曹太史含齋先生文集》，（明）曹大章撰，四庫全書存目叢書，齊魯書社，1997 年影印本。

《曹月川集》，（明）曹端撰，文淵閣四庫全書本。

《草窗集》，（明）劉溥撰，四庫全書存目叢書，齊魯書社，1997 年影印本。

《柴墟文集》，（明）儲巏撰，四庫全書存目叢書，齊魯書社，1997 年影印本。

《長谷集》，（明）徐獻忠撰，四庫全書存目叢書，齊魯書社，1997年影印本。

《程文恭公遺稿》，（明）程文德撰，四庫全書存目叢書，齊魯書社，1997年影印本。

《沖溪先生集》，（明）彭輅撰，四庫全書存目叢書，齊魯書社，1997年影印本。

《崇蘭館集》，（明）莫如忠撰，四庫全書存目叢書，齊魯書社，1997年影印本。

《詞林典故》，（明）張位、于慎行撰，四庫全書存目叢書，齊魯書社，1996年影印本。

《此觀堂集》，（明）羅萬藻撰，四庫全書存目叢書，齊魯書社，1997年影印本。

《賜閒堂集》，（明）申時行撰，四庫全書存目叢書，齊魯書社，1997年影印本。

《賜餘堂集》，（明）吳中行撰，四庫全書存目叢書，齊魯書社，1997年影印本。

D

《大復集》，（明）何景明撰，文淵閣四庫全書本。

《大泌山房集》，（明）李維楨撰，四庫全書存目叢書，齊魯書社，1997年影印本。

《大明光宗貞皇帝實錄》，（明）張惟賢、葉向高等纂修，四庫禁燬書叢刊，北京出版社，2000年影印本。

《大明會典》，（明）申時行等修，（明）趙用賢等纂，續修四庫全書，上海古籍出版社，1995年影印本。

《澹園集》，（明）焦竑撰，李劍雄點校，中華書局，1999年版。

《甔甀洞稿》，（明）吳國倫撰，續修四庫全書，上海古籍出版社，1996年影印本。

《甔甀洞續稿》，（明）吳國倫撰，續修四庫全書，上海古籍出版社，1996年影印本。

《殿閣詞林記》，（明）黃佐、廖道南著，文淵閣四庫全書本。

《東廓鄒先生文集》，（明）鄒守益撰，四庫全書存目叢書，齊魯書社，1997年影印本。

《東里文集》，（明）楊士奇著，劉伯涵，朱海點校，中華書局，1998年版。

《東林列傳》，（清）陳鼎著，明代傳記叢刊，臺北明文書局，1991年版。

《東林始末》，（明）蔣平階撰，四庫全書存目叢書，齊魯書社，1996年影印

本。

《讀書後》，（明）王世貞撰，文淵閣四庫全書本。

《端簡鄭公文集》，（明）鄭曉撰，四庫全書存目叢書，齊魯書社，1997 年影印本。

《對山集》，（明）康海撰，四庫全書存目叢書，齊魯書社，1997 年影印本。

《對山文集》，（明）康海著，臺北偉文圖書出版社有限公司，1976 年版。

F

《方苞集》，（清）方苞著，上海古籍出版社，1983 年版。

《方山先生文錄》，（明）薛應旂撰，四庫全書存目叢書，齊魯書社，1997 年影印本。

《方山薛先生全集》，（明）薛應旂撰，續修四庫全書，上海古籍出版社，1996 年影印本。

《仿洪小品》，（明）朱國楨著，燕山出版社，1995 年版。

《分省人物考》，（明）過庭訓著，明代傳記叢刊，臺北明文書局，1991 年版。

《焚書·續焚書》，（明）李贄著，中華書局，1974 年版。

《豐對樓詩選》，（明）沈明臣撰，四庫全書存目叢書，齊魯書社，1997 年影印本。

《楓山集》，（明）章懋撰，文淵閣四庫全書本。

《馮元成選集》，（明）馮時可撰，四庫禁燬書叢刊補編，北京出版社，2005 年影印本。

《鳳洲筆記》，（明）王世貞撰，四庫全書存目叢書，齊魯書社，1997 年影印本。

《奉使朝鮮稿》，（明）朱之蕃撰，四庫全書存目叢書，齊魯書社，1997 年影印本。

《奉使集》，（明）唐順之撰，四庫全書存目叢書，齊魯書社，1997 年影印本。

G

《陔餘叢考》，（清）趙翼著，商務印書館，1957 年版。

《高文襄公集》，（明）高拱撰，四庫全書存目叢書，齊魯書社，1997 年影印本。

《高陽集》，（明）孫承宗撰，續修四庫全書，上海古籍出版社，1996 年影印本。

《高子遺書》，（明）高攀龍撰，文淵閣四庫全書本。

《革除遺事》，（明）黃佐著，中華書局，1991 年版。

《耿天台先生文集》，（明）耿定向撰，四庫全書存目叢書，齊魯書社，1997
年影印本。

《耿中丞楊太史批點近溪羅子全集》，（明）羅汝芳撰，四庫全書存目叢書，
齊魯書社，1997 年影印本。

《勾漏集》，（明）顧起綸撰，四庫全書存目叢書，齊魯書社，1997 年影印
本。

《緱山先生集》，（明）王衡撰，四庫全書存目叢書，齊魯書社，1997 年影印
本。

《姑蘇名賢小記》，（明）文震孟撰，四庫全書存目叢書，齊魯書社，1996 年
影印本。

《姑蘇志》，（明）王鏊撰，文淵閣四庫全書本。

《古廉文集》，（明）李時勉撰，文淵閣四庫全書本。

《古穰集》，（明）李賢撰，文淵閣四庫全書本。

《穀城山館詩集》，（明）于慎行撰，文淵閣四庫全書本。

《穀城山館文集》，（明）于慎行撰，四庫全書存目叢書，齊魯書社，1997 年
影印本。

《谷平文集》，（明）李中撰，四庫全書存目叢書，齊魯書社，1997 年影印本。

《顧文康公文草、詩草、續稿》，（明）顧鼎臣撰，四庫全書存目叢書，齊魯
書社，1997 年影印本。

《顧文康公續稿》，（明）顧鼎臣撰，四庫禁燬書叢刊，北京出版社，2000 年
影印本。

《館閣漫錄》，（明）張元忭撰，四庫全書存目叢書，齊魯書社，1996 年影印
本。

《（光緒）安徽通志》，（清）何紹基等修纂，光緒四年刻本。

《（光緒）撫州府志》，（清）謝煌等修纂，光緒二年刻本。

《（光緒）光化縣志》，（清）段映斗等修纂，光緒十年刻本。

《（光緒）湖南通志》，（清）曾國荃等修纂，光緒十一年刻本。

《（光緒）荊州府志》，（清）顧嘉蘅等修纂，光緒六年刻本。

《（光緒）靖州鄉土志》，（清）金蓉鏡編，光緒三十四年刻本。

《（光緒）靖州直隸州志》，（清）唐際虞等修纂，光緒五年刻本。

《（光緒）開化縣志》，（清）潘樹棠等修纂，光緒二十四年刻本。

《（光緒）松陽縣志》，（清）丁鳳章等修纂，光緒元年刻本。

《（光緒）通州直隸州志》，（清）季念貽等修纂，光緒元年刻本。

《（光緒）武進陽湖縣志》，（清）張球等修纂，光緒五年刻本。

《（光緒）宣城縣志》，（清）章綬等修纂，光緒十四年活字本。

《（光緒）宣荊縣志》，（清）吳德旋等修纂，光緒八年刻本。

《（光緒）鄞縣志》，（清）張恕等修纂，光緒三年刻本。

《（光緒）餘姚縣志》，（清）孫德祖等修纂，光緒二十五年刻本。

《（光緒）震澤縣志》，（清）倪師孟等修纂，光緒十九年刻本。

《廣東歷代狀元》，陳廣傑、鄧長琚著，廣東高等教育出版社，1998 年版。

《廣東通志》，（清）郝玉麟等修纂，文淵閣四庫全書本。

《廣西通志》，（清）金鉷等修纂，文淵閣四庫全書本。

《廣州人物傳》，（明）黃佐撰，四庫全書存目叢書，齊魯書社，1996 年影印本。

《歸先生文集》，（明）歸有光撰，四庫全書存目叢書，齊魯書社，1997 年影印本。

《歸有園稿》，（明）徐學謨撰，四庫全書存目叢書，齊魯書社，1997 年影印本。

《圭峰集》，（明）羅玘撰，文淵閣四庫全書本。

《貴州通志》，（清）鄂爾泰等修纂，文淵閣四庫全書本。

《桂洲詩集》，（明）夏言撰，續修四庫全書，上海古籍出版社，1996 年影印本。

《夏桂洲先生奏議》，（明）夏言撰，江西書局，光緒十七年重刻本。

《郭襄靖公遺集》，（明）郭應聘撰，續修四庫全書，上海古籍出版社，1996 年影印本。

《國朝典彙》，（明）徐學聚撰，四庫全書存目叢書，齊魯書社，1996 年影印本。

《國朝列卿記》，（明）雷禮撰，明代傳記叢刊，臺北明文書局，1991 年版。

《國朝獻徵錄》，（明）焦竑撰，明代傳記叢刊，臺北明文書局，1991 年版。

《國琛集》，（明）唐樞撰，中華書局，1985 年版。

《國立中央圖書館善本序跋集錄》，臺灣圖書館，1994 年編印。

《國史紀聞》，（明）張銓撰，四庫全書存目叢書，齊魯書社，1996 年影印本。

《國史經籍志》，（明）焦竑著，商務印書館，1959 年版。

《國史經籍志補》，宋定國、謝星纏編著，商務印書館，1959 年版。

H

《翰林記》，（明）黃佐著，文淵閣四庫全書本。

《翰林學士耐軒王先生天遊雜稿》，（明）王達撰，四庫全書存目叢書，齊魯

書社，1997 年影印本。

《翰林志》，（唐）李肇著，臺灣商務印書館，1983 年版。

《翰學三書》，傅璇琮、施純德編，遼寧教育出版社，2003 年版。

《何翰林集》，（明）何良俊撰，四庫全書存目叢書，齊魯書社，1997 年影印本。

《何心隱先生爨桐集》，（明）梁汝元撰，續修四庫全書，上海古籍出版社，1996 年影印本。

《何燕泉詩集》，（明）何孟春撰，四庫全書存目叢書，齊魯書社，1997 年影印本。

《衡藩重刻胥台先生集》，（明）袁裒撰，四庫全書存目叢書，齊魯書社，1997 年影印本。

《衡廬精舍藏稿》，（明）胡直撰，文淵閣四庫全書本。

《弘光實錄鈔》，（清）黃宗羲撰，上海古籍出版社，1996 年版。

《鴻寶應本》，（明）倪元璐撰，四庫禁燬書叢刊補編，北京出版社，2005 年影印本。

《鴻泥堂小稿》，（明）薛章憲撰，四庫全書存目叢書，齊魯書社，1997 年影印本。

《懷麓堂集》，（明）李東陽撰，文淵閣四庫全書本。

《懷星堂集》，（明）祝允明撰，文淵閣四庫全書本。

《皇甫少玄集》，（明）皇甫涍撰，文淵閣四庫全書本。

《皇甫司勳集》，（明）皇甫汸撰，文淵閣四庫全書本。

《皇極篇》，（明）文翔鳳撰，四庫禁燬書叢刊，北京出版社，2000 年影印本。

《皇明寶訓》，（明）呂本等輯，四庫全書存目叢書，齊魯書社，1996 年影印本。

《皇明表程文選》，（明）陳仁錫輯，四庫禁燬書叢刊補編，北京出版社，2005 年影印本。

《皇明策程文選》，（明）陳仁錫輯，四庫禁燬書叢刊補編，北京出版社，2005 年影印本。

《皇明詞林人物考》，（明）王兆雲著，明代傳記叢刊，臺北明文書局，1991 年版。

《皇明從信錄》，（明）陳建撰，四庫禁燬書叢刊，北京出版社，2000 年影印本。

《皇明大事記》，（明）朱國楨輯，四庫禁燬書叢刊，北京出版社，2000 年影印本。

《皇明大訓記》，（明）朱國楨撰，四庫禁燬書叢刊補編，北京出版社，2005

年影印本。

《皇明大政紀》，（明）雷禮等輯，四庫全書存目叢書，上海古籍出版社，1995年影印本。

《皇明典要》，（明）陳建撰，四庫禁燬書叢刊，北京出版社，2000年影印本。

《皇明法傳錄》，（明）高汝栻輯，四庫禁燬書叢刊補編，北京出版社，2005年影印本。

《皇明貢舉考》，（明）張朝瑞撰，續修四庫全書，上海古籍出版社，1995年影印本。

《皇明館課》，（明）陳經邦輯，四庫禁燬書叢刊補編，北京出版社，2005年影印本。

《皇明紀略》，（明）皇甫錄著，中華書局，1985年版。

《皇明紀要》，（明）陳建撰，四庫禁燬書叢刊補編，北京出版社，2005年影印本。

《皇明嘉隆兩朝聞見紀》，（明）沈越撰，四庫全書存目叢書，齊魯書社，1996年影印本。

《皇明嘉隆疏抄》，（明）張鹵輯，四庫全書存目叢書，齊魯書社，1996年影印本。

《皇明經濟文錄》，（明）萬表輯，四庫禁燬書叢刊，北京出版社，2000年影印本。

《皇明經世實用編》，（明）馮應京輯，四庫全書存目叢書，齊魯書社，1996年影印本。

《皇明經世文編》，（明）陳子龍等輯，四庫禁燬書叢刊，北京出版社，2000年影印本。

《皇明歷科狀元錄》，（明）陳鎏著，書目文獻出版社，1998年版。

《皇明兩朝疏抄》，（明）顧爾行輯，四庫全書存目叢書，齊魯書社，1996年影印本。

《皇明留臺奏議》，（明）朱吾弼輯，四庫全書存目叢書，齊魯書社，1996年影印本。

《皇明論程文選》，（明）陳仁錫輯，四庫禁燬書叢刊補編，北京出版社，2005年影印本。

《皇明名臣經濟錄》，（明）陳九德輯，四庫禁燬書叢刊，北京出版社，2000年影印本。

《皇明名臣琬琰錄》，（明）徐紘著，明代傳記叢刊，臺北明文書局，1991年版。

《皇明人物考》，（明）焦竑編次，（明）翁正春校，明代傳記叢刊，臺北明文

書局，1991 年版。

《皇明三元考》，（明）張弘道、張凝道撰，四庫全書存目叢書，齊魯書社，1996 年影印本。

《皇明詩選》，（明）陳子龍等編選，華東師範大學出版社，1991 年影印明崇禎刊本。

《皇明十六朝廣彙紀》，（明）陳建輯，四庫禁燬書叢刊，北京出版社，2000 年影印本。

《皇明史惺堂先生遺稿》，（明）史桂芳撰，四庫全書存目叢書，齊魯書社，1997 年影印本。

《皇明世說新語》，（明）李紹文撰，續修四庫全書，上海古籍出版社，1995 年影印本。

《皇明疏鈔》，（明）孫旬編，臺灣學生書局，1986 年版。

《皇明疏議輯略》，（明）張瀚輯，四庫全書存目叢書，齊魯書社，1996 年影印本。

《皇明通紀法傳全錄》，（明）陳建撰，四庫禁燬書叢刊補編，北京出版社，2005 年影印本。

《皇明通紀集要》，（明）陳建輯，四庫禁燬書叢刊，北京出版社，2000 年影印本。

《皇明續紀》，（明）卜大有撰，四庫禁燬書叢刊補編，北京出版社，2005 年影印本。

《皇明泳化類編》，（明）鄧球輯，四庫禁燬書叢刊補編，北京出版社，2005 年影印本。

《皇明詔令》，（明）不著輯者，四庫全書存目叢書，齊魯書社，1996 年影印本。

《皇明詔制》，（明）不著輯者，四庫全書存目叢書，齊魯書社，1996 年影印本。

《皇明奏議備選》，（明）秦駿生輯，四庫禁燬書叢刊，北京出版社，2000 年影印本。

《皇明祖訓》，（明）朱元璋撰，四庫全書存目叢書，齊魯書社，1996 年影印本。

《黃淳父先生全集》，（明）黃姬水撰，四庫全書存目叢書，齊魯書社，1997 年影印本。

《篁墩文集》，（明）程敏政撰，文淵閣四庫全書本。

《喙鳴文集》，（明）沈一貫撰，續修四庫全書，上海古籍出版社，1996 年影印本。

J

《畿輔人物志》，（明）孫承澤輯，四庫全書存目叢書，齊魯書社，1996 年影印本。

《畿輔通志》，（清）李衛等修纂，文淵閣四庫全書本。

《幾社壬申合稿》，（明）杜騏征等輯，四庫禁燬書叢刊，北京出版社，2000 年影印本。

《幾亭全書》，（明）陳龍正撰，四庫禁燬書叢刊，北京出版社，2000 年影印本。

《家藏集》，（明）吳寬撰，文淵閣四庫全書本。

《嘉靖以來内閣首輔傳》，（明）王世貞撰，中華書局，1991 年版。

《（嘉慶）丹徒縣志》，（清）蔣宗海等修纂，嘉慶十年刻本。

《（嘉慶）山陰縣志》，（清）朱文翰等修纂，嘉慶八年刻本。

《（嘉慶）上海縣志》，（清）李林松等修纂，嘉慶十九年刻本。

《嘉業堂藏書志》，（清）繆荃孫等著，復旦大學出版社，1997 年版。

《郊居遺稿》，（明）沈懋學撰，四庫全書存目叢書，齊魯書社，1997 年影印本。

《椒邱文集》，（明）何喬新撰，文淵閣四庫全書本。

《解脫集》，（明）袁宏道撰，續修四庫全書，上海古籍出版社，1996 年影印本。

《戒菴老人漫筆》，（明）李詡著，中華書局，1982 年版。

《戒菴文集》，（明）靳貴撰，四庫全書存目叢書，齊魯書社，1997 年影印本。

《今獻備遺》，（明）項篤壽著，明代傳記叢刊，臺北明文書局，1991 年版。

《今言》，（明）鄭曉著，李致忠點校，中華書局，1984 年版。

《金文靖集》，（明）金幼孜撰，文淵閣四庫全書本。

《涇皐藏稿》，（明）顧憲成撰，文淵閣四庫全書本。

《涇野先生文集》，（明）呂柟撰，四庫全書存目叢書，齊魯書社，1997 年影印本。

《荆川集》，（明）唐順之撰，文淵閣四庫全書本。

《敬亭集》，（明）姜埰撰，四庫全書存目叢書，齊魯書社，1997 年影印本。

《敬軒文集》，（明）薛瑄撰，文淵閣四庫全書本。

《瞿文懿公集》，（明）瞿景淳撰，四庫全書存目叢書，齊魯書社，1997 年影印本。

《覺非齋文集》，（明）金實撰，續修四庫全書，上海古籍出版社，1996 年影

印本。

《浚谷先生集》，（明）趙時春撰，四庫全書存目叢書，齊魯書社，1997 年影印本。

K

《康對山先生集》，（明）康海撰，續修四庫全書，上海古籍出版社，1996 年影印本。

《（康熙）長洲縣志摘要》，（清）蔡方炳等修纂，康熙二十九年刻本。

《（康熙）廣東通志》，（清）金光祖等修纂，康熙三十六年刻本。

《（康熙）海寧縣志》，（清）許三禮等修纂，康熙二十二年刻本。

《（康熙）會稽縣志》，（清）董欽德等修纂，康熙二十二年刻本。

《（康熙）嘉興府志》，（清）錢以塏等修纂，康熙六十年刻本。

《（康熙）江南通志》，（清）張九徵等修纂，康熙二十三年刻本。

《（康熙）金華縣志》，（清）張䋢等修纂，康熙三十四年刻本。

《（康熙）靖州志》，（清）李大翥等修纂，康熙二十三年刻本。

《（康熙）寧國府志》，（清）劉堯枝等修纂，康熙十三年刻本。

《（康熙）錢塘縣志》，（清）裘璉等修纂，康熙五十七年刻本。

《（康熙）青浦縣志》，（清）諸嗣郢等修纂，康熙八年刻本。

《（康熙）山陰縣志》，（清）沈麟趾等修纂，康熙十年刻本。

《（康熙）紹興府志》，（清）王鳳采等修纂，康熙三十年刻本。

《（康熙）紹興府志》，（清）周徐彩等修纂，康熙五十八年刻本。

《（康熙）壽寧縣志》，（清）王錫鹵等修纂，康熙二十五年刻本。

《（康熙）蘇州府志》，（清）沈世奕等修纂，康熙三十年刻本。

《（康熙）吳江縣志》，（清）郭琇等修纂，康熙二十三年刻本。

《（康熙）新興縣志》，（清）康善述等修纂，康熙四十九年補刻本。

《（康熙）休寧縣志》，（清）汪晉徵等修纂，康熙三十二年刻本。

《（康熙）秀水縣志》，（清）范正輅等修纂，康熙二十四年刻本。

《（康熙）續修順德府志》，（清）張延庭等修纂，康熙十九年殷作霖增刻本。

《（康熙）浙江通志》，（清）黃宗羲等修纂，康熙二十三年刻本。

《康齋集》，（明）吳與弼撰，文淵閣四庫全書本。

《考功集》，（明）薛蕙撰，文淵閣四庫全書本。

《科場條貫》，（明）陸深撰，續修四庫全書，上海古籍出版社，1995 年影印本。

《可齋雜記》，（明）彭時撰，續修四庫全書，上海古籍出版社，1995 年影印本。

《客座贅語》，（明）顧起元撰，四庫全書存目叢書，齊魯書社，1995 年影印本。

《空同集》，（明）李夢陽撰，文淵閣四庫全書本。

《空同先生集》，（明）李夢陽著，臺北偉文圖書出版社有限公司，1976 年版。

《快雪堂集》，（明）馮夢禎撰，四庫全書存目叢書，齊魯書社，1997 年影印本。

《昆山人物傳》，（明）張大復著，四庫全書存目叢書，齊魯書社，1996 年影印本。

L

《來禽館集》，（明）邢侗撰，四庫全書存目叢書，齊魯書社，1997 年影印本。

《蘭臺奏疏》，（明）馬從聘撰，四庫全書存目叢書，齊魯書社，1996 年影印本。

《類博稿》，（明）岳正撰，文淵閣四庫全書本。

《禮部志稿》，（明）俞汝楫等編撰，文淵閣四庫全書本。

《李東陽集》，（明）李東陽著，周寅賓點校，岳麓書社，1984 年版。

《李東陽年譜》，錢振民著，復旦大學出版社，1995 年版。

《李溫陵集》，（明）李贄撰，四庫全書存目叢書，齊魯書社，1997 年影印本。

《李文定公貽安堂集》，（明）李春芳撰，四庫全書存目叢書，齊魯書社，1997 年影印本。

《歷科廷試狀元策、總考》，（明）焦竑、（清）胡任興輯，四庫禁燬書叢刊，北京出版社，2000 年影印本。

《劉蕺山集》，（明）劉宗周撰，文淵閣四庫全書本。

《劉練江先生集》，（明）劉永澄撰，四庫全書存目叢書，齊魯書社，1997 年影印本。

《劉聘君全集》，（明）劉元卿撰，四庫全書存目叢書，齊魯書社，1997 年影印本。

《龍溪王先生全集》，（明）王畿撰，四庫全書存目叢書，齊魯書社，1997 年影印本。

《陸文裕公行遠集》，（明）陸深撰，四庫全書存目叢書，齊魯書社，1997 年影印本。

《陸子餘集》，（明）陸粲撰，文淵閣四庫全書本。

《菉竹堂稿》，（明）葉盛撰，四庫全書存目叢書，齊魯書社，1997 年影印本。

《鹿裘石室集》，（明）梅鼎祚撰，續修四庫全書，上海古籍出版社，1996 年影印本。

《麓堂詩話》，（明）李東陽著，中華書局，1985 年版。

《綸扉奏草》，（明）葉向高撰，四庫禁燬書叢刊，北京出版社，2000 年影印本。

《論對》，（明）張孚敬撰，四庫全書存目叢書，齊魯書社，1996 年影印本。

M

《茅坤集》，（明）茅坤著，浙江古籍出版社，1993 年版。

《茅鹿門先生文集》，（明）茅坤撰，續修四庫全書，上海古籍出版社，1996 年影印本。

《渼陂集》，（明）王九思撰，四庫全書存目叢書，齊魯書社，1997 年影印本。

《閩書》，（明）何喬遠著，福建人民出版社，1995 年版。

《（民國）海寧州志稿》，許傳沛等修纂，民國十一年鉛印本。

《（民國）崋陽縣志》，陳法駕等修纂，民國二十三年刊本。

《（民國）乾隆紹興府志校記》，李慈銘著，民國十八年鉛印本。

《（民國）太倉州志》，王祖佘等修纂，民國八年刻本。

《（民國）桃源縣志》，眭文煥等修纂，民國六年鉛印本。

《（民國）吳縣志》，曹允源等修纂，民國二十二年蘇州文新公司鉛印本。

《名山藏》，（明）何喬遠輯，四庫禁燬書叢刊，北京出版社，2000 年影印本。

《明朝小史》，（明）呂毖輯，四庫禁燬書叢刊，北京出版社，2000 年影印本。

《明鼎甲徵信錄》，（清）閻湘蕙著，明代傳記叢刊，臺北明文書局，1991 年版。

《明會典》，（明）徐溥撰、李東陽重修，文淵閣四庫全書本。

《明會典》（萬曆朝重修本），（明）申時行等修，中華書局，1989 年版。

《明會要》，（清）龍文彬撰，續修四庫全書，上海古籍出版社，1995 年影印本。

《明紀編年》，（明）鍾惺撰，四庫禁燬書叢刊，北京出版社，2000 年影印本。

《明紀編遺》，（清）葉珍撰，四庫禁燬書叢刊，北京出版社，2000 年影印本。

《明紀全載》，（清）朱璘撰，四庫禁燬書叢刊補編，北京出版社，2005 年影印本。

《明季北略》，（清）計六奇撰，中華書局，1984 年版。

《明季甲乙彙編》，（明）東邨八十一老人撰，四庫禁燬書叢刊，北京出版社，2000 年影印本。

《明季南略》，（清）計六奇撰，中華書局，1984 年版。

《明季特等史初編》，留雲居士，商務印書館，1936 年版。

《明季遺聞》，（清）鄒漪撰，四庫禁燬書叢刊，北京出版社，2000 年影印本。

《明鑒會纂》，（清）朱國標撰，四庫禁燬書叢刊，北京出版社，2000 年影印本。

《明鑒易知錄》，（明）朱國標鈔、（清）吳乘權等輯，四庫禁燬書叢刊補編，北京出版社，2005 年影印本。

《明經世文編》，（明）陳子龍等編，中華書局，1962 年版。

《明名臣言行錄》，（清）徐開任著，明代傳記叢刊，臺北明文書局，1991 年版。

《明末紀事補遺》，（清）三余氏撰，四庫禁燬書叢刊，北京出版社，2000 年影印本。

《明清江蘇文人年表》，張慧劍著，上海古籍出版社，1986 年版。

《明清進士題名碑錄索引》，朱保炯、謝沛霖著，上海古籍出版社，1980 年版。

《明清歷科進士題名碑錄》，臺灣華文書局，1969 年版。

《明人傳記資料索引》，臺灣「中央」圖書館編，中華書局，1987 年版。

《明儒學案》，（清）黃宗羲著，明代傳記叢刊，臺北明文書局，1991 年版。

《明三元太傅商文毅公年譜》，（明）商振倫撰，四庫全書存目叢書，齊魯書社，1996 年影印本。

《明少保費文通公文集》，（明）費寀撰，四庫全書存目叢書，齊魯書社，1997 年影印本。

《明實錄》，臺灣「中央」研究院歷史語言研究所，1967 年版。

《明實錄研究》，謝貴安著，湖北人民出版社，2003 年版。

《明史》，（清）張廷玉等撰，中華書局，1974 年版。

《明史稿》，（清）王鴻緒撰，雍正間王氏敬慎堂自刻本。

《明史紀事本末（附補遺、補編)》，（清）谷應泰撰，上海古籍出版社，1994 年版。

《明史紀事本末》，（清）谷應泰撰，中華書局，1977 年版。

《明史講義》，孟森著，上海古籍出版社，2002 年版。

《明史考證》，黃雲眉著，中華書局，1986 年版。

《明史略》，（清）程嗣章撰，四庫禁燬書叢刊補編，北京出版社，2005 年影印本。

《明史竊》，（明）尹守衡撰，四庫禁燬書叢刊，北京出版社，2000 年影印本。

《明史選舉志考論》，郭培貴著，中華書局，2006 年版。

《明史藝文志補編》，商務印書館，1959 年版。

《明書》，（清）查繼佐撰，齊魯書社，2000 年版。

《明書》，（清）傅維麟撰，叢書集成初編本。

《明書》，（清）傅維麟撰，中華書局，1985 年版。

《明水陳先生文集》，（明）陳九川撰，四庫全書存目叢書，齊魯書社，1997
年影印本。

《明太保費文憲公文集選要》，（明）費宏撰，四庫全書存目叢書，齊魯書社，
1997 年影印本。

《明通鑒》，（清）夏燮編，中華書局，1959 年版。

《明文案》，（清）黃宗羲輯，四庫禁燬書叢刊補編，北京出版社，2005 年影
印本。

《明文得》，（清）孫維祺輯，四庫禁燬書叢刊，北京出版社，2000 年影印
本。

《明文海》，（清）黃宗羲編，中華書局，1997 年版。

《明文英華》，（清）顧有孝輯，四庫禁燬書叢刊，北京出版社，2000 年影印
本。

《明武宗外紀》，（清）毛奇齡著，神州國光社，1951 年版。

《明夏赤城先生文集》，（明）夏鍭撰，四庫全書存目叢書，齊魯書社，1997
年影印本。

《明夷待訪錄》，（清）黃宗羲著，中華書局，1981 年版。

《明遺民傳記索引》，謝正光編，上海古籍出版社，1992 年版。

《明遺民錄》，孫靜菴編著，浙江古籍出版社，1985 年版。

N

《念菴羅先生集》，（明）羅洪先撰，四庫全書存目叢書，齊魯書社，1997 年
影印本。

《念菴文集》，（明）羅洪先撰，文淵閣四庫全書本。

P

《彭文憲公集》，（明）彭時撰，四庫全書存目叢書，齊魯書社，1997 年影印
本。

《覽餘雜集》，（明）朱紈撰，四庫全書存目叢書，齊魯書社，1997 年影印
本。

《瓶花齋集》，（明）袁宏道撰，續修四庫全書，上海古籍出版社，1996 年影
印本。

Q

《七錄齋詩文合集》，（明）張溥撰，續修四庫全書，上海古籍出版社，1996年影印本。

《漆園巵言》，（明）莊起元撰，四庫全書存目叢書，齊魯書社，1997年影印本。

《祁彪佳集》，（明）祁彪佳撰，中華書局上海編輯所，1960年版。

《千頃堂書目》，（清）黃虞稷撰，瞿鳳起、潘景鄭整理，上海古籍出版社，2001年版。

《鈐山堂集》，（明）嚴嵩撰，四庫全書存目叢書，齊魯書社，1997年影印本。

《錢太史鶴灘稿》，（明）錢福撰，四庫全書存目叢書，齊魯書社，1997年影印本。

《（乾隆）長洲縣志》，（清）顧詒祿等修纂，乾隆十八年刻本。

《（乾隆）常昭合志》，（清）言如泗等修纂，乾隆六十年刻本。

《（乾隆）辰州府志》，（清）謝鳴謙等修纂，乾隆三十年刻本。

《（乾隆）福州府志》，（清）魯曾煜等修纂，乾隆十九年刻本。

《（乾隆）杭州府志》，（清）邵齊然等修纂，乾隆四十九年刻本。

《（乾隆）吉安府志》，（清）朱承煦等修纂，乾隆四十一年刻本。

《（乾隆）江陵縣志》，（清）魏耀等修纂，乾隆五十九年刻本。

《（乾隆）靖州志》，（清）張開東等修纂，乾隆二十六年刻本。

《（乾隆）梅里志》，（清）李富孫等修纂，乾隆三十五年刻本。

《（乾隆）如皋縣志》，（清）周植等修纂，乾隆十五年刻本。

《（乾隆）上海縣志》，（清）皇甫樞等修纂，乾隆四十九年刻本。

《（乾隆）松陽縣志》，（清）潘茂才等修纂，乾隆三十四年刻本。

《（乾隆）蘇州府志》，（清）王峻等修纂，乾隆十三年刻本。

《（乾隆）汀州府志》，（清）李紱等修纂，乾隆十七年刻本。

《（乾隆）吳江縣志》，（清）倪師孟等修纂，乾隆十二年刻本。

《（乾隆）新安縣志》，（清）呂宣曾等修纂，乾隆三十一年刻本。

《（乾隆）鄞縣志》，（清）錢大昕等修纂，乾隆五十三年刻本。

《（乾隆）潁州府志》，（清）王斂福等修纂，乾隆十七年刻本。

《（乾隆）餘姚縣志》，（清）邵晉涵等修纂，乾隆四十六年刻本。

《（乾隆）鎮洋縣志》，（清）李鱗等修纂，乾隆十年刻本

R

《榮進集》，（明）吳伯宗撰，文淵閣四庫全書本。

《容春堂集》，（明）邵寶撰，文淵閣四庫全書本。

S

《三朝要典》，（明）顧秉謙等撰，四庫禁燬書叢刊，北京出版社，2000 年影印本。

《山帶閣集》，（明）朱曰藩撰，四庫全書存目叢書，齊魯書社，1997 年影印本。

《商文毅公集》，（明）商輅撰，四庫全書存目叢書，齊魯書社，1997 年影印本。

《少湖先生文集》，（明）徐階撰，四庫全書存目叢書，齊魯書社，1997 年影印本。

《省愆集》，（明）黃淮撰，文淵閣四庫全書本。

《省中稿》，（明）許轂撰，四庫全書存目叢書，齊魯書社，1997 年影印本。

《石淙詩稿》，（明）楊一清撰，四庫全書存目叢書，齊魯書社，1997 年影印本。

《世經堂集》，（明）徐階撰，四庫全書存目叢書，齊魯書社，1997 年影印本。

《雙槐歲鈔》，（明）黃瑜著，中華書局，1999 年版。

《雙江聶先生文集》，（明）聶豹撰，四庫全書存目叢書，齊魯書社，1997 年影印本。

《睡菴稿》，（明）湯賓尹撰，四庫禁燬書叢刊，北京出版社，2000 年影印本。

《睡足軒詩選》，（明）邊習撰，四庫全書存目叢書，齊魯書社，1997 年影印本。

《舜水先生文集》，（明）朱之瑜撰，續修四庫全書，上海古籍出版社，1996 年影印本。

《四庫全書總目》，（清）永瑢等撰，中華書局，1965 年版。

《松圓詩老小傳》，（明）錢謙益撰，續修四庫全書，上海古籍出版社，1996 年影印本。

《蘇門集》，（明）高叔嗣撰，文淵閣四庫全書本。

T

《太保費文憲公摘稿》，（明）費宏撰，續修四庫全書，上海古籍出版社，1996 年影印本。

《太倉州志》，（明）張采撰，崇禎十五年刻本。

《太師張文忠公集》，（明）張孚敬撰，四庫全書存目叢書，齊魯書社，1997年影印本。

《泰泉集》，（明）黃佐撰，文淵閣四庫全書本。

《陶菴全集》，（明）黃淳耀撰，文淵閣四庫全書本。

《陶文簡公集》，（明）陶望齡撰，四庫禁燬書叢刊，北京出版社，2000年影印本。

《天一閣集》，（明）范欽撰，續修四庫全書，上海古籍出版社，1996年影印本。

《天一閣藏明代科舉錄選刊·登科錄》，寧波市天一閣博物館整理，寧波出版社，2007年影印本。

《天傭子集》，（明）艾南英著，舊學山房藏本，道光丙申重刻本。

《（同治）崇陽縣志》，（清）傅燮鼎等修纂，同治五年刻本。

《（同治）大清一統志》，（清）閻樹生等修纂，同治二年湖北景桓樓刻本。

《（同治）番禺縣志》，（清）李福泰等修纂，同治十六年刻本。

《（同治）公安縣志》，（清）周承弼等修纂，同治十三年刻本。

《（同治）臨川縣志》，（清）陳慶齡等修纂，同治九年刻本。

《（同治）上江兩縣志》，（清）莫祥芝等修纂，同治十二年原刻本。

《（同治）新建縣志》，（清）陳友棠等修纂，同治十年刻本。

《（同治）芷江縣志》，（清）盛一棵等修纂，同治九年刻本。

W

《玩芳堂摘稿》，（明）王慎中撰，四庫全書存目叢書，齊魯書社，1997年影印本。

《萬曆野獲編》，（明）沈德符著，中華書局，1959年版。

《王氏家藏集》，（明）王廷相著，臺北偉文圖書出版公司，1976年版。

《王氏家藏集》，（明）王廷相撰，四庫全書存目叢書，齊魯書社，1997年影印本。

《王文成全書》，（明）王守仁撰，文淵閣四庫全書本。

《王文肅公全集》，（明）王錫爵撰，四庫全書存目叢書，齊魯書社，1997年影印本。

《王文肅公文集》，（明）王錫爵撰，四庫禁燬書叢刊，北京出版社，2000年影印本。

《渭厓文集》，（明）霍韜撰，四庫全書存目叢書，齊魯書社，1997年影印本。

《文淵閣書目》，（明）楊士奇撰，文淵閣四庫全書本。

《武功集》，（明）徐有貞撰，文淵閣四庫全書本。

X

《西峰淡話》，（明）茅元儀撰，四庫全書存目叢書，齊魯書社，1995 年影印本。

《西園聞見錄》，（明）張萱著，明代傳記叢刊，臺北明文書局，1991 年版。

《西原先生遺書》，（明）薛蕙撰，四庫全書存目叢書，齊魯書社，1997 年影印本。

《奚囊蠹餘》，（明）張瀚撰，四庫全書存目叢書，齊魯書社，1997 年影印本。

《熙朝名臣實錄》，（明）焦竑輯，四庫全書存目叢書，齊魯書社，1996 年影印本。

《夏桂洲先生文集》，（明）夏言撰，四庫全書存目叢書，齊魯書社，1997 年影印本。

《賢識錄》，（明）陸釴撰，四庫全書存目叢書，齊魯書社，1995 年影印本。

《（咸豐）重修興化縣志》，（清）梁國棟等修纂，咸豐二年刻本。

《峴泉集》，（明）張宇初撰，文淵閣四庫全書本。

《獻徵錄》，（明）焦竑撰，上海書店，1987 年版。

《小草齋續集》，（明）謝肇淛撰，續修四庫全書，上海古籍出版社，1996 年影印本。

《歇菴集》，（明）陶望齡撰，續修四庫全書，上海古籍出版社，1996 年影印本。

《新刻明朝通紀會纂》，（明）王世貞撰，四庫禁燬書叢刊，北京出版社，2000 年影印本。

《新刻張太岳先生詩文集》，（明）張居正撰，四庫全書存目叢書，齊魯書社，1997 年影印本。

Y

《儼山集》，（明）陸深撰，文淵閣四庫全書本。

《弇山堂別集》，（明）王世貞著，中華書局，1985 年版。

《弇州山人稿》，（明）王世貞撰，四庫禁燬書叢刊，北京出版社，2000 年影印本。

《弇州四部稿》，（明）王世貞撰，文淵閣四庫全書本。

《弇州續稿》，（明）王世貞撰，文淵閣四庫全書本。

《陽明先生要書》，（明）王守仁撰，四庫全書存目叢書，齊魯書社，1997 年影印本。

《楊一清集》,(明)楊一清撰,唐景紳、謝玉傑點校,中華書局,2001年版。

《一峰文集》,(明)羅倫撰,文淵閣四庫全書本。

《亦玉堂稿》,(明)沈鯉撰,文淵閣四庫全書本。

《湧幢小品》,(明)朱國楨撰,文化藝術出版社,1998年版。

《愚谷集》,(明)李舜臣撰,文淵閣四庫全書本。

《玉茗堂全集》,(明)湯顯祖撰,四庫全書存目叢書,齊魯書社,1997年影印本。

《玉堂叢語》,(明)焦竑撰,顧思點校,中華書局,1981年版。

《玉堂薈記》,(清)楊士聰撰,中華書局,1985年版。

《袁文榮公詩略》,(明)袁煒撰,四庫全書存目叢書,齊魯書社,1997年影印本。

《袁中郎全集》,(明)袁宏道撰,四庫全書存目叢書,齊魯書社,1997年影印本。

《袁宗道集箋校》,(明)袁宏道著,孟祥榮箋校,湖北人民出版社,2003年版。

Z

《張恭懿松窗夢語》,(明)張瀚撰,續修四庫全書,上海古籍出版社,1996年影印本。

《張龍湖先生文集》,(明)張治撰,四庫全書存目叢書,齊魯書社,1997年影印本。

《張文定公集》,(明)張邦奇撰,續修四庫全書,上海古籍出版社,1996年影印本。

《昭代武功編》,(明)范景文撰,續修四庫全書,上海古籍出版社,1996年影印本。

《趙浚谷詩集》,(明)趙時春撰,四庫全書存目叢書,齊魯書社,1997年影印本。

《趙忠毅公詩文集》,(明)趙南星撰,四庫禁燬書叢刊,北京出版社,2000年影印本。

《蟄菴日錄》,(明)顧起元撰,四庫全書存目叢書,齊魯書社,1997年影印本。

《震川集》,(明)歸有光撰,文淵閣四庫全書本。

《震川先生文集》,(明)歸有光著,上海古籍出版社,1981年版。

《震澤集》,(明)王鏊著,上海古籍出版社,1991年版。

《震澤紀聞》,(明)王鏊撰,續修四庫全書,上海古籍出版社,1996年影印

本。

《整菴存稿》,(明)羅欽順撰,文淵閣四庫全書本。

《忠肅集》,(明)于謙撰,文淵閣四庫全書本。

《莊渠遺書》,(明)魏校撰,文淵閣四庫全書本。

《宗伯集》,(明)馮琦撰,四庫禁燬書叢刊,北京出版社,2000 年影印本。

《尊拙堂文集》,(明)丁元薦撰,四庫全書存目叢書,齊魯書社,1997 年影印本。

《遵巖集》,(明)王慎中撰,文淵閣四庫全書本。